高等院校新形态一体化系列教材

小学跨学科教育设计与综合实践

主　编　茆婷婷　贺甜甜

副主编　李　丹　负涵戈　张　燕　程玉龙

中国言实出版社

图书在版编目（CIP）数据

小学跨学科教育设计与综合实践 / 茆婷婷，贺甜甜

主编．— 北京：中国言实出版社，2023.3

ISBN 978-7-5171-4438-0

Ⅰ．①小… Ⅱ．①茆…②贺… Ⅲ．①小学－教学设

计 Ⅳ．①G622.0

中国国家版本馆 CIP 数据核字 (2023) 第 056071 号

小学跨学科教育设计与综合实践

责任编辑：佟贵兆

责任校对：王战星

出版发行：中国言实出版社

地　址：北京市朝阳区北苑路 180 号加利大厦 5 号楼 105 室

邮　编：100101

编辑部：北京市海淀区花园路 6 号院 B 座 6 层

邮　编：100088

电　话：010-64924853（总编室）　010-64924716（发行部）

网　址：www.zgyscbs.cn　电子邮箱：zgyscbs@263.net

经　销：新华书店

印　刷：河北柏兆达印刷有限公司

版　次：2023 年 5 月第 1 版　2023 年 5 月第 1 次印刷

规　格：787 毫米 × 1092 毫米　1/16　13.75 印张

字　数：342 千字

定　价：58.00 元

书　号：ISBN 978-7-5171-4438-0

总序 PREFACE

  2011年10月，教育部颁布了《教师教育课程标准（试行）》，明确提出小学职前教师要"熟悉至少两门学科的教学内容与方法"，要"了解学科整合在小学教育中的价值"。同时，"了解与小学生学习内容相关的各种课程资源，学会设计综合性主题活动，创造跨学科的学习机会"。2012年2月，《小学教师专业标准（试行）》颁布，要求小学教师在学科知识领域能够"适应小学综合性教学的要求，了解多学科知识"。随后，《关于大力推进农村义务教育教师队伍建设的意见》（教师〔2012〕9号）、《教育部关于实施卓越教师培养计划的意见》（教师〔2014〕5号）、《教师教育振兴行动计划（2018—2022年）》以及《教育部关于实施卓越教师培养计划2.0意见》（教师〔2018〕13号）等系列文件相继出台，均要求借鉴国际小学全科教师培养经验，探索小学全科教师培养模式，扩大全科教师培养规模，培养素养全面、专长发展的卓越的小学教师。

  2021年4月，《小学教育专业师范生教师职业能力标准（试行）》颁布，要求师范生了解学习科学相关知识，具有一定的跨学科知识和综合运用学科知识的能力，了解学科整合在小学教育中的价值，加强所教学科与其他学科、与小学生生活实践的联系，能指导综合性学科教学活动。可见，小学教师的培养专业定位正在发生转变。小学教师的培养不仅要注重对所授学科知识、技能和相应能力的培养，同时还需要关注对小学教师综合性教学能力、跨学科整合能力的培养。本书正是响应了党和国家对小学教师综合能力培养的要求，旨在为小学教师培养和其专业发展提供有价值的教材。

  《义务教育课程方案（2022年版）》明确要求各门课程原则上用不少于10%的课时设计跨学科主题学习。那么，什么是跨学科？如何进行跨学科学习的设计？这已成为广大教师共同关注的主题。目前，各师范类高校对跨学科教学和研究的投入日益增加，陆续开设跨学科教育相关课程，开展跨学科教育的实践探索。

  为了填补小学教育领域跨学科教育相关教材的空白，本书基于2022年版新课标理念，从跨学科教育的理论、模式及实践案例出发，结合国内基础教育发展的现状，聚焦国内外基础教育发展变革的趋势，探索小学教师跨学科教育的路径，为教师跨学科教与学的设计提供了理论和实践层面可供借鉴的解决方案。本书既可作为高等院校教师教育课程的教材，也可作为广大小学教师进行跨学科教育设计与实践的参考及培训资料。

李 丽

前言 PREFACE

　　传统的分科课程是基于知识本位的灌输式教育，忽略了学习者的经验和动机，对学习者的主动性、积极性、探索性重视不够，离实际生活太远。而学生，特别是儿童的生活是完整的，学生在应对生活中的真实问题时所需要的知识是不分科的。跨学科教育的设计就是运用不同学科知识，引导学生对现实生活的观察和问题解决，基于儿童的认知特点进行跨学科的整合，培养学生为充满变化的、不确定的未来做准备。各类元素的加入给学习者更多的发展空间，激发学习者的学习欲望，使其化被动学习为主动学习，这样真实且有意义的学习就发生了。

　　本书主要包括跨学科教育认识、跨学科教育方法和跨学科教育实践三个部分。

　　跨学科教育认识部分主要通过跨学科概述、跨学科发展历史、课程整合理论发展、跨学科课程设计基本框架等内容回答什么是跨学科、跨学科从何而来、为什么要跨学科、跨学科跨什么、如何实现跨学科等问题，从理论角度讨论围绕跨学科教育的核心问题。

　　跨学科教育方法部分主要介绍主题式教学、现象式教学、项目化学习、STEM教育、劳动教育、综合实践活动等教育教学模式，从方法角度为职前和职后小学教师提供具体可操作的范式，以适应小学教育教学变革的实际需要。

　　跨学科教育实践部分主要包括人文与艺术领域跨学科案例、自然与科学领域跨学科案例、生活与健康领域跨学科案例以及跨学科教与学的评价等内容，从实践角度启发小学教师在小学教育领域中不同学科知识整合的视角，打破学科壁垒，基于真实的情境积极探索跨学科教育教学模式。

　　本书由以上三部分构成，共十五章。第一部分包括第一至第五章，由茆婷婷编写；第二部分包括第六至第十一章，其中第六、第九章由贺甜甜编写，第七章由张燕编写，第八章由茆婷婷编写，第十章由程玉龙编写，第十一章由负涵戈编写；第三部分包括第十二至第十五章，其中第十二至第十四章由茆婷婷、贺甜甜、李丹编写，第十五章由贺甜甜编写。本书在成稿过程中，参考了大量著作、期刊的研究成果，并尽量做到引用规范，对此，向各位专家和作者表示由衷的敬意。由于编者水平有限，如有疏漏与欠妥之处，敬请读者批评指正。我们将在后续的修订中继续完善、改进。

编者

目录 CONTENTS

第一部分　跨学科教育认识

第二部分　跨学科教育方法

第三部分 跨学科教育实践

第一部分

跨学科教育认识

在开展跨学科教育之前，我们需要提出这样的几个问题：什么是跨学科？跨学科从何而来？为什么要跨学科？跨学科跨什么？如何实现跨学科？教师必须对以上问题做出理性思考，建立起自己对跨学科概念的清晰认识。

第一章 什么是跨学科

　　《义务教育课程方案（2022年版）》指出，为落实培养目标，义务教育课程应遵循加强课程综合，注重关联的基本原则。"加强课程内容与学生经验、社会生活的联系，强化学科内知识整合，统筹设计综合课程和跨学科主题学习。加强综合课程建设，完善综合课程科目设置，注重培养学生在真实情境中综合运用知识解决问题的能力。开展跨学科主题教学，强化课程协同育人功能。"[1]跨学科学习和教学进入自上而下探索与实施的新阶段。越来越多人认识到，打破学科界限，进行跨学科实践对于教育教学变革的重要价值。

第一节　跨学科概述

学习提要

　　1. 理解跨学科的内涵。
　　2. 分辨跨学科的不同表现形式，并举例说明。

一、跨学科的内涵

（一）跨学科名称

　　"跨学科"一词从零散地使用到如今高频出现，表明经历了发展演变的"跨学科"概念充满了多元意义。"跨学科"一词最早出现于20世纪20年代，并逐渐成为一种课程教学理念。[2]1926年，美国哥伦比亚大学心理学家伍德沃斯在美国社会科学研究理事会学会上率先公开使用该词，表示超过一个科学范围的研究活动。1930年，美国社会科学研究理事会在一份文件中正式使用"跨学科的活动"这一说法。1937年，《新韦氏大辞典》和《牛津英语辞典》把"跨学科"一词收录其中。近年来，随着跨学科研究的发展及各类跨学科成果的问世，"跨学科""跨学科教育""跨学科知识""跨学科学习""跨学科教学""跨学科研究"等术语的使用频率愈来愈高，跨学科理念得到广泛应用和传播。

---

① 中华人民共和国教育部. 义务教育课程方案：2022年版[M]. 北京：北京师范大学出版社，2022：4-5.
② 郭庆，乔翠兰，伍远岳. 科学素养的跨学科发展及其实现：美国费米实验室基于科学数据的课程开发之启示[J]. 全球教育展望，2020，398（9）：79-91.

（二）跨学科学习

对于跨学科学习的概念，美国哈佛大学"零点项目"首席专家鲍克斯·曼斯勒界定如下：跨学科学习是个人和群体将两个或两个以上学科或已确立的领域中的观点和思维方式整合起来的过程，旨在促进其对一个主题的基础性和实践性理解，该理解超越单一学科的范围。跨学科学习者将信息、资料、技术、工具、观点、概念或源自两个或两个以上学科的理论加以整合，以创造产品、解释现象或解决问题，所运用的方式是单一学科的手段不可能做到的。[①]即通过跨学科的学习，促进跨学科的理解，运用多个学科的观念与方法解决问题、形成解释、创造产品。

在跨学科学习过程中，整合两种或两种以上学科的观念、方法、思维方式来解决真实问题，从而产生跨学科的理解。从跨学科学习的目的来看，旨在培养学生的跨学科意识和运用跨学科的知识创造性解决问题的能力。从跨学科学习的方式来看，选择并综合运用多领域的信息、知识、工具、方法解决复杂问题，更大程度上促进学科知识情景化、生活化。

1.跨学科学习的特点

（1）整合两种或两种以上学科的观念、方法与思维方式，以解决真实问题、产生跨学科的理解。

（2）在真实的问题情境中，当任何单一学科无法解决此问题时，需要运用两种或两种以上学科的观念与方法解决它，并由此产生新的理解，即跨学科理解。

（3）植根于学科思维，运用相关学科的观念与方法，跨学科理解才能产生并发展。

（4）"跨学科"的核心是学科内容的整合与情境化，跨学科学习要求教师和学生整合各学科的观点，并使他们的整合工作目的明确、富有成果。

2.跨学科学习的优势

（1）引导学习者从不同学科的视角学习知识、看待问题、解决问题。

（2）有利于学习者结合生活实际，在与环境相互作用的过程中进行知识的同化与顺应。

（3）有助于促进学生学习方式的变革，提升学习体验与学习效果。

（4）基于真实的问题情境，引导学生进行深度学习与实践探究，促进学生高阶思维与能力的培养。

3.跨学科学习面临的挑战

（1）很多学校现有学习空间不能充分满足跨学科学习者的需求，其需要更多元的交互式、讨论式学习空间。

（2）跨学科学习者需要更多的社会或社区资源，在跨学科学习过程中探究人与自然、人与社会的关系。

（3）跨学科学习者需求充裕的学习、探究、研讨时间，以开展有价值的课题研究。

（4）跨学科学习过程中需要多层次、多类型、经验丰富的引导者，能够为学习者提供有效的咨询与辅导，比如专家、学者、社区工作者等。

---

① 张华.论理解本位跨学科学习[J].基础教育课程，2018，238（11）：7-13.

（三）跨学科教学

从国内教育实践的发展来看，有很长一段学校教育与社会生活相脱离的时期，加强课程内容与学生生活、社会发展、科技进步的联系成为教育者的共识。全球化的发展、新知识爆炸式的增长，有力拉动了社会对跨学科综合性人才的需求，使跨学科教学成为教育工作者和学校打破学科壁垒、培养学生综合能力的重要抓手。在这种共识基础上，学校在开展教育教学变革的过程中对教学策略和方法提出了新的要求。

跨学科教学是课程形态和教学策略的合体。无论是分科教学还是跨学科教学，都是一种课堂教学开展形式。作为一种"课程形态"，跨学科课程属于"整合课程"或"综合课程"。"整合课程"目前有两种主要样态：一种是以现行的学科界限为基础，以合并、融合或广域课程的形式来整合课程；另一种是从一开始便不考虑现行的学科界限，而是根据新的理念重构课程整合框架。作为一种"教学策略"，跨学科教学在实践中表现为以问题为中心的教学模式。跨学科教学中的"问题"，不是单一学科的问题，而是涉及多门学科的复杂问题；不是理论问题，而是现实问题。跨学科教学是教师以综合性现实问题为中心，着重培养学生的解决问题能力和创新能力的过程。[①]

从学科的视角来看，跨学科教学是指以一个学科为中心，在这个学科中选择一个中心题目，围绕这个中心题目，运用不同学科的知识，展开对所指向的共同题目进行加工和设计教学。[②]传统的分科教学，忽略了学科间的知识交叉与流动，而跨学科教学为超越学科本身的综合运用知识能力的培养提供更多的可能性。跨越学科之间的界限，在注重各学科内在逻辑的基础之上建立学科间的联系，并将学科进行整合，进而在教学实践中实施整合后的多学科融合教学。[③]

1.跨学科教学的优势

（1）引导学生寻找知识之间的内在关联，促进不同学科知识间的融会贯通。

（2）帮助学生面向生活，具备解决现实问题和复杂问题的能力。

（3）培养学生的综合能力与核心素养，如协作沟通能力、批判性思维、信息素养等。

（4）提高学生的学习积极性，让学生对学校、社会及学习更感兴趣，推动教师的教与学生的学更加富有成效。

（5）促进更多学生开展自主学习、合作学习，推动项目化学习、探究式学习、研究性学习等的实践。

2.跨学科教学面临的挑战

（1）跨学科教学经常围绕特定的主题、问题或现象展开实践，需要不同学科的教师通力合作，整合多样化的教学资源。

（2）跨学科教学需要科学严谨的质量评价体系，建立建设性的反馈机制对跨学科教学的顺利开展起了非常关键的作用。

（3）缺乏系统科学的跨学科教材，辅助不同类型和层次的教师开展跨学科教学。

（4）对教师的综合能力和素养提出了更高的要求，教师需要有更多的时间和精力开展跨学

① 田娟，孙振东.跨学科教学的误区及理性回归[J].中国教育学刊，2019（4）：63-67.
② 杜惠洁，舒尔茨.德国跨学科教学理念与教学设计分析[J].全球教育展望，2005，216（8）：28-32.
③ 于国文，曹一鸣.跨学科教学研究：以芬兰现象教学为例[J].外国中小学教育，2017（7）：57-63.

科教学设计与实践的探索，更多地与社会、社区互动。

（四）跨学科研究

以往的学术研究较多从特定的学科视角展开，研究者大多属于某一学科，基本掌握了某一专门领域的知识、技能、工具和方法，在学科内较易找到用于解决问题的方法和策略。当然，遇到学科外的问题，很多研究者也会与同行或者专业领域内的专家交流学习。随着社会的发展，应对城市化、空气污染、经济危机、老龄化、航天探索、雾霾治理、传染病等重大复杂问题却远非传统学科研究可以解决，这就需要超越学科边界的知识、理论和方法。出于解决现实问题的需要，来自不同学术领域的专家和研究者常常为复杂问题或重大社会问题开展联合研究，跨学科研究慢慢发展成为普遍现象。横跨教育、科学研究等多领域的跨学科现象引起了社会各界的普遍关注。尽管跨学科理念已有广泛的应用和传播，但"跨学科"一词的概念依然模糊。

来自不同学术领域的学者对跨学科研究定义的讨论有很多，随着讨论的深入，较为有代表性且获得较多认同的分别是刘仲林、克莱恩和纽威尔（Klein and Newell）、美国科学院协会、博伊克斯·曼西利亚（Boix Mansilla）和雷普克（Repko）（表1.1）。这些定义的共性都认为跨学科研究包括研究和解决问题的过程、学科或专业领域的知识、观点的综合或整合、认知的提高。

表 1.1　具有代表性的跨学科研究定义

研究者	定义内容
刘仲林（1993）	打破学科壁垒，把不同学科理论或方法有机地融为一体的研究或教育活动；包括众多的跨学科问题研究或交叉学科在内的学科群；泛指一门以研究跨学科规律与方法为基本内容的高层次学科
克莱恩和纽威尔（Klein and Newell, 1997）	跨学科研究是回答问题、解决问题、讨论问题的过程，这些问题的广泛性和复杂性使其不可能在单个学科范围内得到解决，而需要从不同学科的视角综合各种学科的特点，建构更全面的视角
美国科学院协会（2004）	跨学科研究是团队或个人的一种研究模式，它把来自两个以上学科或专业知识团体的信息、数据、技能、工具、观点、概念和理论综合起来，加深对基本问题的认识，或解决那些不能用单一学科或在单一研究实践领域解决的问题。真正的跨学科研究不是把两种学科拼凑起来创建一种产品，而是思想和方法的结合
博伊克斯·曼西利亚（Boix Mansilla, 2005）	应该重点关注跨学科活动或跨学科理解的结果，这就要综合两种以上学科的知识和思维模式，进而提高认知能力（比如，解释一种现象、解决一个问题、创造一种产品或提出一个新问题），而这些从单一学科视角显然是不可能完成的
雷普克（Repko, 2008）	跨学科研究是一项回答、解决或提出某个问题的过程，该问题涉及面和复杂度都超过了某个单一学科所能处理的范围，跨学科研究借鉴各学科的视角整合其见解，旨在形成更加综合的理解，拓展人们的认知

（五）跨学科理念

"跨学科"既是一个涉及所有学科领域的学术史与学术研究问题，又是一个特殊的教育、课程与教学问题。前者一般称为"跨学科研究"，后者一般称为"跨学科学习"。尽管作为一种思想或理念的"跨学科"源远流长，可追溯至中国的先秦时期和西方的古希腊时期，但作为一个特殊的知识领域却直至20世纪下半叶才被正式确立起来。"跨学科"既是一种知识与生活、科学与人文、不同学科领域之间彼此融合的价值追求与时代精神，又是一种强调互动建构、合作探究方式的学科研究的知识论与方法论。

从国际基础教育实践发展趋势看，全球范围内不同国家先后提出跨学科理念。芬兰国家教育委员会在《2004基础教育国家核心课程标准》中提出了跨学科的理念。该课标指出，可以将教学进行重新整合，帮助学生审视不同知识领域中的现象，对主题进行解释，以促进教育目标的实现。跨学科的主题需要多个学科进行合作，而且提出了7个主题：作为人的发展，文化认同与国际化，媒体技能与沟通，积极参与的公民和创业者，对环境的责任、福利和可持续发展，安全与交通，技术与个体，并提出了每个主题的目标以及包含的核心内容。[1]美国国家研究理事会于2011年发布了《K—12科学教育框架：实践、跨学科概念和核心概念》，在科学教育框架中强调了跨学科概念的意义与价值。芬兰于2014年12月发布了《国家基础教育核心课程》，并于2016年8月在基础教育阶段各年级全面实施，其中最受关注和热议的当属其"现象教学"的课程改革主张。此次改革在保留学科教学的基础上，试行跨学科教学实践，要求学生每年至少参加一次基于现象的跨学科学习。

随着国际教育实践的进一步发展，跨学科理念在不同国家的教育体系、课程标准等纲领性政策文件中均有不同程度的强调和关注，跨学科理念也成为越来越多国内外教育者的共识。在跨学科理念的影响下，多元教学模式和学习方式的碰撞，主题教学、现象教学、项目化学习、探究性学习、研究性学习、综合实践活动等成为当下不同学校进行教育教学变革、探索跨学科教育教学模式的应然状态，而跨学科实践的实然则带领着不同学校对跨学科理念的不同理解和实践产生不尽相同的效果。因此，在跨学科理念指导下的跨学科教育教学实践也充满了未知的挑战。

本书所讨论的跨学科概念是从课程视角出发，基于小学教育领域不同学科（语文、数学、英语、科学、音乐、美术等）知识整合的视角，旨在打破学科壁垒，在真实的问题情境中进行小学跨学科教育教学设计与实践，引导小学生在相互协作、解决问题的过程中习得知识与技能，实现小学生综合能力和素养的提升，以应对不断变化的未来社会发展需要。

二、跨学科的表现形式

跨学科的表现形式多种多样，内容各不相同，不同的表现形式反映了基于一定标准地对跨学科的大致分类。

（一）工具借用

工具借用即把一个领域中的概念、知识、方法、视角、模型等工具转移到另一个领域，借用其他学科领域的工具来解释、研究或解决该学科领域的问题。

在诸多通过工具借用方式发展自己的知识体系的学科中，管理学是典型的实例。一方面，现代管理学问世百年来，先后吸收了经济学、社会学、心理学、计算机科学等诸多领域的知识

---

① 于国文，曹一鸣.跨学科教学研究：以芬兰现象教学为例[J].外国中小学教育，2017（7）：57-63.

工具。另一方面，管理学广泛地借用其他学科的工具，演化出一系列的分支学科和流派。早在1960 年，美国管理学家哈罗德·孔茨就对现代管理理论中的各种学派加以分类，发表了《管理理论丛林》一文，概括出管理过程学派、经理学派、人类行为学派、社会系统学派、决策理论过程学派、数学学派等 6 个有代表性的管理理论学派。20 年后，他发现管理理论不但没有减少，反而更为纷繁多样，于是又撰写了《再论管理理论的丛林》一文，把当时流行的管理理论学派划分为社会系统学派、决策理论学派、系统管理学派、经验主义学派、权变理论学派、管理科学学派、组织行为学派、经理角色学派、经营管理理论学派、社会技术系统学派、人际关系学派等 11 个大学派，并分析了学派林立的原因（图 1.1）。[①]

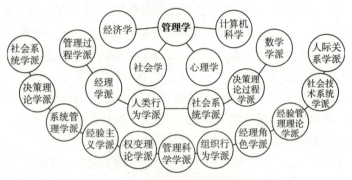

图 1.1　管理理论学派分支与发展

工具借用的过程也面临着不确定性。如果对某些优势学科中的概念、知识、方法、视角、模型等工具不加以批判、不分场合地借鉴，后果是不堪设想的。把一个领域中的概念、知识、方法、视角、模型等工具转移到另一个领域时，面临着诸多不确定性。不同的工具借用方式有着明显的差异。例如，精通城市分析的地理学家可能非常了解经典人文地理分析的前提，但是未必能区分这个领域的经典论述和新式观点，也未必理解社会学家编写的地理著作中关于地理布局的基本原则。工具借用是一个辩证过程，是对原有知识和创造出的新知识的综合。目前对工具借用成效的衡量尚无广泛适用的标准，通常的跨学科活动也没有恰当的衡量标准。

（二）多学科

跨学科建立起不同学科之间的联结，基于学科又超越学科，就跨学科过程中的知识来源和涉及学科的相互关系而言，多学科的关系是较为常见的。由于解决实际问题的需要，虽然跳出单个学科范围，但涉及的学科之间仍是并列的关系，并保持着较为明晰的学科边界。

人民教育出版社出版的部编版语文二年级上册中《曹冲称象》一文，从语文学科阅读教学的目标设计角度，引导小学生了解曹冲称象的步骤与具体方法，理解曹冲称象的方法科学、合理、简便，说清楚人物形象的特点，培养小学生的观察能力和思维方法。从科学学科实验探究的目标设计角度，模仿曹冲称象的方法，即首先在容器中放入一种物体，并沿着水面在容器上画线；其次，放入另一种物体，直到线与水面重合为止；最后，用称称重比较。通过实验探究的方式，引导学生掌握排水法测量固体体积的方式，感悟到曹冲称象的方法实质是用石块和大象进行了等量置换，说明曹冲才智过人，能想到这个办法也是他平时对生活仔细观察和勤于积

---

① 刘小宝. 论"跨学科"的谱系 [D]. 合肥：中国科学技术大学，2013：113–117.

累的结果。从语文学科和科学学科两个视角设计教学，使教学实施达到事半功倍的效果，促进小学生对多学科知识的学习与理解。语文学科涉及了科学学科的知识，在实施教学过程中科学教师也可以在课堂上出现，与语文教师一起开展教学。这就是由具有差异性的知识背景的成员组成团队，基于一个问题完成两个学科教学内容的案例。

在学术研究中，也经常能看到研究团队的多学科特征。不同背景、不同组织的研究者基于某个共同的研究主题或问题组建团队，这种团队组织形式通过团队中不同成员的学科背景，了解不同学科的基本内容或方法，从而预测研究结果，完成预期研究目标。

目前，无论是多学科的教学设计还是多学科的科学研究，更多呈现出多个学科仍局限在各自的范围和体系中，虽然较之狭隘的单学科有所改进，但也容易呈现"拼盘式"的发展样态，这不仅无益于教育和研究的创新进展，还落入冗余烦琐的拼凑窠臼。

（三）交叉学科

在多学科的交流互动过程中，因试图建立不同学科之间的联系，涉及的学科之间发生了交叉，多学科就迈进了交叉学科（跨学科）阶段。

交叉学科研究的主题通常来自社会实际问题，并呈现以问题为导向的知识积累特点，融合不同的观察视角，凝练出共同接受的理念和方法，提炼出有助于团队合作的共同要素，找出相互的联系，比如区域发展研究、经济危机等。为了填补学科之间的空隙，把几个相关学科的要素组合起来形成新的交叉学科知识领域，如政治社会学、社会心理学、教育人类学等。

从课程视角以跨学科教学案例《咸盐的意义》为例（表 1.2），基于同一个问题——咸盐的意义，引导学生从不同学科视角了解盐的相关历史、盐的称量与买卖、盐对于身体的意义，进而探究咸盐的多维意义。通过不同学科知识内容的交叉、互动和整合，协同解决复杂问题，说明不同学科的边界是相对开放的，边界跨越的形式多种多样。

表 1.2 跨学科教学设计案例：咸盐的意义[①]

跨学科的学习（六年级）		
历史 帕绍——中世纪的一个盐城		德语（讲述） 盐船在河流上行驶
数学 计算——天平和量杯	核心学科 历史	地理 运盐铁路　在哈莱恩
德语（读） "盐的神圣"一段，鲁佩特		数学 盐的交易、买卖、重量
艺术 展示与讲解盐城帕绍的徽章		生物 我们的身体需要盐
宗教（天主教/新教） 盐在《圣经》旧约全书中的意义	核心学科 历史	德语（图片的描述） 一个运盐商业车队的讲述

---

① 杜惠洁，舒尔茨. 德国跨学科教学理念与教学设计分析 [J]. 全球教育展望，2005，216（8）：28–32.

（四）超学科

随着关于跨学科的讨论越来越广泛、深入，面对日益变化的世界及诸多挑战，很多学者意识到必须要用跨学科的方法解决学术界之外的地区性和全球性问题。超越学科边界，用新的科学文化方法改进科学研究，在各学科交叠地带发展出新的、统一的解释性体系，原有的边界消失，也就是说，超学科活动中可能分辨不出某种方法或理论来自具体哪个学科。超学科是对学科范式的补充，它需要新的数据和学科之间新联系，揭示自然和现实的新观点。

与跨学科和多学科相比（表1.3），超学科具有多个参考系和多个维度，如借鉴科学复杂的世界观，开发新的普适性思想、范式或教育模式。超学科的基本特征是复杂性、严格性、开放性和包容性。比如，将神经科学、教育以及其他相关学科融合起来，创造出一个新的超学科研究领域——教育神经科学。由于神经科学与教育这两个已经确立的学科之间的跨学科合作不足以促进学科的融合，因此需要多种学科来推动超学科研究领域的出现，跨越不同学科中有关学习研究的知识壁垒。例如，剑桥大学的教育神经科学中心、丹麦教育大学的丹麦学习实验室都在研究超学科的问题，哈佛大学、剑桥大学等高校还制定了培养超学科的教育神经科学专业人员的培养方案。随着更多专业人员的成长，多学科的合作朝着真正的超学科研究方向发展，在建立共同话语体系和共同方法的基础上，将教育实践与学习的超学科研究紧密结合起来，以保证超学科研究的有效性。[①]

表1.3　多学科、跨学科和超学科的表征[②]

名称	表现特征
多学科（multidisciplinary）	各学科是并列和累计的关系，各自保持着清晰的学科边界
跨学科（interdisciplinary）	综合各学科的知识协同解决复杂问题，相关学科边界开放
超学科（transdisciplinary）	在各学科交叠地带发展出新的、统一的解释性体系，原来的边界消失

问题讨论

1. 什么是跨学科学习？跨学科学习有哪些特点和哪些优势？跨学科学习面临哪些挑战？

2. 什么是跨学科教学？跨学科教学有哪些优势和面临哪些挑战？

3. 什么是跨学科研究？

4. 跨学科的表现形式有哪些？请举例说明。

---

① 经济合作与发展组织.理解脑：新的学习科学的诞生[M].2版.周加仙，等，译.北京：教育科学出版社，2014：162-185.

② 胡庆芳.跨学科研究的国际视野及教师跨学科教学设计的模型建构[J].基础教育课程，2020（11）：26-31.

第二节　跨学科与学科的关系

1. 说明学科与跨学科的关系。
2. 理解跨学科对不同学科学习的意义与价值。

一、学科是跨学科发展的基础

（一）学科的概念

在《中华人民共和国国家标准学科分类与代码》（GB/T13745-2009）中，"学科"是相对独立的知识体系。《现代汉语词典（第7版）》对"学科"一词的描述为：按照学问的性质而划分的门类，如自然科学中的物理学、化学。《辞海》中"学科"有两层含义，其一为学术的分类，指一定科学领域或一门科学的分支，如自然科学中的物理学、生物学等；其二为教学的科目，学校教学内容的基本单位，如中小学的语文、数学、政治等。综上，学科是不断发展和演进的知识体系，因某些共性特征而划分形成的分类或教学科目。

根据《义务教育课程方案》，国家课程设置道德与法治、语文、数学、外语（英语、日语、俄语）、历史、地理、科学、物理、化学、生物学、信息科技、体育与健康、艺术、劳动、综合实践活动等。[①]小学阶段，国家课程规定的科目有道德与法治、语文、数学、外语、科学、信息科技、体育与健康、艺术、劳动、综合实践活动，其中综合实践活动侧重跨学科研究性学习、社会实践。

（二）跨学科与学科

跨学科不局限在单一学科内，涉及两个及以上学科。跨学科依赖系统的知识结构，不是对学科的否定，也不排斥学科的认知结构和组织结构。跨学科以学科的发展为基础和前提，是对学科结构的发展。无论是综合课程教学，还是跨学科课程教学，学科都是其必要的基础。只有从学科基础出发，才可能更好地理解跨学科的内涵。学科教学与跨学科教学必须相互补充、相互促进和相互支持，其前提条件是适当的对话、合作与设计。这个过程也是不同学科教师之间互相学习和合作的过程。跨学科教学意味着无论如何都不能放弃学科的内容、思维模式、理智和方法。[②]跨学科教学过程必然包含着分科教学，在跨学科教学过程中，知识的综合应用和问题解决都是以分科教学为起点的循序渐进的过程，同时跨学科教学使学科知识在运用中得到延伸与提升。

二、跨学科与科学

跨学科概念与科学课程之间有着千丝万缕的联系。科学课程是综合性基础课程，具有很强

---

① 中华人民共和国教育部. 义务教育课程方案：2022年版 [M]. 北京：北京师范大学出版社，2022：6-8.
② 杜惠洁，舒尔茨. 德国跨学科教学理念与教学设计分析 [J]. 全球教育展望，2005，216（8）：28-32.

的实践性。科学课程在实施过程中，本身就涉及很多跨学科的知识内容。《义务教育科学课程标准（2022年版）》要求，通过对学科核心概念的学习，理解物质与能量、结构与功能、系统与模型、稳定与变化4个跨学科概念。[①]跨学科概念可以让学生形成科学的世界观，了解自然现象背后的道理与规律，学会处理问题的方法和模式，将科学观念、科学思维、探究实践、态度责任等核心素养的培养融入学科核心概念的学习过程中，实现科学课程的教育教学目标。

20世纪80年代，美国兴起了"科学—技术—社会"相融合的STS课程，推行跨学科整合的科学教育，强调运用科学知识、科学方法、科学思维解决生活中的现实问题。随着STS课程的进一步发展，以"科学—技术—工程–数学"为核心的STEM课程出现，融合了数学领域的内容，强调运用多领域的知识和方法进行实践探究。无论是STS课程还是STEM课程，都侧重对理工科问题的探索与解决，忽略了人文艺术领域的内容，故随着课程实践的进一步发展，以"科学–技术—工程—艺术—数学"为核心的STEAM课程应运而生，加入了艺术领域的内容。美国的《K—12科学教育框架：实践、跨学科概念和核心概念》，将跨学科概念与学科核心概念和科学实践并列为三大维度统整《下一代科学标准》，凸显了科学学科跨学科整合的核心意义。

科学学科跨学科整合的核心意义主要表现在：跨学科概念有助于学生理解不同概念之间的关系，促进科学概念的整合。在这个过程中，将不同领域和学科的知识结合起来，有利于强化知识结构，构建知识框架的支点，为学生学习新知识提供支持，促进学生对世界整体的认知，帮助学生进行科学探究，加深学生对科学学科本质的理解，促进不同水平学生的发展，从而实现科学教育的目标。

三、跨学科与语文

语文课程是一门综合性、实践性课程。工具性与人文性的统一，是语文课程的基本特点，这决定了语文课程或多或少会包括跨学科的知识与内容。《义务教育语文课程标准（2022年版）》要求，构建语文学习任务群，注重课程的阶段性与发展性，突出课程内容的时代性和典范性，加强课程内容的整合，增强课程实施的情境性与实践性，促进学习方式变革。设计富有挑战性的学习任务，促进学生自主、合作、探究学习。[②]在语文课程内容拓展型学习任务群中，跨学科学习任务群主要引导学生在开展语文实践活动中，加强与社会生活的联系，在综合运用多学科知识发现问题、分析问题、解决问题的过程中，提高语言文字运用的能力。

在语文课程教学过程中，需要充分发挥跨学科学习的整体育人优势，根据不同学段的学情特点，组织学习主题和内容，设计多样化的学习活动。引导学生在丰富的情境中学习课程内容，拓展学习资源，增强跨学科学习的综合性和开放性，提高实践创新能力。

四、跨学科与数学

数与代数、图形与几何、统计与概率、综合与实践4个学习领域构成了义务教育阶段的数学课程内容。《义务教育数学课程标准（2022年版）》强调，综合与实践以培养学生综合运用所

---

① 中华人民共和国教育部. 义务教育科学课程标准：2022年版［M］. 北京：北京师范大学出版社，2022：16.
② 中华人民共和国教育部. 义务教育语文课程标准：2022年版［M］. 北京：北京师范大学出版社，2022：2–3.

学知识和方法解决实际问题的能力为目标，根据不同学段的特点，以跨学科主题学习为主，适当采用主题式学习和项目式学习的方式，设计情境真实、较为复杂的问题，引导学生综合运用数学学科和跨学科的知识与方法解决问题。[①]

数学课程是一门基础性课程，具有普及性和发展性的特点。学生学习数学最终是为了可以在生活中应用数学，用数学解决具体的问题，帮助学生认识世界、理解现实世界的本质，从而表达现实世界的关系和规律。在数学课程中强调跨学科学习，加强数学与生活的关联，引导学生感悟数学知识之间、数学与其他学科知识之间、数学与科学技术和社会生活之间的联系，形成和发展模型意识、创新意识，提升数学学科核心素养。

五、跨学科与英语

英语课程体现了工具性与人文性的统一，具有基础性、实践性和综合性的特征。英语课程的学习，有助于学生了解不同的文化，逐步形成跨文化沟通与交流的意识和能力，具有国际视野，形成正确的人生态度和价值判断。《义务教育英语课程标准（2022年版）》要求，英语课程秉持在体验中学习、在实践中运用、在迁移中创新的学习理念，倡导学生围绕真实情境和真实问题，激活已知。参与到指向主题意义探究的学习理解、应用实践和迁移创新等一系列相互关联、循环递进的语言学习和运用活动中。坚持学思结合，引导学生在学习理解类活动中获取、梳理语言和文化知识，建立知识间的关联；坚持学用结合，引导学生在应用实践类活动中内化所学语言和文化知识，加深理解并初步应用；坚持学创结合，引导学生在迁移创新类活动中联系个人实际，解决现实生活中的问题。[②]

在英语课程教学过程中，提倡通过英语综合实践活动，促进学生核心素养的全面发展。基于相应的课程目标，结合学生的兴趣和直接经验，以与学生学习、生活密切相关的各类现实性和实践性问题为内容，引导学生通过实践与探究，综合运用英语和其他课程所学知识解决问题，拓展学生对自我、社会和自然的认知与体验。

六、跨学科与艺术

义务教育阶段的艺术课程包括音乐、美术、舞蹈、戏剧（含戏曲）、影视（含数字媒体艺术），是对学生进行审美教育、情操教育、心灵教育的课程，具有审美性、情感性、实践性、创造性、人文性等特点，引领学生在健康向上的审美实践中感知、体验与理解艺术，逐步提高感受美、欣赏美、表现美、创造美的能力。《义务教育艺术课程标准（2022年版）》从课程理念上提出课程综合，以各艺术学科为主题，加强与其他艺术的融合；重视艺术与其他学科的联系，充分发挥协同育人功能；注重艺术与自然、生活、社会、科技的关联，汲取丰富的审美教育元素，传递人与自然和谐共生理念，促进学生身心健康全面发展。[③]

在美术课程教学过程中，"综合、探索"是很重要的艺术实践类型，包括美术内部综合、美术与姊妹艺术、美术与其他学科、美术与社会的内容。在3~5年级的美术课程学习任务中，

---

① 中华人民共和国教育部.义务教育数学课程标准：2022年版[M].北京：北京师范大学出版社，2022：16.
② 中华人民共和国教育部.义务教育英语课程标准：2022年版[M].北京：北京师范大学出版社，2022：3.
③ 中华人民共和国教育部.义务教育艺术课程标准：2022年版[M].北京：北京师范大学出版社，2022：2.

有专门的"融入跨学科学习"任务，要求学生以个人或者小组合作的方式，将美术与自然、社会及科技相融合，探究各种问题解决方法，提高综合探索与学习迁移的能力。

在音乐课程教学过程中，"联系"是课程四类艺术实践之一，包括音乐与社会生活、音乐与姊妹艺术、音乐与其他学科的内容。通过"联系"，将音乐与社会生活、姊妹艺术及其他学科相关联和融合，结合相关文化，理解音乐的人文内涵和社会功能，提升文化理解素养。

在舞蹈课程教学过程中，有"融合"类艺术实践，包括舞蹈与姊妹艺术、舞蹈与其他学科、舞蹈与社会生活的内容。通过"融合"，将舞蹈与姊妹艺术、社会生活、其他各个学科相融合，引导学生体验多种舞蹈风格，运用各种艺术元素，将各种艺术形式融会贯通，感受舞蹈的丰富底蕴和文化内涵。

七、跨学科与劳动

2020年，教育部关于印发《大中小学劳动教育指导纲要（试行）》的通知中指出，为落实《中共中央 国务院关于全面加强新时代大中小学劳动教育的意见》，加快构建德智体美劳全面培养的教育体系，制定了该劳动教育指导纲要。该纲要要求在学科专业中有机渗透劳动教育，如道德与法治（思想政治）、语文、历史、艺术等学科要有重点地纳入劳动创造人本身、劳动创造历史、劳动创造世界、劳动不分贵贱等马克思主义劳动观，纳入歌颂劳模、歌颂普通劳动者的选文选材，纳入阐释勤劳、节俭、艰苦奋斗等中华民族优良传统的内容，加强对学生辛勤劳动、诚实劳动、合法劳动等方面的教育。数学、科学、地理、技术、体育与健康等学科要注重培养学生劳动的科学态度、规范意识、效率观念和创新精神。[①]

2022年，《义务教育劳动课程标准（2022年版）》发布，指出劳动课程是实施劳动教育的重要途径，具有鲜明的思想性、突出的社会性和显著的实践性。义务教育阶段的劳动课程以丰富开放的劳动项目为载体，让学生动手实践、出力流汗，接受锻炼、磨炼意志，培养学生正确的劳动价值观和良好的劳动品质。课程目标要求能综合运用多学科知识和多方面经验解决劳动中出现的问题，发展创造性劳动的能力，在劳动过程中学会自我管理、团队合作。[②]

在劳动课程教学过程中，课标建议进行项目设计，包括制订项目目标、选择项目内容、确定劳动场域、明确项目过程、提炼项目操作方法等，强化劳动与教育的有机统一，注重项目实施过程中与其他课程的紧密结合，关注课外和校外劳动实践体验的有效拓展。劳动课程本身蕴含着丰富的跨学科元素，也是培养学生综合素养的有效途径。

> **问题讨论**
>
> 1. 请结合具体的案例说说学科与跨学科的关系。
> 2. 目前小学国家课程规定的科目有哪些？请说说这些科目与跨学科的关系。

[①] 教育部关于印发《大中小学劳动教育指导纲要（试行）》的通知 [EB/OL].[2020-07-09].http://www.moe.gov.cn/srcsite/A26/jcj_kcjcgh/202007/t20200715_472808.html.
[②] 中华人民共和国教育部.义务教育劳动课程标准:2022年版 [M].北京:北京师范大学出版社,2022:1-6.

　　随着跨学科研究的发展及各类跨学科成果问世，跨学科理念得到广泛应用和传播。本章从"跨学科"名称、跨学科学习、跨学科教学、跨学科研究以及跨学科理念等方面厘清跨学科的内涵；从工具借用、多学科、交叉学科、超学科等方面探讨跨学科的不同表现形式；从跨学科与学科关系角度梳理跨学科对于学科发展的意义和价值。在跨学科理念的带领下，学科界限愈来愈不明晰，不同学科或领域的工作者和研究者更易走到一起开展合作性的跨学科工作或研究。人文社会科学领域和自然科学领域的交叉渗透更多，人文社会科学领域成为跨学科研究的活跃领域，与自然科学之间的界限和分离局面已经被打破，未来人文社会科学甚至会有大规模向自然科学和技术领域进行反向渗透的趋势。

推荐阅读

　　1. 中华人民共和国教育部. 义务教育课程方案：2022 年版 [M]. 北京：北京师范大学出版社，2022.

　　2. 中华人民共和国教育部. 义务教育语文课程标准：2022 年版 [M]. 北京：北京师范大学出版社，2022.

　　3. 中华人民共和国教育部. 义务教育数学课程标准：2022 年版 [M]. 北京：北京师范大学出版社，2022.

　　4. 中华人民共和国教育部. 义务教育英语课程标准：2022 年版 [M]. 北京：北京师范大学出版社，2022.

　　5. 中华人民共和国教育部. 义务教育科学课程标准：2022 年版 [M]. 北京：北京师范大学出版社，2022.

　　6. 中华人民共和国教育部. 义务教育艺术课程标准：2022 年版 [M]. 北京：北京师范大学出版社，2022.

　　7. 中华人民共和国教育部. 义务教育劳动课程标准：2022 年版 [M]. 北京：北京师范大学出版社，2022.

　　8. 中华人民共和国教育部. 义务教育道德与法治课程标准：2022 年版 [M]. 北京：北京师范大学出版社，2022.

　　9. 中华人民共和国教育部. 义务教育体育与健康课程标准：2022 年版 [M]. 北京：北京师范大学出版社，2022.

　　10. 中华人民共和国教育部. 义务教育信息科技课程标准：2022 年版 [M]. 北京：北京师范大学出版社，2022.

　　11. 经济合作与发展组织. 理解脑：新的学习科学的诞生 [M].2 版. 周加仙，等，译. 北京：教育科学出版社，2014：162-185.

第二章　跨学科从何而来

古希腊时期，知识不是清晰地划分为界限分明的学科，很多著名的学者能够自由穿梭在不同的领域中，如博学的亚里士多德，他的写作涉及伦理学、形而上学、心理学、经济学、神学、政治学、修辞学、自然科学、教育学、诗歌、风俗，以及雅典法律，他对很多学科都做出了贡献。随着近代科学的发展，才划分出界限分明的学科。随着学科的发展，每一个研究领域都形成了一套独立的专业化分析工具。社会越来越需要这种专业化学科，同时专业化学科也愈加显示出自身所存在的不足。随着学科的成熟，学科之间的知识壁垒逐渐变得更高、更厚实，但是它们之间的分割也许变得更缺乏逻辑性——这种静态的学科方法在变得不能适应新知识的产生时，是无法提供跨越学科边界的途径的。[①]

第一节　跨学科兴起的背景

学习提要

1. 了解跨学科研究兴起的背景。
2. 了解跨学科学习产生的背景。

一、跨学科研究兴起背景

（一）全球化浪潮的推动

全球化是当今时代的基本特征。全球化浪潮已成为一种趋势，使得国与国之间在政治、经济、贸易等方面相互依存，全球意识崛起。从货物与资本的跨国流动、各种经济组织和经济实体的建立，到文化、生活方式、价值观念等的跨国交流、碰撞、冲突与融合，加强了世界各地的互相往来和理解。随着全球化趋势对人类社会影响的扩大，引起各国政治、经济、教育、社会、文化等学科领域的重视，并引发研究的热潮。

全球化的进程也引起了全球性的竞争，为了满足国家战略发展的需要，国家力量频频介入科学研究领域，任务导向的研究大大超出传统的学科边界，相关资助机构也不断提出超出学科边界的新命题，为跨学科研究的发展推波助澜。两次世界大战期间，为了满足战争中的军事需

---

① 经济合作与发展组织.理解脑：新的学习科学的诞生［M］.2 版.周加仙，等，译.北京：教育科学出版社，2014：162-163.

要，美国的科学界、商业界、军方进行了长时间的大规模合作。全球性的竞争也带来诸如资源短缺、环境恶化、金融风险等这一问题，在为应对这一问题，在世界范围内创设了多种国际机构，包括政府机构和非政府机构，如联合国、世贸组织、国际货币基金组织、红十字会等。

（二）世界格局的深刻变化

如今的世界格局处于深度调整变化期，发达国家在军事、科技、金融、货币等领域仍具有相对优势，以中国为代表的发展中国家对发达国家的赶超进程仍在继续。地区之间的政治、经济和国际关系出现了多元化趋势，国际政治经济秩序面临新旧交替。全球化带来的跨越国界的复杂问题，使得各个国家意识到，不可能从本国利益的单一视角去应对，全球性治理的趋势已经出现。

信息化推动了信息技术的充分利用，促进世界范围内的信息交流和知识共享，信息生产和传播的速度、数量和普及程度均呈现史无前例的增长势头，推动全球范围的经济社会发展转型。在信息化时代背景下，针对解决现实问题的研究要求研究人员走出固有的传统学术领域，走向更具生机活力的现实世界，跨越学科边界，直面问题。面向问题的跨学科研究是对社会需求做出的回应，并依赖于社会需求的发展而向前发展。

（三）科学知识生产方式的转变

传统的科学知识生产是在大学里以学科为单位组织的，是同质化、有层级结构的，包括了思想、方法和价值，强调以学科划分边界，注重实证。也就是说，科学知识的生产和传播、教师的讲授、学生的学习都是在特定学科内进行的。20世纪下半叶，这种状况出现了转变。新的科学知识生产方式在很大程度上取决于知识生产和应用环境的特征，没有了层级结构，超越了学科边界，研究的问题也不再局限于学科框架内部，知识生产的人力资源是流动的，研究结构是灵活开放的，即传统的科学知识生产是在专业学术背景下进行的，而新的科学知识生产是在应用环境下进行的。

新的科学知识生产是以现实世界的问题为导向的，不受现有学科框架的限制，不满足对原始数据和观点的加工，强调对数据和资源的重新解读和重新建构，进而在理论和实践之间不断循环迭代。新的科学知识生产的主体和场所呈现出多样性，要顾及众多利益相关者，其生产过程包含多维度反思和迭代因素。二战后，美国成为世界超级大国，它一直以强劲的资助和宽松的氛围对待具有创造性的跨学科研究，因此有相当长的一段时间在环境、信息技术、教育等领域保持领先地位。美国也有许多关注整体性、综合性研究的非政府组织机构，如太空工程、信息高速公路、基因工程、族群研究、环境保护工程等方面取得的巨大成就，都是其跨学科研究的成功例证。

二、跨学科学习产生背景

（一）学习科学的发展

学习科学是一个研究教与学的多学科、跨学科研究领域，包括认知科学、计算机科学、人类学、社会学、信息科学、教育心理学、神经科学、教育学等诸多领域。20世纪80年代末，研究者们意识到需要发展新的科学研究方式超越本来学科所从事的研究，于是开始跟其他学科的研究者进行合作。建构主义、认知科学、教育技术学等基础理论的发展，奠定了学习科学的理论基础，促进了跨学科的学习科学的发展。越来越多的研究者加入学习科学的阵营中，形成一个影响重大的学术团体，学习科学社区也在成长，学习科学的实践开始对教育产生广泛的影响。越来越多的人认识到，学习科学对于教育教学变革拥有巨大的潜力。

（二）教育教学变革的推动

随着知识经济时代的到来，可持续发展的理念深入人心，教育面临着前所未有的挑战。面对日益变化的世界，现代人才观的内涵发生深刻变化，学校的功能也在发生变化，新的教育观、学习观正在确立，学校教育的价值和意义重新受到审视。从"知识本位"向"素养本位"的转型，是世界教育发展的共同趋势。世界各国都在积极进行本国的课程改革，其主要趋势表现为调整人才培养目标，关注综合素养的提升；关注学生经验，满足不同学生个性化发展的需要；变革学生学习方式，调整人才培养模式；发挥评价对于学生各方面发展的作用，为不同学生的可持续发展提供支持。

多年来，我国的基础教育更注重对知识、技能的培养，在实践能力、创造性、情感体验等方面的培养效果不显著。20世纪90年代末，中共中央、国务院作出《关于深化教育改革全面推进素质教育的决定》，新一轮的课程改革启动。借鉴先进国家的课改经验，旨在21世纪构建起符合素质教育要求的基础教育课程体系，是对世界课程改革潮流的自觉顺应。从课程目标、课程结构、课程内容、课程实施、课程评价、课程管理方面改革课程，关注学生发展，强调教师成长。

新课改以来，国内涌现了一批改革创新型学校。例如，重庆谢家湾小学在国家课程的基础上建构自己的小梅花课程体系，淡化学科的界限，强调跨学科学习；北京十一学校亦庄实验小学开展全课程的跨学科学习；清华大学附属小学的"1+X"课程体系，在课程分类整合的基础上形成独具特色的校本课程及个性化拓展课程。跨学科学习、项目化学习、创新教育成为国内很多学校进行教育教学变革的抓手，越来越多的学校在寻求变革。国内基础教育领域呈现出创新和融合的趋势。

（三）培养核心素养的需要

21世纪，人才是国家发展的核心竞争力。世界各国都高度重视培养学生能够满足终身发展要求和未来社会发展需要所必备的品格和关键能力。

（1）2002年，美国成立21世纪技能合作组织，将21世纪应具备的基本技能进行了整合，制定了《21世纪技能框架》。2007年，该组织进一步更新了框架。21世纪学习的"7C"技能如下：①批判性思考和问题解决能力；②创造与革新的能力；③协作、团队工作与领导能力；④跨文化理解能力；⑤交流、信息与媒体素养；⑥计算与ICT素养；⑦职业与学习的自立能力。

（2）2018年，欧盟出台了《欧盟终身学习核心素养建议框架2018》，这些素养具体包括：①读写素养；②多语素养；③数学素养和科学、技术、工程素养；④数字素养；⑤个人、社会和学会学习素养；⑥公民素养；⑦创新创业素养；⑧文化认识与表达素养。[①]

（3）2018年，OECD发布了一份题为《教育与技能的未来：教育2030》的报告，概述了OECD启动的"教育和技能的未来：2030项目"（也称"OECD 2030学习框架"）的框架与相关进展，重新审视新时代背景下的个人与社会发展需求，拓展核心素养的内涵，以就构建2030新未来所需知识、技能和态度达成共识。"OECD 2030学习框架"提出了三个新的跨领域、内在相互关联的变革能力：创造新价值、勇于担责任、学会解难题。①创造新价值包括适应性/灵活性/敏捷性、创造性/创造性思维、好奇心、全球意识、信息和通信技术的操作技能，与艺术、手工、音乐、体育相关的操作技能、开放性等；②勇于担责任包括批判性思维技能、元学习技能、专注、问题解决能力、责任感和风险管理等；③学会解难题包括解决冲突、共鸣、参与度/沟通技能/协作技能、观点取舍和认知灵活、适应性/抗压性、信任（自我、他人、机构）等。

同时，"OECD学习框架2030"意识到课程中日益认可的各种新型基础素养，包括：世界公民/素养、可持续发展、革新、幸福、计算思维/编程/编码、金融素养、预见能力、媒体素养、健康素养等。[②]

为应对时代变化与未来发展的多项需要，各国际组织或经济体制定的核心素养框架各具特色，使其内涵呈现多元、全面的特点。沟通与合作、信息素养、创造性与问题解决、自我认识与自我调控、批判性思维、学会学习与终身学习、公民责任与社会参与等七大素养为各国际组织和经济体高度重视。[③]从国际教育改革的实践看，各国都在探索让核心素养落地的有效路径。例如，英国强调学校教育与日常教育相互渗透，让学生接触多项技能，学习多个领域。芬兰在保留传统学科教学的基础上，着重开展学科融合式的"现象教学"。美国建立以STEAM为核心的综合科学课程，培养21世纪核心创新型人才。

（4）2016年，《中国学生发展核心素养》研究成果发布，以培养"全面发展的人"为核心，分为文化基础、自主发展、社会参与3个方面，综合表现为六大素养：人文底蕴、科学精神、学会学习、健康生活、责任担当、实践创新。各素养之间相互联系、互相补充、相互促进，在不同情境中整体发挥作用。在核心素养的引领下，学校纷纷开展课程改革，优化学校课程结构，改变学生的学习方式，打造有效学习课堂。

问题讨论

1. 跨学科研究是在什么样的背景下兴起的？
2. 跨学科学习是在什么样的背景下产生的？
3. 请说说你对不同国家和组织的核心素养框架的理解。

---

① 常飒飒，王占仁.欧盟核心素养发展的新动向及动因：基于对《欧盟终身学习核心素养建议框架2018》的解读[J].比较教育研究，2019（8）：35-43.
② 舒越，盛群力.聚焦核心素养 创造幸福生活：OECD学习框架2030研究述要[J].中国电化教育，2019（3）：9-15.
③ 师曼，刘晟，刘霞，等.21世纪核心素养的框架及要素研究[J].华东师范大学学报（教育科学版），2016，34（3）：29-37.

第二节　跨学科发展历史

学习提要

1. 了解国外跨学科发展的历史。
2. 了解国内跨学科发展的情况。

一、国外跨学科的发展

（一）20 世纪 40 年代至 70 年代

20 世纪 40 年代，学术界关于跨学科的正式讨论出现，从个别领域的跨学科研究经验到对常见问题的跨学科视角的重新论述，以及对单个学科难以回答或清晰说明的问题进行跨学科研究和实验。

从 20 世纪 70 年代开始，很多学者对日益繁盛的跨学科现象做出回应，跨学科问题从而引起学术界的关注。他们对一些领域的跨学科发展趋势和一些具体问题的跨学科解决方法进行讨论，如区域研究、老年病学的诊断与治疗等。同时，跨学科现象也受到关注，讨论的深度和广度增加，涉及自然科学、人文学科、社会科学、工程科学的跨学科发展趋势和特征问题。跨学科潮流也影响到教育领域，跨学科教育、跨学科的人才培养和课程设置、围绕解决具体问题的跨学科实验室建设、跨学科研究的整合等方面均有不同程度的提及。

在这 30 年的跨学科讨论中，呈现内容零散、主题多元、视角多样的特点，但没有对跨学科基本问题进行讨论，不同学者对跨学科的论述和理解多从自身学科背景或经验出发，整体尚未形成体系。

（二）20 世纪 80 年代至 90 年代

20 世纪 80 年代，基于相关领域的真实问题，开展跨学科研究与讨论的学者越来越多，突出表现在医学领域。出于医学实践的需要，医学领域比其他领域更早开始跨学科的讨论，研究者更早意识到了学科的局限和在应对具体现实问题时跨学科研究的重要性。卫生保健、营养干预、骨科与整形外科的跨学科合作、外科手术等问题都需要从跨学科的视角讨论，也出现了不同的跨学科研究团队。1980 年，跨学科研究国际联盟成立，每隔 3 年召开一次跨学科国际研讨会，标志跨学科研究的正规化。

这一时期，随着新兴交叉科学的兴起，很多领域的学者对其所从事的学科领域进行了跨越学科边界的探索，如对语言社会学、运筹学、管理信息学、老龄化、恐怖主义、家庭暴力等复杂问题的讨论；探讨科学的结构及与其他相关领域的关系问题，涉及科学与技术的关系、科学与社会的关系、科学与文化的关系。

跨学科潮流发展到 20 世纪 90 年代，得到了学术界对跨学科现象的普遍关注。关于跨学科活动、跨学科研究、医学领域的跨学科倾向均有深入的讨论。追随自然科学的跨学科研究方向，社会科学领域也出现了不同程度的跨学科倾向。跨学科活动的实践在教育领域得到了广泛而深刻的响应。跨学科的信息获取、跨学科课程的开发、跨学科研究的开展等问题均有较为深入的讨论，对于跨学科相关问题开始有量化的考察与比较，对于跨学科研究、跨学科教育等领域的文献也有系统的梳理。

（三）21世纪以来

21世纪以来，关于跨学科问题的讨论更为普遍。在前段时期发展的基础上，出现了很多新的研究方向和研究问题，主要涉及应对复杂问题的跨学科研究，对具体领域跨学科研究的经验总结，对跨学科整体发展趋势的论述，对跨学科的量化考察和评价，对跨学科团队建设、动力机制等进行归纳。从对跨学科整合的关注转向对跨学科过程的讨论，从更多的定性讨论转向深入的定量研究，从总体的论述转向个案研究。对跨学科的基本问题有了系统深入的讨论和思考，使跨学科的基本内涵逐渐清晰，不同领域、不同类型、不同层次的跨学科研究走向深入探索时期。

二、国内跨学科的发展

国内学术界对于跨学科问题的讨论主要集中在两个流派，分别为交叉科学学术群体和跨学科学术群体。

（一）交叉科学学术群体

1985年，国内首届交叉科学学术研讨会在北京召开，以钱学森、钱三强、钱伟长为代表的老一辈科学家出席了会议。会上，钱学森、钱三强、钱伟长分别做了题为《交叉科学：理论和研究的展望》《迎接交叉科学的新时代》《交叉科学与科学家的社会责任》的报告，深入讨论当代交叉科学的形成、历史、地位、作用和未来发展。之后，很多学者发出进行跨学科研究和教育的呼声，希望打破传统学科边界，冲破学科束缚，论述交叉科学的重要性与价值。这一阶段，吴维民、刘仲林等学者对"交叉科学""交叉学科"等词语进行辨析和讨论，"跨学科""交叉科学""交叉学科"等相关术语同时存在，之间的区别并未厘清。

20世纪90年代，交叉科学学术群体对交叉科学的内涵和意义进行了深入讨论，讨论催生了交叉学科的产生，从具体交叉学科如经济社会学、文化生态学等的基本内容、理论框架、研究方法、特点，到交叉学科的早期发展历程角度，深入考察了交叉学科的概念。进入21世纪，交叉科学学术群体的讨论聚焦交叉科学的分类、地位及发展趋势。

（二）跨学科学术群体

跨学科学术群体的出现源于对国外跨学科领域进展的翻译和介绍，关注国外跨学科研究动态，提倡用跨学科的方法从事科研和教学工作。1965年，徐秉焜发表的《记忆的神经学基础研究进展》一文中，最早使用"跨学科"一词，指出运用生理科学的多种研究方法进行跨学科研究可以对问题有更深入、更完整的了解。1977年，秦元勋发表的《将计算物理学用于犁体曲面设计》一文中，也提及"跨学科"一词，指出借用其他学科领域方法解决具体领域问题。

20世纪60—70年代，国内跨学科相关研究较少，只有几篇文章提及。从80年代开始到90年代，国内讨论跨学科问题的学者有所增加，国外大量的跨学科理论和实践动态、跨学科研究组织被介绍到国内，并对跨学科研究的进展进行深入分析。进入 21 世纪，主要跨学科学术群体讨论主要关注跨学科研究的评价、跨学科研究组织及跨学科研究对策。

国内和国外跨学科发展的历史在形式和内容上虽有诸多差异，但国内外学者对于"跨学科"一词的理解和论述却有诸多的一致性。国内学者对于交叉科学和跨学科的理解也存在诸多的一致性。跨学科本身也是一种复杂概念，随着研究和实践的进一步深入，"跨学科、多学科、超学科、交叉学科、交叉科学、学科交叉、交叉研究、学科互涉、学科融合、学科整合、科际整合"等词语的使用均与国内外跨学科的发展进程息息相关。

问题讨论

1. 结合国内外跨学科发展的情况，阅读国内关于跨学科研究的文献，说说当下跨学科发展的趋势有哪些？

2. 通过查阅资料和阅读文献，说说当下跨学科研究主要集中在哪些领域？

本章小结

本章从跨学科研究兴起和跨学科学习产生的背景出发，通过梳理国内外跨学科发展的历史，厘清跨学科的国内外发展脉络，解决跨学科从何而来的问题。

推荐阅读

1. 索耶.剑桥学习科学手册 [M].徐晓东，等，译.北京：教育科学出版社，2010.

2. 特里林，菲德尔.21 世纪技能：为我们所生存的时代而学习 [M].洪友，译.天津：天津社会科学院出版社，2011.

第三章 为什么要跨学科

新的时代呼唤跨学科、跨领域综合型人才，未来社会需要将多元知识与技能融会贯通，将创新与实践相结合，综合解决复杂问题。例如，大数据分析技术用集成思维处理数据，人工智能机器人用类似人的整合思维处理问题、解决问题，都凸显了后信息化时代的显著特征。这也决定了跨学科融合教育在培养新时代受教育者方面的可能性、必要性和重要性。[①]

第一节 课程整合理论发展

> **学习提要**

1. 厘清课程整合理论的起源。
2. 梳理课程整合理论的发展脉络。

一、课程整合理论的起源

"整合"一词最早在 1912 年美国教育家孟禄（Paul Monroe）编纂的《教育百科全书》中，以"学习的统整"（Integration of Studies）这一表述出现。[②]

（一）以知识为中心的课程整合

19 世纪，美国的学校教育教学科目分化较为严重，机械地重复记忆学习、单一的教学方法、落后的教学组织形式阻碍了学生的发展。在这样的背景下，德国著名心理学家赫尔巴特（Johann Friedrich Herbart）的"统觉理论"对美国的学校教育产生很大影响。赫尔巴特提出，人类的意识中包含相互关联的观念，新观念为已经存在的旧观念所同化和吸收，这一过程即统觉。随着观念团不断扩大和完善，形成统觉团，即由很多已理解的观念所组成的综合性意识。依据"统觉理论"，在教育教学过程中，应该把新知识、新观念与学生已有的知识和经验联系起来。在"统觉理论"的基础上，赫尔巴特提出课程设计的"相关"原则（correlation）和"集中"（concentration）原则，整合学校课程以建立学科之间的联系。赫尔巴特认为，在教学过程中，应该最有效地、自始至终地安排教学的整体，以便使每一个先进的结果都能为学生在心理上对

---

① 陈惢，陈珍国. A‑STEM：跨学科融合教育价值重构 [J]. 教育发展研究，2019（6）：15‑22.
② BEANE. 课程统整 [M]. 单文经，等译. 上海：华东师范大学出版社，2003：29.

相似的和较远的结果做好准备。[①]孤立的、支离破碎的教材不利于完整人格的形成。据此，赫尔巴特的"统觉理论"被视为课程整合的开端。

赫尔巴特的学生齐勒尔（T. Ziller）继承并发展了赫尔巴特的观点，他考虑历史对道德发展的促进作用，将历史作为课程整合的中心，与其他学科产生关联，创造性地提出"文史宗中心整合论"，以文学、历史、宗教为中心进行学科整合，尝试将学校教育中割裂分化的学科知识内容进行统整。受齐勒尔影响，麦克默里（C. F. Mcmurry）提出"地理中心整合论"，以地理科目为核心开展分科课程的整合研究。

除了赫尔巴特学派以外，英国教育家赫伯特·斯宾塞（Herbert Spencer）于 1855 年出版的《心理学原理》一书中提出"合理机能整合论"，表明伴随着有机体神经系统和心理的复杂化而来的是越来越高级的机能整合。[②]斯宾塞有感于英国学校教育课程轻重倒置，忽视科学知识的现象，提出以科学知识为核心的知识体系，以自然科学为重点，重视知识与生活的关联，强调教育为未来完满生活做准备。[③]斯宾塞的思想冲击了英国社会和教育中的传统观念，推动了近代科学教育的发展，巩固了科学在学校课程体系中的位置。

（二）以儿童为中心的课程整合

20 世纪初，美国进步主义教育运动声势浩大，课程整合有了新的发展。以美国著名教育家杜威（John Dewey）、美国教育学者克伯屈（William Heard Kilpatrick）、中国教育家陶行知为代表的民主教育思想或生活教育思想，从根本上超越了赫尔巴特主义，让"跨学科学习"与"课程整合"建基于教育民主的理想，实现儿童经验、社会生活和学科知识的融合。[④]

杜威提出，教育变革中正在发生重心的转移，儿童是中心，教育的各种措施围绕儿童旋转和组织。杜威批判教育忽略生活需要和儿童自身的兴趣，倡导"教育即生活""学校即社会""做中学"理念，并创办了芝加哥大学实验学校进行教育改革实验，让学生参与到一些真实且有意义的任务中，强调将课程和活动与儿童经验、社会问题相结合。杜威的学生克伯屈在"做中学"思想的基础上提出了"设计教学法"，试图打破学科界限，摒弃传统教学。

这一时期，美国教育家帕克·弗朗西斯·韦兰（Parker Francis Wayland）的观点与杜威的观点相似，将整合重心置于儿童经验之上，主张儿童是学校和一切课程的主体，学校应该从儿童的自我活动出发，将课程设计整合为儿童自我活动的延伸，追求教学内容与儿童活动的相关、统一和整合。[⑤]

中国教育家陶行知先生于 1915 年在哥伦比亚大学师从杜威、孟禄等并攻读教育学博士。1917 年秋回国，他先后在南京高等师范学校、国立东南大学等学校任职。结合中国国情和教育现状，陶行知提出了"生活即教育""社会即学校""教学做合一"等理论，强调生活与教育密不可分，认为学校要与社会统一，把社会办成大学校，形成包括家庭教育、社会教育在内的大教育体系。自 1926 年起，陶行知先后创办晓庄学校、燕子矶幼稚园、自然学园、儿童科学通

① 吴式颖. 外国教育史教程［M］. 上海：上海教育出版社，2003：100.
② 墨菲，科瓦奇. 近代心理学历史导引［M］. 林方，王景和，译. 北京：商务印书馆，1980：147.
③ 斯宾塞. 斯宾塞教育论著选［M］. 胡毅，王承绪，译. 北京：人民教育出版社，2005：6~46.
④ 张华. 论理解本位跨学科学习［J］. 基础教育课程，2018，238（11）：7-13.
⑤ 董延黎，胡早娣，邵亦冰等. 课程整合：课堂教学新变局［M］. 杭州：浙江大学出版社，2012：12.

讯学校、育才学校等，践行自身的教育理念，投身中国教育改革和平民教育运动，有力地推动了中国民主教育的进程。陶行知的教育理论是儿童中心的课程整合观在中国本土发展和实践的结晶。

二、课程整合理论的发展

（一）詹姆斯·比恩课程统整思想

20 世纪 40—70 年代，随着美国保守势力回归基础教育的呼声，儿童中心的课程统整走向式微，但学校教育担负着教学生解决社会问题的责任这种思想仍然是课程遗产的一部分[1]。1960年，美国教育心理学家布鲁纳（Jerome Seymour Bruner）出版了《教育过程》，强调学科的知识结构在学习中的作用，使学科结构之间的关系受到更多关注。进入 20 世纪 80 年代，"跨学科""超学科"等课程整合观念被广泛提及。1987 年，联合国教科文组织（UNESCO）委托伊朗社会学家拉塞克（S. Rassekh）和罗马尼亚教育家维迪努（G. Vaideanu）对教育内容发展进行专题研究并形成《从现在到 2000 年教育内容发展的全球展望》报告，对课程的跨学科性进行相关论述，表明跨学科有利于实现教育的民主性，减轻学习负担，具有发展前景。[2] 自此，课程整合呈现多元化趋势，各国在推进课程改革的过程中一致将课程改革与核心素养培养紧密关联。

1997 年，美国课程设计专家詹姆斯·比恩（James A. Beane）出版了《课程统整》一书，被奉为课程统整研究领域的经典[3]。比恩认为，课程统整是在不限于学科界限的情况下，由教育者和年轻人合作认定重要的问题或议题，进而围绕着这些主题形成课程组织，以增强人和社会统整的可能性。狭义的课程整合是指一种特定的课程设计方法，主要包括经验的整合、知识的整合、社会的整合和课程设计的整合，其最终的目的在于学校教育与民主社会的整合。[4] 在课程统整概念的基础上，比恩从教师层面、学校层面以及社会层面出发论述课程整合开展的做法和实施路径。值得注意的是，比恩的课程整合不是简单的课程组织方式，而是去学科化，聚焦青少年的知识、经验、社会问题自下而上进行课程设计，给予青少年参与课程设计的自主权，提倡尊重、民主、多元。

（二）各国课程改革中的整合趋势

整合是 21 世纪以来世界各国课程改革的共同趋势。2001 年，我国教育部颁布了《基础教育课程改革纲要（试行）》，要求改变课程结构过于强调学科本位、科目过多和缺乏整合的现状，整体设置九年一贯的课程门类和课时比例，并设置综合课程。[5] 自此，不同学校开始了不同程度的课程整合探索，大量综合课程、特色课程、实践课程、校本课程落地中小学，改变了我国基础教育长时间以分科课程为主的现状。"中国学生核心素养"的提出，凸显了课程整合对

① 丹尼尔·坦纳，劳雷尔·坦纳. 学校课程史 [M]. 崔允漷，等，译. 北京：教育科学出版社，2006：295.
② 拉塞克，维迪努. 从现在到 2000 年教育内容发展的全球展望 [M]. 马胜利，高毅，等，译. 北京：教育科学出版社，1996：213-221.
③ 刘登珲. 詹姆斯·比恩课程统整思想研究 [J]. 全球教育展望，2017，357（4）：30-39.
④ BEANE. 课程统整 [M]. 单文经，等，译. 上海：华东师范大学出版社，2003：3.
⑤ 教育部关于印发《基础教育课程改革纲要（试行）》的通知 [EB/OL]. [2001-06-08]. http://www.gov.cn/gongbao/content/2002/content_61386.html.

于学生综合能力和素养培养的重要意义，进一步肯定了课程整合的必要性。随着我国《义务教育课程方案（2022 年版）》的发布，提出了遵循坚持全面发展、加强课程综合等基本原则，要求统筹设计综合课程和跨学科主题学习。由此，课程整合成为提升义务教育质量的国家行动。近些年来，我国基于跨学科特征的课程整合已有很多学校取得初步成效，例如谢家湾小学将小学所有课程整合成阅读与生活、数学与实践、科学与技术、艺术与审美、运动与健康课程。清华大学附属小学将国家课程中的各个学科进行分类整合，形成四大门类，即品德与健康、语言与阅读、科学与技术、艺术与审美。北京亦庄实验小学则完全弱化学科概念，打通学科壁垒，强调综合性学习，开展大单元主题教学，构建覆盖学校全面生活的综合性课程改革的"全课程"体系。

因芬兰在 OECD 组织的国际学生评估项目（PISA）中的整体表现较为卓越，芬兰教育引发世界各国广泛关注。2014 年，芬兰发布新一轮基础教育核心课程改革，并从 2016 年开始在全国实施新的《国家核心课程大纲》，要求学校必须在课程大纲中留出时间用于跨学科的现象教学。现象教学，是基于生活中的真实现象或话题，融合各学科知识的跨学科课堂教学模式，重视学生的学习体验和多元合作学习环境的营造，注重跨学科能力培养。此次课程改革要求学校为终身性、可持续性、广泛性和多学科的学习提供支持，培养学生发展成为合格的社会人和社会公民，强调学生在人与公民的双重身份中获得成长。

2015 年，澳大利亚各州和地区教育部部长共同批准的澳大利亚国家课程标准发布，将核心素养具体到学科内容标准，提出八大学习领域，即英语、数学、自然科学、人类与社会科学、艺术、科学技术、体育、世界语。该标准要求教师设计跨学科课程，培养学生读写、数学、信息沟通、跨文化理解、批判创新等素养。

> **问题讨论**
>
> 1. 课程整合理论经历了哪些发展阶段？请说明各发展阶段的代表人物及其主要观点。
> 2. 除了中国、芬兰、澳大利亚，请说说其他国家课程改革的具体情况。

第二节　跨学科课程整合的意义

> **学习提要**
>
> 1. 分析分科课程与跨学科整合的优势和劣势。
> 2. 明晰跨学科课程整合的意义。

一、分科课程与跨学科整合的优势和劣势

传统的分科课程是知识中心取向，站在学科本位的立场，强调对系统的分科知识体系的构建，有助于解决单一学科内的具体问题。而过分关注知识、技能的学习，容易忽略学习者自身的需要、经验及与生活的联结。教学活动的组织往往围绕知识或技能的习得展开，对激发学习者的主动性、积极性和探索性的活动设计不够，学习者在教学活动中的参与感和挑战性不高，学习体验缺少成就感，不利于对学习者的创新思维、实践能力的培养和人格的全面发展。

跨学科整合课程是学习者中心取向，基于学习者不同阶段的认知特点，强调知识学习与学习者自身经验、社会现实等相结合的学科跨越与融合，建立知识与生活、社会的联系，有助于学习者应对社会真实问题和复杂问题。跨学科整合课程的愿景虽是积极的，但在实践的过程中多少会遇到困难。跨学科整合课程缺乏系统教材的支持，致使不同国家、地区在开展跨学科整合课程实践中缺少统一标准的引领，更多的是不同形式、未形成完善体系的实践探索。跨学科整合课程向教师的专业能力提出了更高的要求，要求教师具备跨学科整合课程设计和实施的能力，而各国对于教师跨学科设计和实施能力的培养模式存在差异，更多的国家仍处于尝试和探索阶段。同时，跨学科的课程整合对教师的不同学科知识储备有一定的要求，而现有的师资培养体系对教师多学科素养的同期培养支撑不够，使得很多教师在实施跨学科整合课程时存在部分专业短板。在教材和跨学科素养师资缺失的背景下，对跨学科整合课程的评价体系尚未建立，实施效果有待科学合理的质性评价和量性评价的验证。

如何结合分科课程的优势，最大程度发挥跨学科整合课程的价值，是当下所有教育者必须思考的重要命题。

二、跨学科课程整合的价值

（一）深化课程改革，提高教育质量

跨学科课程整合是我国深化课程改革、提高教育质量的重要举措。《国家中长期教育改革和发展计划纲要（2010—2020年）》鼓励学校进行多样化的课程整合，加强教学与儿童社会生活的联系；《教育部关于全面深化课程改革 落实立德树人根本任务的意见》要求加强学科间的相互配合，充分发挥学科间综合育人功能，开展跨学科主题教育教学活动，将相关学科的教育内容有机整合，提高学生综合分析问题、解决问题能力；《中共中央 国务院关于深化教育教学改革全面提高义务教育质量的意见》倡导探索基于学科的课程综合化教学，开展研究型、项目化、合作式学习。这一系列政策和文件的出台，引导各学校进行跨学科课程整合的实践，有力地推动了课程改革的进展，促进教育教学质量的提升。

（二）打破学科界限，走向课程融合

在跨学科课程整合的进程中，不同学校不同程度地以主题、问题、概念，或现象为基本的学习内容连接不同学科，不同程度地打破学科壁垒，冲击了分科课程的存在形态，促进学生真实而有意义地学习。课程形态从分科走向融合，面向现实世界的真实问题，在问题情境中联系学科知识、概念、方法和原理，培养学生解决现实问题的能力，使课程成为一个有机的整体，

从而弥补分科课程的不足。跨学科的课程融合，为学生核心素养培养提供支持，让学生充分感受课程综合的力量，体验人与人、人与自然、人与社会的各种关系，培养学生的融通能力，促进学生全面而有个性地发展。跨学科理念和思维的养成，有助于激发学生的创造力，发挥其自身潜能，为学生的多元发展提供更多可能性。

（三）推动学习方式变革，促成教师角色转变

传统的教与学的方式较为单一，主要以教师的讲授和学生的被动学习为主，知识呈现由教师到学生的单向注入式流动，缺乏双向互动，忽略学生探索与发现的价值，对学生综合能力的培养成效不显著。由于课程形态和组织方式发生了变化，跨学科的课程整合改变了教与学的传统方式，有力地冲击了传统方式的禁锢。学生在跨学科整合课程中，需要结合具体的问题情境，通过自主学习或合作学习解决问题。知识和技能的获得不再是被动的，学生成为学习的主体，教师成为学生学习的引导者。教师通过跨学科整合课程的设计与实施，引导学生进行跨学科学习与探究，增强学生对知识的理解，为学生在跨学科学习过程中提供持续有效的支持，而不是主导学生学习的全过程。

> **问题讨论**
>
> 1. 请举例说明分科课程与跨学科整合课程的优势和劣势。
> 2. 结合实际、联系生活，说说跨学科课程整合的意义。

本章小结

本章从课程整合理论的缘起和发展脉络出发，梳理出以知识为中心、以儿童为中心的课程整合理论以及詹姆斯·比恩的课程统整理论，并结合中国、芬兰、澳大利亚课程改革中的课程整合情况，总结各国课程改革中的整合趋势，回答为什么要跨学科的问题，从而重点概括跨学科课程整合的意义与价值。

> **推荐阅读**

1. BEANE. 课程统整 [M]. 单文经，等，译. 上海：华东师范大学出版社，2003.

2. 吴式颖. 外国教育史教程 [M]. 上海：上海教育出版社，2003.

3. 斯宾塞. 斯宾塞教育论著选 [M]. 胡毅，王承绪，译. 北京：人民教育出版社，2005.

4. 董诞黎，胡早娣，邵亦冰等. 课程整合：课堂教学新变局 [M]. 杭州：浙江大学出版社，2012.

5. 丹尼尔·坦纳，劳雷尔·坦纳. 学校课程史 [M]. 崔允漷，等，译. 北京：教育科学出版社，2006.

6. 拉塞克，维迪努. 从现在到2000年教育内容发展的全球展望 [M]. 马胜利，高毅，等，译. 北京：教育科学出版社，1996.

第四章　跨学科跨什么

从国内跨学科课程实践发展情况看，跨学科整合课程主要有两种存在样态：以学科为导向的跨学科整合和以问题为导向的跨学科整合。这两种整合课程各具特色，同时并存，呈现螺旋式上升趋势，共同推进我国跨学科整合课程发展的历史进程。

第一节　学科导向的跨学科整合

学习提要

1. 清楚学科导向的跨学科整合特征。
2. 学会设计学科导向的跨学科整合课程。

一、学科导向的跨学科整合特征

所谓学科导向的跨学科整合课程，是指以学科为导向，围绕某一学科开展单元、模块、概念或主题的整合课程教学。通常以某一学科为主，融合其他学科内容，如基于语文学科，联合艺术学科开展关于陕西地区秦腔文化探究的整合课程。

（一）学科导向

跨学科整合不是拒绝分科课程，而是调整学科分化造成的知识割裂状态，把不同的学科进行有机整合。学科导向的跨学科整合课程是聚焦某一具体学科的知识、概念和方法，在学科知识体系内寻找跨学科的原理，结合其他学科知识解决这一具体学科的问题。每个学科都有自身的学科特征，每个学科需要达成的核心素养目标都不尽相同，比如语文课程更关注对学生文化自信、语言运用、思维能力和审美创造素养的培养；数学课程更关注学生会用数学的眼光观察现实世界，会用数学的思维思考现实世界和会用数学的语言表达现实世界。鉴于不同学科的差异，学科导向的跨学科整合课程必然关乎某一学科和相关学科核心素养目标的实现，带着具体学科鲜明的学科印记，增强学生对具体学科知识的理解。

（二）学科关联

任何学科的知识都不是独立存在的，或多或少会与其他学科发生关联。在传统的教学过程中，教育者往往更多地关注学科自身的框架、体系和逻辑，鲜少思考不同学科知识之间的内在关联，而学科导向的跨学科整合课程为不同学科教育者为与其他相关学科建立联系提供了契机。这种学科间的关联主要发生在相近学科之间，一般不突破各个学科的边界，在清晰的学科边界内开展跨越学科教学活动。比如，语文学科与艺术学科的关联，科学、数学学科与信息科技学科的关联，英语学科与艺术学科或语文学科的关系，体育与健康学科与劳动课程的关系，等等。

（三）学科合作

学科导向的跨学科整合课程，是以相关学科间的共同问题为研究对象，运用相关学科的理论方法，探究解决问题的路径。学科间的关联、交叉促使不同学科开展对话，不同学科的教师开展跨学科合作。但是，这种跨学科合作的边界感依然存在，即不同学科基于本学科的话语体系、知识体系，从具体学科视角出发，共同参与解决具体问题。

二、学科导向的跨学科课程设计要点

（一）在学科知识体系中挖掘有价值的主题

在进行学科导向的跨学科课程设计选题时，可以通过梳理不同学科不同学段的知识体系，研究不同学科的课程标准，结合不同学段的课程目标，挖掘有价值的主题。以语文学科为例，窦桂梅老师的主题教学，就是从语文学科的体系中寻找围绕一定主题的多个文本，通过延展阅读、对比阅读、群文阅读等方式，引领学生体会文本的语言、内涵以及文本背后蕴含的文化、精神等，链接生活，关注学生在学习中的内心体验。语文学科内的主题教学设计，结合具体的问题延展，很容易转化成学科导向的跨学科课程设计。以《丁香结》为例，可从植物丁香的特点、丁香结的内涵、文学作品中的丁香等角度，引导学生进行探究性学习。

（二）联合其他学科知识，关注学科核心概念

学科的核心概念可以说是学科核心素养的具体化，表现为学科的核心知识、方法、原理和技能，具有不同的层级和类型。具体学科核心问题、具体学段核心问题、具体单元核心问题、具体领域核心问题、相关主题核心问题等，都属于学科核心概念的范畴。学科导向的跨学科课程设计，需要将零散的知识或问题相衔接，提炼出学科核心概念，并围绕该核心概念开展课程教学。以《只有一个地球》为例，语文学科担当宣传保护地球意识的重任，科学学科可以解决为什么只有一个地球的问题，涉及地球的形状、表面、内部、空气、水、植物、生物、气候等问题，这些科学学科的核心概念完全可以为语文学科的学习提供更全面的支持。以"为什么只有一个地球？"问题切入，通过科学学科核心概念的学习，回应语文学科为什么要保护地球的问题。

（三）紧密联系现实，加深跨学科合作

学科导向的跨学科整合课程不同于传统的学科课程，最明显的区别在于对现实的关照，即面向真实的世界或社会问题，基于具体的学科开展跨学科合作。传统的学科课程割裂了知识与生活的联系，而学科导向的跨学科整合课程则加强学科知识与生活的联结，在联结的过程中，基于共同的问题，加深跨学科合作。学科导向的跨学科整合课程设计容易落入拼盘式的跨学科

合作窠臼，不同科目教师为了实现跨学科的形式机械地合作，会导致对各学科零碎知识点的拼接，破坏跨学科学习的整合性以及知识的逻辑性，导致无意义学习的发生。因此，教师在进行跨学科设计时，应结合学生的认知特点，紧密联系现实需要，设计真实有意义的跨学科课程，自然而然地进行跨学科合作。

> **问题讨论**
>
> 1. 请举例说明什么是学科导向的跨学科整合课程。
> 2. 请设计 1 例小学阶段学科导向的跨学科整合课例。

第三节　问题导向的跨学科整合

> **学习提要**
>
> 1. 清楚问题导向的跨学科整合特征。
> 2. 学会设计问题导向的跨学科整合课程。

一、问题导向的跨学科整合特征

所谓问题导向的跨学科整合课程，是以国家课程为本，打破学科界限，基于具体问题、现象、情境或主题开展跨学科的课程整合教学。通常呈现多学科交叉、综合的状态，学科边界消融，如跨学科选题"从中西方牛肉的不同做法看中西方文化"，即从中西方牛肉不同做法的对比中辨析中西方文化的差异。

（一）问题导向

比起传统的分科课程，问题导向的跨学科整合课程通过串联不同学科、不同领域的知识，呈现完整的解决具体问题的知识路径，调动学生的兴趣和探索欲，培养学生独立思考和解决问题的能力。教师精心设计核心问题，将问题抛给学生，引导学生主动探究，学生则需要足够强烈的自主学习动机才能解决这个核心问题。核心问题贯穿始终，带动不同学科、不同领域知识模块的学习，学生在学习过程中获得能力和素养的全面提升。如跨学科选题"为什么我们要过端午节"，聚焦端午节日，结合关于端午节的历史传说、习俗、文化，设计各式端午节活动，让学生在活动中学习关于端午节的知识，感受端午节文化，从而自觉传承端午节文化。

（二）学科开放

在问题导向的跨学科整合课程中，学科边界是开放的，聚焦具体的问题，运用不同学科和不同领域的知识，共同解决问题。这种问题往往来源于现实生活，学科之间的内在联系、知识与生活之间的联系都被充分建立，从而使学生在更广阔的领域中学习。同时，学科开放让不同学科都有向外无限延展的可能性，改变传统分科课程学科封闭分化的定势。这种学科开放呈现灵活、多元、融通、流动的特点。

（三）学科消融

问题导向的跨学科整合课程在实施过程中，往往并不特意回溯具体学科领域的知识，而是要求学生在探究过程中运用综合性的知识或专业领域内的知识解决问题，使学科边界消融，不同学科参与的跨学科知识无形中成为整体的、综合性知识，促成学生对高阶问题和现象的理解、吸收，形成对事物本质的深刻认识。这个过程并不强调具体的学科知识，而是在对各学科知识综合理解的基础上开展探究实践。学科消融有助于学生走向真实的生活，以全面、发展的视角研究生活中的问题和现象，加深学生对生活的体验和感受。

二、问题导向的跨学科课程设计要点

（一）联系实际，从具体问题出发选题

问题的选择很重要，事关跨学科课程设计的成功与否。教师抛给学生的问题，往往是综合性较强，对于学生有一定挑战难度的问题，学生需要通过跨学科的学习，到更广阔的学习领域中探究问题的答案。问题导向的跨学科整合课程选题，需要联系实际，选择现实情境中的真实问题，多关注地区发展和国家大事，联系日常工作和生活中的实际问题，比如所在社区如何有效推进垃圾分类的问题，培养学生关注国家大事、城市和身边的事。同时，结合地区发展现状，从社会不同层面的现阶段需求中寻找跨学科设计的灵感。

（二）重构课程，关注学科间的大概念

跨学科整合往往意味着对原有课程的重新设计，在新的课程组织形式和设计中实现原有课程的教学目标，同时实现面向核心素养培养的高阶教学目标。跨学科整合不是对学科课程的简单叠加，而是利用学科间的大概念来支撑核心问题的解决。比如，小学语文课程（5～6年级）要求学生养成留心观察周围事物的习惯，有意识地丰富自己的见闻，珍视个人的独特感受；小学科学课程（5～6年级）要求学生运用观察、实验、查阅资料、实地调查、案例分析等方式获取信息；跨学科选题"我们周围的植物有哪些"，就可以融通语文与科学学科的知识内容，解决"植物的特点"这个问题，引导学生学会观察。

（三）注重学生高阶思维能力和跨学科融通能力培养

所谓高阶思维能力，是指发生在较高认知水平上的心智活动或认知能力。问题导向的跨学科整合课程设计，通过创设情境让学生进行文献阅读、搜集资料、信息提取、信息整合，并开展批判性的讨论和交流。在这一过程中，学生自主探究并解决问题，能够提高他们应对复杂社会问题的解决能力，促进学生高阶思维能力发展。问题导向的跨学科整合课程设计，可以通过选定有挑战性的问题、创设合理的情境、设计探究性活动等方式实现对学生跨学科融通能力的培养。

1. 请举例说明什么是问题导向的跨学科整合课程。

2. 请设计 1 例小学阶段问题导向的跨学科整合课例。

本章小结

　　本章主要阐述了跨学科整合课程存在的两种样态，分别是以学科为导向的跨学科整合和以问题为导向的跨学科整合。结合国内跨学科课程实践的发展现状，总结两种跨学科整合课程的特点，并给出相应的课程设计建议。

推荐阅读

　　1.洪俊，刘徽.跨学科统整：国家课程的校本化实施[M].上海：华东师范大学出版社，2020.

　　2.段立群.跨学科课程的 20 个创意设计[M].上海：华东师范大学出版社，2019.

　　3.斯坦利.探究式教学：让学生学会思考的四个步骤[M].郑晓梅，译.北京：中国青年出版社，2020.

第五章　如何实现跨学科

主题教学、现象教学、项目化学习、STEAM教育、劳动教育、综合实践活动等形式的教与学活动往往都会涉及跨学科的对话与合作，结合不同教与学活动的特点，兼顾学科导向和问题导向的跨学科整合思路，我们设计了跨学科课程设计基本框架以供教师使用。

第一节　跨学科课程设计基本框架

学习提要

1. 说出跨学科课程设计一般过程。
2. 应用跨学科课程设计基本框架。

一、跨学科课程设计的构成要素

考虑到教与学活动的不同特点，结合教学设计的基本原则和一般过程，跨学科课程设计的一般过程包括跨学科教学背景分析、教学目标确定、教学过程设计和教学评价设计。

跨学科教学背景分析主要包括课程教学基本信息的撰写、教学课题名称的确定、学时规划、涉及学科及领域分布和学情分析。跨学科教学目标确定主要结合教学背景分析，把握学习者的需要，明确跨学科教学内容的范围、广度、深度和结构的关系，确定跨学科教学的起点、重点和难点。跨学科教学过程设计是指具体的跨学科教与学活动过程的设计，结合可用设备或资源，设计教与学的内容和具体的教与学流程。

跨学科教学评价设计是指针对具体的跨学科教学单元的教学效果诊断的设计和针对整个跨学科教学方案评价的设计。在具体的跨学科教学实践中，对教学效果的诊断一般是通过学习成果展示完成的。为此，教师需要对学习成果的具体内容、展示方式进行设计。对跨学科教学设计方案的评价一般是通过教师的自我反思实现的，为此，教师需要不断重新审视整个跨学科设计方案与学生的适应度，以及对学生综合素养提升的实际效果，并对已经完成的设计进行反思及重新设计。

二、跨学科课程设计的基本框架

教学设计是一个系统工程，跨学科课程设计更是如此。基于一般性问题和相关教与学活动的预设，在面对具体的情境时，与实际的教与学活动实施可能会有所不同。因此，教师应该根据跨学科教与学活动的实际情境，灵活生成适宜的应对方案，以应对复杂多变的具体情境。同时，结合教师自身专业素养，考察学校可提供的教学资源、设施设备，教师应充分研究动态性跨学科教学过程中的各种要素，协调各个学科以达到系统作用的整合效果。因此，跨学科课程设计应把教与学作为一个整体进行设计，考察教与学活动发展和展开的各种可能性条件，关注从目标到实施，再到评价和完善的系统性工程。跨学科课程设计模板，见表5.1。

表 5.1　跨学科课程设计模板

姓　名		班　级		教学年级	
课程名称					
学时规划					
涉及学科及领域					
学情分析					
课程目标	学科目标：				
	跨学科目标：				
课程重点难点	重点： 难点：				
可用设备或资源					
实施过程	教与学活动				
学生学习成果描述					
思维导图					

1. 请结合具体的课程设计经验，说说如何进行跨学科教学评价设计？
2. 请根据跨学科课程设计基本框架，运用模板完成1例跨学科课程设计。

第二节　小学跨学科课程设计与实施指导

学习提要

1. 了解跨学科课程设计基本原则。
2. 理解并应用小学跨学科课程设计与实施策略。

一、跨学科课程设计的基本原则

（一）尊重学习者认知特点

每个学习者作为生命个体都具有独特性，教师应了解学习者身心发展规律，运用教育学、心理学知识和技能解决其成长发展过程中遇到的问题，提供系统的学校教育及家庭教育的方法和策略。不同的学习者在相同的学习时间、地点、环境和师资条件下，学习效果可能不一致，甚至相差甚远。相较传统的分科课程，跨学科整合课程设计过程中，要求教师善于观察和分析不同学习者的认知特点，考察不同教学策略与不同风格学习者的适应程度，创设适应每个学习者认知特点的学习环境和条件，为学习者以适宜的速度、合适的方式开展有意义的学习活动提供多方位的支持。

（二）激发学习者学习动机

学习者在学习的过程中，除了受智力因素的影响外，非智力因素也发挥着不容忽视的作用。教育者的教育方法、学习者的学习兴趣和动机都是影响学习的重要因素。学习者的学习动机与学习兴趣、需要、后果、环境等诸多要素紧密关联。因此，在跨学科学习中，教师应正确了解、培养并激发学习者的学习动机，充分发挥不同学习者的潜能，激发其求知欲和好奇心，设计合适的目标，使学习者获得成功体验，并能运用到生活实际中解决问题，实现学习者的自我强化。

（三）促进学习者协作学习

协作学习已经成为一种普遍的学习模式，被广泛应用于传统的班级授课和跨学科学习环境中。跨学科课程设计过程中，教师应营造多元协作的学习环境，鼓励学习者通过对话、讨论、辩论、角色扮演等方式交流思想，增强不同学习者个体的沟通能力，发展不同学习者个体的思维能力，以及对学习者个体之间差异的包容能力，促进具有不同专长的学习者协作能力的增长。在协作的情境和氛围中，学习者可以获得分工协作带来的学习成就感，体会到协作的意义，促进学习者真实且积极地有效参与。

（四）启发学习者独立思考

传统的课堂教学更关注学习者知识的习得，教师注重知识的讲授，学习者常常处于被动接收的过程。跨学科课程设计的核心是设计学习者的学习活动，给学习者自主、充足的学习空间，努力使学习者在学习过程中充分发挥自己的独立性、主动性，引导学习者积极主动地探究问题，开展批判性思维活动，建立自我概念和价值观念，培养和开发其独立的思考能力。

（五）培养学习者综合能力

面对复杂多变的现实世界，那些既容易教又容易测试的技能，往往是最容易被自动化、数字化和外包所淘汰的。劳动者的价值已经不再取决于他们已有的固化知识，而越来越取决于他们的自我学习、融会贯通以及实践运用的能力。因此，跨学科学习应培养学习者的综合能力，以应对将来竞争激烈的社会生活。在跨学科课程设计过程中，教师除了关注学习者不同学科知识和技能的学习外，还应更多关注沟通与合作、信息素养、创造性与问题解决、批判性思维、学会学习与终身学习、公民责任与社会参与等综合素养的提升，设计多样化的学习活动和学习过程，努力使学生在主动学习的过程中实现能力或素养的跨越式成长。

二、小学跨学科课程设计与实施策略

（一）目标引领，寻求适宜的问题或主题

基于某个具体的目标，寻找和确定能够实现这个目标的问题或主题，是跨学科课程设计的第一步。从很多小学现有的跨学科课程看，有一些课程在进行问题或主题选择时存在较大的随意性问题，没有充分考虑到小学生的学习兴趣和接受能力，导致跨学科合作不够灵活。因此，在选择适宜的问题或主题阶段，教师应围绕课程目标，结合国家课程、地方课程、校本课程等各种资源，寻找学生可能感兴趣的内容设计问题或主题，实现课程、资源等的跨学科重构与整合，努力使学习生活化，并具有目的和意义。

（二）创设情境，运用多元教与学活动方式

在确定跨学科课程的问题或主题、教学内容和目标后，为使学科内容与各种资源结合得更自然和有意义，加强与社会生活的紧密联系，基于真实学习的理念，教师应从学生的生活实际出发，创设真实的问题情境，设计真实的背景，融入合理的条件，提出有层次的任务，创造符合真实情景的学习过程，充分调动学生的生活体验，培养学生在问题情境中解决问题的能力。在设计过程中，主题教学、现象教学、项目化学习、STEAM教育等不同于传统课堂的教学策略和模式的应用，可以让学生更加深刻地理解核心知识、概念、原理和方法，聚焦核心素养、核心概念的系统性、综合性建构，提高学生跨学科素养。

（三）结果导向，关注跨学科评价设计

如何证明跨学科课程的目标实现与否？如何证明跨学科课程目标的实现程度？如何证明学生在跨学科课程中的学习效果？这是跨学科课程评价设计环节需要直面的三个问题，涉及评价的可靠性和真实性。这就要求教师在设计评价方式时，以结果为导向，通过科学、合理的方法找到对具体教与学活动最适宜、最可靠的评价方式。因此，跨学科评价设计过程中，教师应在注重跨学科学习过程性和连续性的基础上搜集学生学习的证据，基于学生的真实表现设计灵活的评价方式和活动，注意评价主体、评价内容的多元化，从多方位评价学生学习过程的表现和学习成果，关注学生在跨学科学习过程中合作学习、自主探究、问题解决、创新、组织及沟通交流等能力的发展，促进学生多元反思。

问题讨论

1. 请结合具体的课程设计经验，说说跨学科课程设计的基本原则有哪些？
2. 请根据实践经验，谈谈小学跨学科课程设计与实施过程中需要注意哪些问题？

本章小结

本章结合教学设计的基本原则和一般过程，介绍跨学科课程设计的一般过程，包括跨学科教学背景分析、跨学科教学目标确定、跨学科教学过程设计和跨学科教学评价设计。结合教与学活动的不同特点，兼顾学科导向和问题导向的跨学科整合思路，设计跨学科课程设计基本框架以供教师使用。通过跨学科课程设计基本原则和实施策略的论述，为小学跨学科课程设计与实施提供有效指导。

推荐阅读

1. 李森，陈晓瑞.课程与教学论[M].北京：北京师范大学出版社，2015.
2. 杨燕，邢至晖.走向真实的学习：小学主题式综合实践活动课程设计30问[M].上海：华东师范大学出版社，2021.

第二部分

跨学科教育方法

从理论认识层面来看，跨学科教育的理论内涵在于建构主义、儿童本位、做中学；从方法实践角度来看，跨学科教育可基于主题式、现象式、项目式、STEM等教育理念，利用多元的、综合的教学方式和方法重新建构知识与学科教学之间的联系，在两个或多个不同学科之间建立有意义的联结，重塑知识体系，从而进行融合课程开发与教学，实现多学科协同育人，形成以学习者为中心的跨学科教与学机制。

第六章　如何进行主题式教学

主题式教学起源于美国，是较为普遍的外语教学方法，它强调教学环节和学习材料的真实性。随着"核心知识课程"改革的兴起，主题式教学逐渐成为核心知识课程实施中的主要教学模式，并在中小学各个学科中广泛应用。然而，在围绕主题进行课程整合的教学过程中仍然存在脱离学生的现象和困境，了解主题式教学的源起和内涵是开展课程整合和进行跨学科主题教学的必然路径。

第一节　主题式教学的起源与内涵

学习提要

1. 了解主题式教学的起源与发展。
2. 理解主题式教学的内涵与特征。

一、主题式教学的起源与发展

20世纪30年代，在美国的教育家中出现了两种声音，一种是激烈抨击儿童中心的教学方法，认为其过度以问题为中心，破坏了教师主导作用，学生只能学习到零散的知识；另一种坚决主张采用以教师为中心的传统讲授法。在这样的背景下，1931年美国芝加哥大学教授亨利·克林顿·莫里逊（Henry Clinton Morrison）将以学习者为中心的教学方法和以系统讲授为主要方式的传统教学方法进行折中，提出单元教材精习制（教学法）。

（一）主题式教学的起源

主题教学法是在"莫里逊单元教学法"的基础上发展而来的，莫里逊认为学习者只有通过熟悉学习材料，才能获得有意义的学习结果，而教师有两个最基本的关键任务：首先，选择并组织学习单元的内容；其次，构建适合学生学情和能力的教学环节，引起学生的学习兴趣，使学生较为容易地掌握教学内容[①]。单元教材精习制的关键是要将教材内容按照内在特点和联系划分为不同的单元，然后分别教授每个单元。每个单元主要有以下教学程序：第一，探究。教师首先需要通过讨论、测试、提问等方法预测学生是否感兴趣、感兴趣的地方以及存在哪些问题。第二，提示。教师讲授该单元的提纲，为了激发学生的学习动机，不对细节进行过多描述，通

---

① 玲如.莫里逊单元教学法[J].上海教育科研,1985(5):41+28.

过测验的方式找出学生不懂的地方。第三，理解。前两步在教师的引导下，学生根据讲解和测验结果，收集和查找各方面的详细资料，进一步加深对该单元学习内容的理解。第四，推理。主要由学生针对本单元的主题或核心内容进行归纳总结。第五，表述。学生可以通过书面或口头方式表达该单元的学习和工作的成果。整个单元教学法的关键环节是"预测—教学—测验教学效果—调整教学步骤—再教学、再测验"。这种教学方法不仅明确了教师作为整个教学过程的主导作用，同时强调了学生作为学习者的主体地位，教学目标是解决实际的学习问题，促进学习者全面发展。1955 年，美国学者拉瓦尼·汉纳（Lavone A.Hanna）、格拉迪斯·波特（Gladys L.Potter）与尼娃·海格曼（Neva Hageman）首次正式提出"单元教学（Unit-Teaching）"概念，他们将单元教学理解为基于儿童个体和社会需求，横跨各个学科，聚焦具有社会意义的真实课题或主题，有目的地开展具有社会意义的学习体验[①]。

主题式教学是"以内容为依托"（Content-Based Instruction，CBI）教学理念最常见的教学模式之一，被广泛应用于英语教学或第二语言教学。CBI理念诞生于 20 世纪 60 年代加拿大蒙特利尔的"沉浸式"教学实验班，主要应用于第二语言教学，旨在基于某个学科或某个主题将外语和内容学习有效结合起来开展教学。CBI教学理念强调要遵循以学科知识为核心，使用真实的语言材料，设置满足不同学生群体需要的课程，教学内容、教学活动应与学生的认知能力、语言水平、个人兴趣、情感需要相互吻合，从而调动学生的学习动机，开展有实际意义的有挑战的学习与认知[②]。主题式教学作为利用CBI教学理念进行第二语言教学的常见教学方式，不仅学习掌握语言知识，更加注重培养学生运用汉语进行交际的能力，强调语言学习的真实性和主体性。教师在选择教学材料时，可以根据学生的兴趣和需求选择真实情境的各类主题或话题，将语言作为媒介通过图表、影视、图片、模拟等方式获取关于主题的各种信息，从而通过测试、课堂讨论、主题作文等的听、说、读、写过程提高语言水平，锻炼学生的学习能力。

20 世纪 80 年代末，美国学者甘伯格（R.Camberg）和欧雷姆（J.Altheim）等人从"学习者中心"和"课程整合"角度对主题式教学进行界定，进一步深化了主题式教学的内涵。他们认为主题式教学不是拘泥于某一个特定的学科或者领域进行教学，而是更加突出以学生为中心的学习者主体地位，强调通过广泛而有意义的主题来探究、整合运作的教学模式[③]。随后，主题式教学在第二语言教学、诗歌文学教学、信息素养等学科被广泛应用，并取得了良好的教学效果，使学生的语言学习和交际能力大幅提高。美国早教专家安妮.K.索德曼（Anne K.Soderman）及北京的两位资深汉语教师李筠、贾浦江在《主题式教学：中小学汉语课堂教学设计》一书中，阐述了主题式教学的理论基础、实施策略、评价方式，通过初、中、高三个水平的汉语教学案例，讲述了主题式教学的设计与实施要点，这对利用主题式教学方法开展外语教学提供了宝贵的借鉴和指导作用。

（二）主题式教学的发展

在美国的外语教学界，主题式教学方法逐渐得到了广泛的认可。近年来，随着主题式教学

---

① FOX R. Book Review: Unit Teaching in the Elementary School Lavone A. Hanna, Gladys L. Potter, Neva Hagaman[J]. Elementary School Journal – ELEM SCH J, 1955, 56.
② 戴庆宁，吕晔. CBI教学理念及其教学模式[J]. 外语教学理论与实践，2004（4）：18-22.
③ GAMBERG R. Learning and Loving It. Theme Studies in the Classroom[J]. 1988.

法的引入，我国关于主题式教学的研究也日渐增多，众多学者和教育者对"主题教学"的内涵和应用也有自己的理解。美国明德大学中文暑校校长白建华坚持以主题式教学法为主导开展对外汉语教学，他认为主题式教学强调在实际生活中应用语言，主张语言教学情景化、生活化，主张将语言放到有意义的主题中学习，将"内容"教学和语言教学结合起来，课堂不再只为语言要素、语法或语言技能服务[①]。

2005年，袁顶国为平衡过分强调"以教师"为中心的"教学程序"设计和"以学生"为中心的"学习程序"设计，基于数学新课程理念和目标要求，设计了主题式教学理论模型，其包含内化、情境化、优化、外化与活动化的五化学习过程，结合开放型系统教学结构构建了主题式教学过程设计模式；并对初中学生进行了一学期的实验研究。研究结果表明，主题式教学设计关注学习"乐学""会学""学会"，进而提高了学生的数学成绩[②]。

窦桂梅在清华大学附属小学开展了一系列小学语文主题教学的实践探索与研究，经历了长达三十年的主题教学探索、形成、深化阶段。其针对小学语文教学中的内容支离破碎、目标和方式传统生硬、人文与工具性割裂的问题，以主题的方式，在综合思维的引导下，根据学生的身心发展特点，整合教学内容和课外资源；关注教学内容的原生价值和意义，引导学生在语言文字的学习、理解、运用中生成主题，从而提升语文核心素养，促进儿童全面发展；提出了"四位一体"的主题教学体系，创建了"主题·整合"的教学模式。"四位一体"的主题教学体系主要包含：第一，明确地指向语文核心素养与价值观的教学目标，通过语文学习提升学生的学识修养和人格修养；第二，重构语文课程内容，根据主题内涵的深刻与丰富程度、语言文字的经典程度、经过时间洗礼的认可程度整合教材内容，将课文分为精读篇目和略读篇目，通过"主题·整合"的思维方式，配合所选的主题单元，补充与单元主题相关的经典诵读与阅读内容；第三，为进一步利用好学生在校时间，促进精读、略读教学，落实整本阅读和经典诵读，实施语文创新或实践活动，将原来40分钟课时设置为60分钟、35分钟、10分钟"不等的"长、短、微"三类课时；第四，建立了包含兴趣值、方法值、容量值、意义值的四维课堂评价体系，主要通过形成性评价和总结性评价进行语文素养和核心价值观评价，形成性评价主要以"言行、自律、诚实、勇敢、尊重"等为主，体现学生的语文学习过程系列主题和依据不同层级选择的"写字、朗诵、背诵、演讲、课外阅读、习作"等专项技能测试，主张从不同方面全面落实学生语文能力的提升[③]。刘培培在主题教学思想指导下，认为语文阅读活动应该与主题相结合，以此提升学习者的阅读效率，拓展学习者的阅读量，通过主题式教学对与学习者密切相关的主题进行拓展或延伸，根据学习者的学习目标和兴趣等选择阅读主题和内容、组织阅读材料，可以推动学习者阅读积极性和问题分析能力的提升[④]。

随着新课改的兴起和新课标、新教材的推进，更多的一线教学者，不只将主题式教学应用于单一学科，还有大量的教育者和研究者开始结合课程整合的思想，利用主题式教学的方法，开展课程知识整合和跨学科教学探索。张莉选取山东省滕州市墨子纪念馆为活动场所，以小学

① 白建华.主题式教学在21世纪的发展及应用[C]//.世界汉语教学学会，国家汉语国际推广领导小组办公室，第十届（沈阳）国际汉语教学研讨会论文选，2010：15-19.
② 袁顶国.初中数学主题式教学设计与实验研究[D].重庆：西南大学，2005.
③ 窦桂梅.小学语文主题教学实践研究[J].课程·教材·教法，2014，34（8）：44-50.
④ 刘培培.小学语文主题式阅读教学设计研究[D].重庆：西南大学，2016.

语文教材的主题单元内容为依托,构建了跨学科的博物馆课程体系[1]。中山大学附属外国语小学的徐无名从"跨学科主题教学"的探索与构建角度出发,对学科课程和活动课程的优势进行整合,依照国家课程标准重新梳理、整合小学各阶段的课程,通过删减、融合、增补、重组,形成了具有自主性、体验性、生成性的主题模块课程,并在各年级开展不同的跨学科主题教学活动和实验[2]。

越来越多的研究者和一线教师开始关注跨学科主题教学,在利用主题式教学开展系列教学探索过程中也暴露出了很多问题。高嵩梳理了小学主题式教学实践的当代价值和困境,认为在目前的主题式教学实践中,部分教师仅注重流程设计和方法选择,存在忽略学生的主体地位,选取的教学主题日渐泛化,教学内容散乱,评价单一的问题和困境;尝试从复杂系统的新视角审视教学工作,提出了认识教学行为的关联性,寻找适切的教学起点;关注教学过程的场域性,选择规范的教学主题;理解学科知识的逻辑性,呈现完整的教学内容;注重教学文化的共享性,提供全面的教学评价的应对方针[3]。教师在开展主题式教学实践前,首先需要在了解主题式教学的起源与发展基础上,梳理主题式教学的内涵和特征,从而深入理解和贯彻主题式教学的理念和方法。

二、主题式教学的内涵与特征

主题式教学发展至今虽然在理论研究方面没有统一的定义,但理论的共同特点都指向以学习者为中心;教师选择并组织具有真实情景的教学内容,都是指让儿童围绕某一个特定的主题单元进行意义建构的学习体验,是支持多方式、多学科、多领域的教学组织形式。厘清主题式教学的内涵和特征,对于在新课改、新课标、新时代的背景下开展主题式教学探索具有重要意义。

(一)主题式教学的内涵

在深入理解主题式教学理念之前,厘清"主题"的概念显得尤为重要。"主题(theme)"既是一个日常生活概念也是一个科学概念,在哲学、文学、艺术、教育等领域广泛应用。在教育领域中,主题的概念常以"主题班会""主题活动"的形式得以应用,这样的主题具有主旨的含义,随着教学研究的不断发展和深入,逐渐出现了"主题教学""主题学习"的概念。国内学者袁顶国梳理了有关主题概念的含义,见表6.1。从学者不同的关于主题的定义来看,"主题"概念的内涵是多元的、多样的、多维的。

表6.1 主题概念之含义列举

定义内容
1. 主题是一种认知的结构,旨在协助认识各种观念、理论和事物间的相互关系。其形式有很多种,可以是一个观点(big idea)或统念,例如"团结""健康""合作"等;也可以是一个社会议题,例如环保教育、社会事件、两性平等等;也可以是学生关心的生活事件,例如自我了解、人际关系等

[1] 张莉.小学语文主题式单元的跨学科博物馆课程设计:以滕州墨子纪念馆为例[J].科学教育与博物馆,2021,7(2):129-135.
[2] 徐无名.小学跨学科主题教学的设计与实施[J].课程教学研究,2015(1):85-89.
[3] 高嵩.论小学主题式教学实践的当代价值、困厄及其应对[J].中国教育学刊,2018(7):62-68.

续表

定义内容
2. 主题是指一定的教学时限内教学内容的核心，它涵盖教学的目的、内容、方法、途径，涉及不同的课程资源，包括教材、网络、实践及其他资源。恰当整合多种资源，精当提炼主题，可以极大地提高主题的信息量，便于设计运用网络的教学方案，有利于师生利用网络自主学习，达到拓宽知识面，提高教学效益的目的
3. 主题就是在单元化教学里所要达到的核心目标，完成的主要任务。主题单元的内容是围绕主题确定的，主题单元的教学是为实现主题服务的。比如，这个学期我们确定了读一些童话故事，了解一些动物知识，从而培养学生遇到问题时开动脑筋进行分析，勇于实践，找到解决问题的办法这一主题
4. 主题是指每一次活动都有一个教育、教学目标，指向一个中心内容
5. 主题是超越了学科，不以学科为界限的有价值的问题或课题，将学生活动的目的、内容和方式综合起来，通过主题研究或问题的解决体现学生活动的目的、内容和方式
6. 主题（也称主旨）是事物（文章、活动或内容）所表现的中心思想
7. 主题主要是指某一事实、活动或现象
8. 主题包括学生在主题研究中涉及的基本学习内容（要点）、交流活动（信息）和观点（概念、准则、模式、设计）

袁顶国认为"主题"是整合、凝聚、统摄教学系统诸要素相互支持、协调运转，以实现系统功能最大化的内核[①]。在教学实践中主题是课程单元学习的主要内容，一个单位的教学活动可以围绕某个主题开展。主题教学活动可以是一个课时的教学活动，也可以是多课时的教学活动合集。主题涉及的范围较为灵活和广泛，可以来源于某个课程内容，也可以是来自真实的自然与社会生活的。主题的选择要遵循以儿童为本，符合学生学习与社会发展相统一的原则。在主题的引领下，可以实现探究与接受、合作与竞争、计划与生成共生的教与学，可以实现对"教材"和"课堂"的超越，突破传统学科壁垒，实现学科之间的相互渗透与整合。

目前国内外主题式教学术语并不统一，英文中有"thematic instruction""theme study""the project method""unit teaching""theme-bases instruction"等，中文有"主题教学""主题型教学""主题性教学""主体化教学"和"主题式教学"等。虽然定义和表述上略有差异，但认识和实践上有共通之处[②]。

国外关于主题式教学可以追溯到19世纪末20世纪初的新教育运动。1931年，芝加哥大学教授亨利·克林顿·莫里逊（Henry Clinton Morrison）提倡让学生在一段时间内学习一种教材或解决一个问题，以促进其人格发展的单元教学法。1955年，美国学者哈纳（L.A.Hanna）提出了聚焦具有社会意义的课题，开展有目的的学习体验的单元教学。1977年，埃斯基（Eskey）指出在主题式的语言教学中，学生有机会对某些主题的看法发表自己的见解，尝试通过相关语言和方法了解主题内容，从而在这样的学习过程中达到提升语言学习的效果。1988年，甘伯格（R.Camberg）和欧雷姆（J.Altheim）等人正式对主题式教学的内涵做了界定，其认为主题式教学是一种强调通过广泛的、有意义的、真实的主题来探究学习内容，突出学习者主体地位的教学模式。他们认为不一定通过某一单独学科来开展主题教学，可以是课程整合或跨学科、跨领域的。

---

① 袁顶国.从两极取向到有机整合：主题式教学研究 [D].重庆：西南大学，2008.
② 窦桂梅.小学语文主题教学研究 [M].北京：人民教育出版社，2015.

我国关于主题式教学的内涵研究较少，随着 21 世纪的到来，教育者和研究员围绕主题式教学和主题式学习开展了大量的教学实践应用，也有部分学者对其内涵进行了界定。顾小清在构建信息技术与跨学科课程整合的主题学习模式研究中，将其分为主题课程和主题单元。她认为主题学习是在一定的问题情景下，以某个主题开设的可以自主建构的学习方式；在这个过程中教师要选择有意义的、学生感兴趣的主题，并且根据主题内容制定对应的教学技能和策略，促进学生多元能力发展[①]。窦桂梅认为主题教学是围绕一个主题，充分重视个体经验，通过与多个文本的碰撞交融，在重视过程的生成性理解中，实现课程主题意义建构的一种开放性教学，强调用生命的层次、动态生成的观念，整体构建课堂教学[②]。袁顶国在他的博士论文《从两极取向到有机整合：主题式教学研究》中系统地将传统教学方法和现代教学方法进行了对比，提出现代教学方法的基本内涵是有机整合思维方式，认为主题式教学是能够有效实现现代教学框架的众多新型教学形式中最有潜力的一种。他认为主题式教学是围绕主题开展的教学活动，即在现代教学方法论和有机整合思维方式主导下，以教学新概念为基础、以主题为枢纽，牵引教学系统内诸要素之间相互联系、相互作用，在整体协调运行的过程中，在师生彼此适应与互惠发展的过程中，在学生自我实现、自我完善、自我超越的过程中，形塑身心和谐发展的"完整的人"的整体型教学。白建华在《主题式教学在 21 世纪的发展及应用》一文中指出，主题式教学是一种语言教学活动，相比传统的知识单元教学，主题式教学方法更加关注学生的学习兴趣和学习需求，强调语言在实际生活中的应用，注重学习场景情景化、生活化，不再只是关注语言技能和语言要素，而是把内容和语言结合起来教学，通过有意义的联结培养学生综合能力。它的核心是要为学习者创造良好的、真实的，具有学习兴趣和高动机的学习环境，让学生在教师和主题的引导下，将所学的新内容转化成自身语言知识，融会贯通，实现学以致用[③]。李祖祥认为，主题教学是指在建构主义学习理论和多元智能理论的指导下，通过跨学科领域的主题探究活动来发挥学生的主体建构性和主观能动性，从而实现学生全面发展的教学活动方式[④]。具体而言，主题教学是以建构主义学习理论和多元智能理论为指导的，它关注学生的个体差异及自主建构性；同时，主题教学倡导学科之间的整合，通过以多学科、跨学科的教学形式围绕某些主题来展开教学活动，促进学生素质的全面发展[⑤]。

纵观国内外关于主题式教学的定义和解读可以发现，不管是国内还是国外，对于主题式教学的内涵有共同之处，都是在后现代课程观的引导下，以建构主义学习理论和多元智能理论为指导思想的以学生为中心的教学，旨在通过有意义的主题或线索、全面的教学目标、生成性的教学过程培养学生多元能力，该过程强调学生角色的主动性，教师和学生地位是平等的，主题探究活动倡导在学科间进行知识和内容的整合[⑥]。整体来看，主题教学法是指围绕某一个学生感兴趣或社会生活需要的主题，师生共同利用各种方法和途径针对这一有意义的主题开展教与学的深入探究活动，是在跨学科和课程整合的思想和技能指导下，以学生和任务为中心建立人

① 顾小清. 促进 IT 与跨学科课程整合的主题学习模式 [J]. 电化教育研究, 2003（3）: 61-65.
② 窦桂梅. "主题教学"的思考与实践 [J]. 人民教育, 2004（12）: 32-34.
③ 白建华. 主题式教学在 21 世纪的发展及应用 [C]//. 世界汉语教学学会, 国家汉语国际推广领导小组办公室, 第十届（沈阳）国际汉语教学研讨会论文选, 2010: 15-19.
④ 李祖祥. 主题教学: 内涵、策略与实践反思 [J]. 中国教育学刊, 2012（9）: 52-56.
⑤ 蒋曦, 曾晓洁. 多元智力理论与主题教学 [J]. 比较教育研究, 2005, 26（4）: 51-57.
⑥ 窦桂梅. 小学语文主题教学研究 [M]. 北京: 人民教育出版社, 2015.

与环境的良性互动。

（二）主题式教学的特征

基于对主题式教学内涵的分析，可以发现主题式教学是以学生为主要学习主体，教师和学生的地位是平等的，可以师生合作、生生合作，共同完成主题目标。学生感兴趣的、贴近真实生活的主题可以大大缩短教材和真实生活世界的距离。关于主题式教学特征的代表性研究有：王丹认为与传统的教学相比，主题式教学一般具有以下特征：第一，教学内容主题化；第二，教学资源整合化；第三，教学组织弹性化；第四，教学评价多元化，第五，师生关系合作化[①]。袁顶国在对主题式教学进行全面的分析与审视后，认为主题式教学的个性化特征体现在五个方面：整体性、互惠性、超越性、灵动性与开放性。窦桂梅基于语文学科视角，认为主题式教学将"听、说、读、写"训练与"人文性与工具性"统整起来，主要表现为三个特征：一是丰富性，容量大、密度高、效果强；二是基础性，充分利用教材的"主题"组构、重构、整购教材，在扩大学生的阅读量时，关注学生的阅读质量；三是发展性，教师既要当设计师，又要当"建筑师"，充当母语课程资源的实施者和开发者的双重角色。

主题式教学既符合儿童本位的学生观，又符合新课标背景下跨学科融合的设计要求。教师可以根据自己的科目，结合学生学情，灵活开发符合新课标要求的各类主题式教学活动，结合以往研究者的成果和实践经验，总结主题式教学一般具有以下特征。

1. 主题内容情景化

主题式教学以某一特定的主题或课题作为整个教学活动的起点，根据学生的学习兴趣、经验和现实需要组织课程内容，用主题的形式将学习内容概括起来。主题可以不拘泥于某一特定的学科或领域，可以来自学科知识、科学学习、社会生活、文化宗教等各方面，这要求主题具有较强的情景性、真实性、适用性、功能性，确保所选的主题和内容贴近真实的情况，只有和学生的学习日常生活产生连接，才能达到激发学生学习动机的作用。

2. 资源丰富开放化

主题式教学秉承为学生提供适合其发展和学习需要的资源支持，注重各种学习资源的整合和积累，在兼顾教学知识的广度和深度的同时，重视知识内容和教材与生活的联系。主题式教学资源的形式、内容、获取方式要追求开放化，可以更好地尊重学生个体差异，达到更好的学习效果。作为数字新时代学习者，他们面对着广泛的学习资源和获取途径，可以通过开放的学习情景让学生通过网络数字媒体自主检索、查找、收集与主题相关的信息，从而构建自己的知识体系。

3. 教学组织灵活化

主题式教学的空间、时间、组织形式都可以根据主题的需要进行调节和设置，不必完全拘泥于教学方案的框架，可以根据学生的学习兴趣进行调整或者变换。教师可以依据不同的主题目标和要求尝试跨越教材、课堂、教室等方式教学，利用课外、假期、博物馆教学等方式联动学生家长、其他学科教师、社会人士等共同实现主题教学目标。

---

① 王丹. 小学主题教学设计与实施模式研究 [D]. 长春：东北师范大学，2006.

4. 学习方式多样化

主题式教学倡导以学生为中心的学习方式，学生在围绕主题进行真实的、具体的学习活动时，可能会面临合作、竞争、探索、接受、计划与生成等多样的学习场景和学习方式。教师应在设计主题式教学或提供学习支架时考虑学生学习方式的差异性，结合学生的最近发展区和学习情况，根据主题内容和学习目标设计较为开放和多样的学习过程。

5. 合作评价多元化

主题式教学强调师生通过多元的方式进行合作、支持、评价，从而促使教师实时了解学生的真实学习情况，学生也可以看到自己的学习进程，检测学习成果。教学过程中应重视诊断性评价、探索增值性评价，促使师生及时调整教与学的状态。主题式教学虽不否认教师的主导地位，但更加强调学生的主体地位，主题的选择和评价准则的制定需要师生之间、生生之间相互合作，互利共生、相辅相成。

> **问题讨论**
>
> 1. 谈一谈你是如何理解主题式教学的。
> 2. 你认为主题式教学具有哪些特征？

第二节　主题式教学设计的内涵与路径

> **学习提要**
>
> 1. 理解主题式教学设计的内涵和特征。
> 2. 了解主题式教学设计的基本流程。

一、主题式教学设计的内涵与特征

教学设计是指主要运用系统方法，将学习理论与教学理论的原理转换为对教学目标、内容、方法、策略、评价等环节进行具体计划，创设教与学系统的"过程"或"程序"，而创设教与学系统的根本目的是促进学习者的学习[1]。主题式教学设计就是利用主题式教学方法设计或计划的一系列教与学活动。其中，首要的问题是主题的选择，主题的选择与确定并非"易如反掌"，需要教师在包罗万象的众多议题中择取适合学生学习的主题和方向，学生可根据所选择的方向结合自身兴趣点，建立一个有效的学习情境，从而开展有效学习。好的主题式教学设计对教师

---

① 何克抗.教学系统设计[M].北京：北京师范大学出版社，2002.

开展主题教学有着重要的指引作用。国内外关于主题式教学设计的研究主要为内涵、特征、主题选择、流程设计、实施等，在学习主题式教学流程之前，厘清主题式教学设计的内涵至关重要。

（一）主题式教学设计的内涵

从新课程改革的步伐来看，我国正不断尝试多学科整合以及项目式教学。2002 年，朱德全认为主题式教学与开放性学习的统一模式为新课程标准的核心要领，并基于数学新课程标准深入分析了数学主题式教学设计理念，阐述了关于数学主题式教学设计的外延可涵盖五方面：基于"丰富资源学习"、基于"项目研究学习"、基于"师生对话学习"、基于"真实情景学习"、基于"建模知识学习"的教学设计[①]。2006 年，袁顶国系统阐释了主题式教学设计的内涵，认为主题式教学设计是以主题为中轴，围绕教学主题展开的，在系统论、学习理论与教学论指导下，以教学主题为枢纽，在系统内诸要素之间彼此联系、相互作用与协调运行中，驱动师生"双适应双发展"以达成教学主体心理结构的完善与自我实现的整体性设计。他认为从横向空间分布形态看，一个主题教学的内核是"主题"，围绕主题而存在的基本要素包括主题内容、主题目标、主题形式、主题方法、主题评价、主题行为等。从纵向时间序列形态即教学过程来看，一个主题教学活动的实施在逻辑上有七个有序环节，即课程内容主题化、主题内容问题化、问题焦点生活境脉化、生活境脉问题化、问题焦点互动解决化、知识运演结构化、能力迁移与知识活化，这是主题式教学设计的内在运行机制，如图 6.1 所示[②]。主题式教学在实际教学实践中可以分为单元式主题教学、学科式主题教学、跨学科主题教学四种方式，每种主题教学方式都有各自的侧重点，秉承着不同的课程实施观，依次为"忠实取向""相互调适取向""缔造取向"。

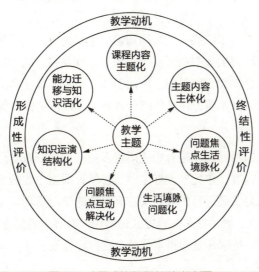

图 6.1　主题式教学设计运行机制图

综合来看，主题式教学设计本质上是一种整体性设计，是有机整合思维方式的产物，是对课堂教学中轴的真实体现，是以真实的情景和任务表达教学主题，用教学主题表达教学目标和

---

① 朱德全.数学新课程标准与主题式教学设计 [J].课程·教材·教法，2002（12）：33-35.
② 袁顶国，朱德全.论主题式教学设计的内涵、外延与特征 [J].课程·教材·教法，2006（12）：19-23.

具体的教学要求，以教学目标和具体教学设计要求刺激和满足学生的认知与非认知发展需求的一种实质性教学设计。该设计能使教学主题在教学过程中得以处处、时时地有效体现，能做到合作交流学习与自主性学习的有机统一。

（二）主题式教学设计的特征

2006 年，袁顶国基于主题式教学设计的外延，探讨了主题式教学设计的基本特征，包括主题中轴性即所有的教学活动都是围绕主题展开的，既定的教学主题应包含其应该达成的具体教学目标；教学主体的辩证统一性，即强调教师与学生在教学活动过程中的互为主体性；"教程"与"学程"的整合性，即主题式教学不仅要关注教师"教"的设计，还要关注学生"学"的设计；教学时空从"有限封闭"向"无限开放"的转化性，即要求教师和学生不能仅仅停留在某一时间点或空间点上，要使学生时时、处处均处于学习活动过程中。2021 年，乔虹在她的博士学位论文中对小学主题式教学模式进行了系统的论述，她认为主题式教学设计模式具有联系性、迁移性、复杂性、开放性、发展性[1]。纵观以上可以发现主题教学设计的共同之处，即教师组织学生围绕某一主题，在不同学科的知识与技能指导下，尝试获得相关学科或生活与主题的联系，以学生为中心建立人与环境的互动，促进学生健全发展，其具有贯穿性、开放性、整体性、迁移性、生成性等特征。

（三）主题式教学设计的类型

根据主题式教学中各个学科之间的统整程度，在教学实践中一般可以将主题式教学分为"单学科主题教学""多学科主题教学""跨学科主题教学""超学科主题教学"四种类型。

1. 单学科主题教学

单学科主题教学主要专注于以某一学科的知识为主要内容，从该学科中选择一个主题进行教学，这一主题往往是该学科的核心概念或中心思想，涉及整合的内容不多。单学科主题教学不是为了学习各学科的综合知识，而是在主题的引领下借用其他学科的知识或思维方法来加深本学科的教学效果。因此，其本质上还是传统分科教学，以传递学科知识为主要目标。

2. 多学科主题教学

多学科主题教学是我国目前课程整合中使用较多的一种主题教学形式，是通过含义深刻的主题来组织多学科的学习内容，事先预设好主题，各学科根据主题内容通过相互配合来组织教学，通过独立的教学活动对主题进行扩展，实施有目的的学习活动，通常通过网状的知识或主题结构组织各学科的教学[2]。因为这种整合方式仍然保留着各学科形态，学科间界限依然清晰，未充分体现学生的主体性，所以还是学科本位的主题内容开发模式。

3. 跨学科主题教学

跨学科主题教学是通过深入分析各学科的知识体系，寻找各学科之间的交集内容来确定主题的，这里的主题需要富含各个学科或领域的知识与技能、过程与方法、情感态度与价值观，重点关注跨学科的问题解决，是打破学科界限对课程进行全面整合的教学模式。跨学科教学的

① 乔虹. 小学主题教学模式改进研究 [D]. 天津：天津师范大学，2021.
② 王丹. 小学主题教学设计与实施模式研究 [D]. 长春：东北师范大学，2006.

目的是，通过突破学科界限的主题探究和实践活动，强化学科之间的联系，发展学生的学习生活经验，提高学生对整体世界的认识和综合运用不同学科知识的技能解决实际问题，促进学生全面发展。

4. 超学科主题教学

超学科主题教学仍然是围绕主题进行的，与跨学科主题教学不同的是，超学科主题教学是超越或忽视学科的，主题是根据学生的生活学习需求和社会发展制定的，不再明确相关概念的学科归属，整个教学目标是以主题为中心开展的[①]。现实生活的问题往往都是跨学科的、互相交织的，不能从单一的视角分析，否则只能看到某一方面的问题。在围绕主题探究时，没有完全忽视学科内容的学习，只是在主题脉络的指引下，学科素材与概念被重新组织安排，所有的学习都是为了解决真实生活的问题。

二、主题式教学设计与实施路径

主题式教学设计是指在主题式教学理念的指导下，运用开放的系统方法，对教学的相关要素进行分析，形成促进学生有效学习的资源开发、实施、评价方案的系统过程。既然是一个系统工程，教学设计的侧重点就会根据设计的内容和对象有所不同，正所谓"教无定式，教无定法"。下面介绍目前相关研究中具有代表性的主题式教学设计程序。

（一）主题式教学设计程序研究

从教学设计流程来看，在跨学科的角度，国外的玛丽教授总结了主题式教学设计应该遵循的六个步骤：①选择主题；②教师选择一个与学生日常生活息息相关的教学方案；③学生在学习过程中学会教师所教授的知识和方法；④教师根据学生的不同情况设计相关的教学方案；⑤教会学生制作时间表；⑥采用自评、互评、他评的评价表。雅克布对主题式课程的设计进行了详细介绍，认为课程设计的一般流程应该为：①组织中心的选择；②脑力激荡联想；③引导性问题的建立；④活动的设计。他的主题教学设计四步骤包括：①选择组织中心，作为课程发展的焦点；②用头脑风暴法进行联想，让师生们从不同的学科领域探索前一步骤所设定的组织中心；③建立引导性问题，作为单元学习的架构、范围与顺序；④设计活动，以备实施[②]。美国学者福格蒂和斯托尔用"THEMES"设计法来设计主题式教学。"THEMES"设计法中的每个字母分别指代think（思考）、hone（处理）、extrapolate（推断）、manipulate（使用）、expand（展开）、selecting（选择），即按照"思考主题、处理目录、推断标准、使用主题、展开活动、选择目标、评价策略"的步骤来设计主题式教学[③]。

从我国新课程改革的步伐来看，台湾学者黄永和教授结合课程整合思想提出了主题式教学设计的主要流程，即：①明确组织中心；②形成概念网络；③确定教学内容；④创设驱动性问题；⑤设计教学活动；⑥设计评价标准。这一教学流程的提出为一线教师开展主题式教学提供了参考。刘明洲教授提出了学生参与主题式学习所经历的过程，即：①确定主题；②明确兴趣

① 乔虹. 小学主题教学模式改进研究 [D]. 天津：天津师范大学，2021.
② JACOBS, HEIDI HAYES. Interdisciplinary Curriculum: Design and Implementation[J]. Alexandria, VA: Association for Supervision and Curriculum Development, 1989.
③ 福格蒂，斯托尔. 多元智能与课程整合 [M]. 郅庭瑾，译. 北京：教育科学出版社，2004.

焦点；③搜集资料、整理资料；④完成报告并汇报。刘明洲教授据此进行了教学实践，提出可以在网络环境中开展主题式教学。

（二）主题式教学设计程序

主题式教学设计的关键点在于主题的选择。一个好的主题应符合学生的年龄阶段和认知特点，能够引起学生的学习兴趣或困惑，需要贴合学生的学习生活经验和社会发展需求。除此之外，主题还需要具备一定的认知难度，避免"零认知"风险，确保在主题的引领下，能整合其他学科的知识与方法，使学生能解决实际问题。主题的选择可以根据教学目标和内容，结合日常生活的热点话题来确定，可以是抽象概念、文化遗产、地方或社区资源、近期的国家时事、社会议题、教材里的主题、师生感兴趣的话题等。教师在设计主题式教学时，不但要有计划性，还要有灵活性，根据学生在主题学习中的表现适当调整学习计划和教学安排。主题式教学设计包括的重要组成部分见表6.2，教师可以参考这一主题教学设计指导清单制定自己的教学计划。

表6.2　主题教学设计程序清单

主要内容
1. 课前准备
2. 主题名称
3. 使学生对主题产生兴趣的切入点或导入活动
4. 主题设计网络图
5. 相关词语：20～30个词语
6. 相关知识点：10～20个知识点或信息
7. 1～3个相关的，可持续性理解的概念，以增加学生对世界及其生活的理解（如普遍的真理、原理、影响等）
8. 教学活动：围绕课程展开并相互联系，促进学生的学习：活动名称、活动目标、活动所需材料、教学过程、评量手段
9. 展示学习成果，与他人分享综合性活动
10. 开展教学评价

良好的主题教学设计不仅有利于教师充分利用各科教材和课内外资源，而且有利于学生深入理解所学内容[①]。教师在进行主题式教学设计时切记不要完全照搬固有的设计流程，可根据主题内容和学生学情适当调整。在教学设计完成后，教师可以根据表6.3所示的美国密歇根州立大学儿童早教学科专家安妮·K.索德曼等设计的主题教学设计检查表，及时评价该设计是否能达到预期的教学要求和效果，从而不断地修正教学设计方案。

表6.3　主题教学设计检查表

检查的标准	是	不是
1. 主题具有实用性，基于学生的真实生活经验及兴趣，并且建立在学生原有的知识之上，与学生的年龄、个体差异及社会文化背景相适应		

---

① 索德曼，李筠，贾浦汇. 主题式教学：中小学汉语课堂教学设计 [M]. 北京：外语教学与研究出版社，2016.

续表

检查的标准	是	不是
2. 主题教学能为学生提供动手操作，进行发现式学习的机会，同时能通过不同渠道获取信息，如户外教学、咨询专业人士、观察真实情境中的操作过程、阅读书籍以及观看视频等		
3. 主题教学能帮助学生学习新知识，提高表达能力		
4. 主题教学的内容是跨学科的，可以将各领域知识整合起来，使学习更加深入，内容更加广泛		
5. 设计的学习活动可以促进新技能的发展，使学生从新视角审视日常生活和周围世界，并获取长期的、可持久理解的概念		
6. 教学主要使用真实情境中的评量方法衡量学生是否学到相关知识，具体的方法有学生自我评价、反思、成长档案袋等		
7. 主题教学结束时，学生有机会分享他们的学习成果		

问题讨论

1. 谈一谈你对主题式教学设计内涵的理解。

2. 你认为设计主题式教学时应该注意哪些事项？

第三节 跨学科主题式教学设计与实施

学习提要

1. 了解跨学科主题式教学的设计程序和实施重点。

2. 分析跨学科主题式教学案例。

主题式教学因其开放性、多样性、灵活性的特征，在中小学教育实践中出现多种教学设计的类型，可将其分为单学科主题教学、多学科主题教学、跨学科主题教学和超学科主题式教学。跨学科主题教学作为一种学科组织和课程融合方式，越来越受到广泛的关注。本节将从主题式教学实践的问题出发，重点阐述跨学科主题式教学的设计与实施要点。

一、跨学科主题式教学设计起源

在新课改和新课标的背景下，学校和社会各界越来越注重对学生自主、合作、探究学习等综合能力的培养，主题式教学因为其主题引领的作用，在开展课程整合的教育改革中发挥着越来越重要的作用。

从目前主题教学实施类别的情况来看，以"单学科"的主题整合或"多学科"的主题整合为主，"跨学科"和"超学科"的主题教学涉及较少。目前，国内主题教学以窦桂梅等清华附小的践行为主。窦桂梅老师以语文学科为试点，在总的学科规划基础上，制定了分项的主题式教学规划，探索出了三条小学语文主题教学的路径："主题讲读""主题作文""主题阅读"[①]。运用"主题·整合"思想，结合学生特点和成长需要，系统构建了"1+X课程"体系，实现从主题教学到课程整合的又一次超越[②]。中山大学附属小学依据国家课程标准重新梳理、整合了小学阶段的课程，通过删减、融合、增补、重组，形成了具有生成性、自主性、体验性的主题模块教学，并整合不同学科拟定了30个跨学科教学主题。尽管已经有学校在积极探索跨学科主题教学实践工作，但目前部分"多学科"整合亦存在"单学科"的嫌疑，即只是将传统的国家课程按照同类统整为整合课程。

从主题式教学实践成效来看，存在教师对主题教学模式的理解程度不足和主题涉及的内容框架与教学目标混乱的现象。由于主题式教学的内容庞杂，有时会出现先将各科知识汇总，再按顺序教学的方式开展教学，导致知识整合形式化。在设计目标时缺乏对学情和教学内容的分析，出现各科目标和总目标混淆、教学过程教条化的现象，容易导致学生割裂地完成众多目标，造成学生思维混乱的情况。这给实现课程目标，落实学生核心素养发展造成了阻碍。

2001年，教育部印发的《基础教育课程改革纲要（试行）》指出，要"改变课程结构过于强调学科本位、科目过多和缺乏整合的现状"，"体现课程结构的均衡性、综合性和选择性"，"小学阶段以综合课程为主"。但目前国内的课程教学多采取分科或单科主题教学，学生可以在特定领域对知识进行深入学习，带来了学生学习的片面性，使学生获得的信息大多是零碎的，不利于他们综合运用知识技能解决实际问题。2022年3月，教育部颁布的义务教育课程方案和课程标准中，明确提出原则上各门课程要用不少于10%的课时设计跨学科主题学习，开展跨学科主题教学，强化课程协同育人的功能。

跨学科主题教学为实现学习方式的变革提供了可能。学生可以通过自主、合作、探究等学习模式亲身实践，在跨学科主题学习过程中认识不同领域的事物，体验及反思，从而形成良好的意识、情感和价值观，并将此迁移、运用到具体问题的解决中。跨学科主题式教与学作为实现学生自主、合作、探究学习形式的有效载体，也为教师专业化发展提供了新的契机，通过跨学科主题教学开发，为课程整合的实践提供了新的研究视角。基于此，纵观新课改背景下主题式教学的实践情况，结合我国目前的主题式教学现状，以跨学科主题教学为指导，探索跨学科主题教学设计与实施。

二、跨学科主题式教学设计与实施

跨学科主题式教学不仅把主题作为学科课程内容的"组织者"，更是把跨学科主题作为整个主题教学的中心目标，各相关学科课程内容及具体教学策略、方法的设计安排都是以有利于主题内容的教学为标准和依据的，真正体现不同学科之间在知识、概念与理论体系上的高度统

---

① 教育部师范教育司.窦桂梅与主题教学［M］.北京：北京师范大学出版社，2006.
② 窦桂梅，柳海民.从主题教学到课程整合：清华附小"1+X课程"体系的建构与实施［J］.东北师大学报（哲学社会科学版），2014（4）：163-167.

整与融合[①]。跨学科主题式学习是基于学生的发展需求，围绕某一研究主题，以主题内容为主干，运用并整合各学科的知识与方法，开展综合学习的一种方式。它的核心要义：知识统整、问题解决、价值关切，是跨学科主题式教学的主要落脚点。

不管是跨学科主题式学习还是跨学科主题式教学都要立足于学生的兴趣、生活和学习需要，变革传统的"教师教，学生学"的局面，以跨学科的整合实现课程的统合，增强学科知识和真实生活的联系，培养学生跨学科解决实际问题的能力。跨学科主题式教学相比于传统的分科教学，在教学方式、时间、评价等方面都存在较大的不同，具体见表6.4[②]。

表6.4　分科教学和跨学科主题式教学比较

维度	分科教学	跨学科主题式教学
课程的目标	单一学科目标，侧重知识和技能	多学科目标的整合，在获得知识和技能的基础上，更侧重对方法的掌握和态度的生成
教材与资源	以教材为中心	以主题为中心，充分挖掘相关图书、网络、家庭、社区等可用资源
学习活动组织	以讲授为主	强调学生的亲身经历，以观察、实验、调查、访问等方式进行探究学习
学习活动的周期	以课时为单位，近年来部分学科也开始以单元为单位	以主题单元为单位，通常是4～6周的时间完成一个主题
教师在课程中的角色	课程的执行者，知识的传授者	课程的开发与研究者，跨学科合作教学的互助者，跨学科主题学习的引导者
学生在课程中的角色	被动的接受者	学习的主要参与者，课程资源的使用者和创造者
评价	以目标为导向，侧重知识和技能，以终结性评价为主要形式	均衡知识与技能、过程与方法、情感与价值观三维目标的评价，过程性评价与终结性评价相结合

跨学科主题式教学的设计与实施并不是对主题式教学设计的直接搬运，也不是按部就班地对教学过程进行详细的文字设计，只有在真正意义上把主题作为概念的组织者和教学活动的中心内容时，跨学科主题式教学才能发挥其最大的价值。通过对经典的主题式教学设计程序的分析，结合中小学的学情和跨学科主题式教学理念，以具体案例为例，梳理分析跨学科主题式教学设计与实施的关键环节和要点。

（一）课前准备

1.分析主题与教学内容

跨学科主题教学和多学科主题教学的最大区别在于跨学科主题教学不只是简单地寻找各学科知识体系的共同点，然后用一个主题整合各科知识内容。它更加强调基于学生的知识经验和

---

① 李祖祥. 主题教学：内涵、策略与实践反思 [J]. 中国教育学刊，2012（9）：52-56.
② 徐无名. 小学跨学科主题教学的设计与实施 [J]. 课程教学研究，2015（1）：85-89.

社会发展的选择，基于真实情景的主题或表现性任务，这个主题或表现性任务本身就是具有跨学科性的，它要能调动学生的学习兴趣，激发学生用跨学科的知识和技能解决实际问题。它可以是以某一学科为核心开展的跨学科主题教学活动，也可以是围绕共同主题开展的跨学科教学活动。跨学科主题教学内容中会涉及不同学科或领域知识，需要发挥各科教师的专长共同开发，实际的教学内容需要结合跨学科主题教学的动机、实施对象、客观条件来量身定制。教师需要立足对应学段的学科课程标准要求、教材内容、课程资源、社会发展等，基于学生已有知识经验和需要建构的新知识经验来选择对应主题和教学内容。

例如，现在因为全球气候变暖，导致海平面上升，部分地区强降雨、超高温，引发多种流行病，影响人类健康，生物多样性丧失，严重阻碍自然环境、社会经济的发展。作为地球的一员，地球环境牵动着每个人的心弦。基于此，可以挖掘出很多有意义且学生感兴趣的主题，如环境保护、病毒防护、灾难救援、动物迁徙等。

2.确立主题与教学目标

跨学科主题的确立，是整个教学活动设计与实施的必要环节，是进一步确立教学目标的重要纽带。在确立主题时，首先基于学生的学习经验和社会发展需求，结合学生日常的生活，选择学生感兴趣的话题或社会议题；其次梳理主题与学科之间教学内容的联系，根据课程标准的要求进一步确定素养导向的教学目标。在进行跨学科主题教学设计时，不同科目教师之间的交流是必不可少的，应确保制定出适合学生终身成长的学习目标。例如，以"环境保护"跨学科主题教学活动为例，表 6.5 为针对小学高年级学生制定的学习情景与教学目标[①]。

表 6.5 "环境保护"的主题教学目标

	主要内容
主题说明	长期以来，人类掠夺式的经济建设和资源使用使得地球环境一天天恶化，几乎每一个国家都意识到保护环境的必要性和急迫性，这也是每一个世界公民的责任。很多学校都提倡让学生从小学习环保知识，参与环保行动，从而推动改善环境，加强社会责任感。通过对这个主题的学习与讨论，不仅可以提高学生的语言技能，同时也可以培养其环保意识，学习如何将计划付诸实际行动
教学目标	1.了解地球和人类面临的各种环境危机 2.了解日常生活中破坏环境的行为 3.理解一些对未来认知产生影响的基本概念 4.思考和反思人类的行为如何影响地球的发展 5.在活动中学习将计划付诸实践 6.增强社会责任感和世界公民的意识 7.在真实情境中学习、使用有关环境保护的词语 8.帮助学生提高中英文听、说、读、写能力

整个跨学科主题教学活动涉及的每节课的具体学习目标，都需要教师根据课时安排、课程内容、学生学情做进一步地详细设计和调整。

---

① 索德曼，李筠，贾浦汇. 主题式教学：中小学汉语课堂教学设计 [M]. 北京：外语教学与研究出版社，2016.

3.分析学生 ：KWL 教学策略

主题式教学虽然强调基于学生的学习兴趣和现实需要，但是每个学生的学习情况有差异，所以在制定详细的学习目标和内容时需要在课前了解学生的基本情况，可以抽取具有代表性的学生作为试样，采用KWL教学策略设计工作表并进行教学。KWL教学策略是美国学者奥格尔（Ogle）在 1986 年提出的一种简单易行的引导策略：概括了学习的三个步骤：知道（know），想知道的（want to know），学到的（learned）[①]。这种教学策略由三个问题组成："关于这个主题我已知道了什么，我想通过这次学习学到什么，我学到了什么？"在学生学习新知识前，先写下他们关于新知识已经了解（know）的知识点，以及他们想（want）学习的内容，展示学生写的内容。在进一步学习时，教师引导学生认识到自己所写"K"中有错误的内容，并回答他们在"W"中的问题。最后，学生将自己所学到的（learned）的内容写下并反思。通常KWL教学策略可以帮助教师进行互动教学，可以更加了解学生的学习水平和学习意愿，提高教学效率。通过研究取样学生的学习情况进一步修正主题和学习目标，完善主题脉络图、核心概念、知识点，并设计详细的教学活动和具体的评价方式。"环境保护"跨学科主题教学案例中的教学对象是小学高年级的国际学生，他们的母语是英语，第二语言是汉语。

（二）设计网络图

在确定了主题和学习目标后，教师通过试样的方式了解了学生目前的知识经验和学习水平，可以结合学生的学习兴趣和课程标准要求，围绕主题寻找并设计能够达成目标的学习活动。在进行网络图设计时要注意分解主题和学科之间的关系，可以通过不同梯度的表现性任务来使整个跨学科主题式教学相互联通，使得学生更容易产生知识的迁移，并形成关于主题的整体认知。"环境保护"的主题设计网络图如图 6.2 所示。

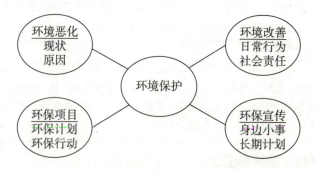

图 6.2 "环境保护"的主题设计网络图

（三）确立"可持续理解"的大概念与知识点

跨学科主题教学是在主题的引领下进行的课程融合，涉及各科的知识点和综合内容。需要通过主题网络图和各科内容体系来梳理知识内容和学习要点，否则教学过程会陷入混乱的局面，导致学生抓不住学习的重点。教师要在总的目标和内容体系基础上分解出适合学生学习和挑战的各科学习目标与知识点，最终提炼出 1 ～ 3 个相关的可持续理解的大概念，增进学生对

---

① 韦莉萍，陈瑜. KWL策略在英语阅读课堂中的运用及启示 [J]. 广西广播电视大学学报，2012，23（4）：38-41.

真实世界及其生活环境的理解，可以是普遍的真理、大概念、核心问题、现象、原因或影响等。如表 6.6 所示为"环境保护"跨学科主题教学活动的大概念和知识点，通过各项学习活动和任务可以发现，学生需要综合利用科学、语文、道德与法治、美术、劳动教育等学科知识，才能解决对应的实际问题。

表 6.6　与"环境保护"相关的大概念和知识点

	主要内容
主题说明	为了发展经济，人类向环境、向地球进行无休止的索取，造成很多城市或地区环境被严重污染，危及人们的日常生活，如 1925 年的伦敦烟雾事件、20 世纪 60 年代旧金山的空气污染以及近两年困扰着人们的雾霾现象。这些大规模、大范围的空气污染向人类敲响了警钟，人们逐渐意识到环境质量关乎每个人的日常生活，没有人可以置身其外，环境保护的迫切性更加凸显。该主题设计以此为出发点，作为学生学习环保知识并反思自身及人类行为的桥梁。通过该主题的不同活动，教师可以帮助学生以世界公民的身份思考未来，进一步加强社会责任感。教师的主要目的是通过所有活动提高学生运用第二语言进行交流沟通的能力，所以在教学活动设计及实施过程中，要尽可能地使用真实语境和语料，为学生创造使用第二语言的机会。
主题设计	主要围绕"可持续性理解的大概念"展开 1.人类的行为、经济的发展都会影响环境的质量 2.保护环境人人有责，每个人都应该从身边的小事做起
相关知识点（可以根据学生认知能力进行调整）	1. 人类发展经济需要使用大量的自然资源 2.自然资源不是取之不尽、用之不竭的，应该做好再生资源回收 3.人类的不当行为会加速自然资源的消耗，反过来会影响人类的生活质量 4.对环境的伤害可能在瞬间就会产生，但对环境的修复却需要长时间努力 5.环境保护应该从身边小事做起，人人都有责任，人人都能有所贡献 6.环保教育和环保知识的学习应该从小开始，环保习惯应该从小养成 7. 在日常生活中，举手之劳的习惯有助于改善环境 8.学生应该积极参与环保宣传活动 9.环境保护需要个人、团体和政府等一起努力，才能取得成功
相关词语（根据学生的知识储备进行相应调整）	环境、保护、地球、污染、节约、资源、浪费、水龙头、马桶、淋浴、洗澡、关灯、擦手纸、回收、塑料瓶、打印、垃圾、分开、开车、公共交通、再利用、使用、希望、参加、计划、行动、种树、责任、空气、纸盒、森林、箱子

（四）设计跨学科主题教学活动

教学活动的设计是整个跨学科主题教学的重要抓手，是将教学目标转化为学生内涵知识，发展核心素养的重要途径。作为新时代的教育工作者，在进行跨学科主题教学活动设计的过程中，要尽可能加强真实情境创设和问题设计，用生动案例阐释抽象概念，加强知识和学科间的内在联系，发挥每一个教学活动多方面的育人价值。同时，也要充分考虑学生最近发展方向、学习兴趣与经验等，通过活动化、游戏化、生活化的学习活动方式开展主题教学。跨学科主题教学活动不一定完全按照学科划分，可以基于真实的任务和情景要求选择不同学科的学习侧重点。例如，表 6.7 为"环境保护"主题设计了一系列促进学生文化学习和语言技能的跨学科教学活动。

表 6.7　促进学生文化学习和语言技能的活动设计

主要内容
1.校园"寻宝"——校园环保亮点大搜索 学生阅读或观看有关学校环保的文本、图片或视频，列出所观察到的环保要点。首先，小组讨论学校哪些方面可以节约能源，保护地球，全班分享讨论结果并归类记录；其次，以小组为单位观察学校不同地方的平面图，寻找学校体现节约能源或保护环境的做法，并做绿色标记，做得不环保的地方用红色标记；最后，全班一起总结汇总，用第二外语写一篇不低于 300 字的倡议书，引起社区关注，呼吁增强环保意识
2.调查与分享——家庭环保措施与目标 学生通过阅读文本和观看《举手之劳害地球》的动画片，了解并学习日常生活中与环保行动相关的词语，寻找与家庭生活相关的项目，以小组为单位讨论并设计发放问卷调查家人的行为习惯。例如，刷牙的时候关水龙头吗？出门的时候关灯吗？根据调查结果选择某个不环保行为，制订应对计划，邀请家人一起改变，有条件的可以做好量化的记录，如行为改变前后家庭用水、用电是否有变化，一个月后重复调查并查看改变前后的记录对比，与同伴分享结果
3.制作环保树——环保行动记录 学生通过观看视频，了解日常生活中的行为既可以帮助改善环境，也可能破坏环境，将这些行为进行分类，如"减少污染的行为""减少浪费的行为""节约回收的行为"等。学生根据自身情况选择对应的环保行为写上自己的名字，并邀请家人一同参与，确定好阶段化目标和计划，做好记录，将环保行为或计划做成树叶贴在环保树上，每次上课前更新记录，一个月后学生进行反思报告，检查"环保树"上的目标是否达成
4.举行环保大赛——环保口号与宣传 在"世界地球日"活动期间，班里要举行宣传环境保护活动，每位同学需要选择一个环境保护的话题，通过图文并茂的海报形式宣传如何保护地球。教师可以提供一个海报案例，与学生一起讨论海报设计的要点，让学生提前了解评价细则和要求，海报完成后在班里进行展示汇报。将海报集中张贴在展示板上，邀请师生、家长为最喜欢的海报投票，学生可以为大家介绍自己的海报口号和设计想法

表 6.7 中提到的教学活动均涉及不同学科内容和方法，教师需要根据学生的学情和已有知识经验设置具体的学习目标和内容要求，让学生通过活动或任务感觉到所学的知识内容在实际生活中是有用的，促进学生举一反三，融会贯通，加强知识的内在联系性，满足学生多样化的学习需求。

（五）实施跨学科主题教学活动

跨学科主题教学实施过程可以参考教学设计方案执行，实施过程中需要关注学生的学习状态和学习进步程度，必要时可以做调整，课时安排上可以根据教学计划和实际需求灵活安排，弹性实施。窦桂梅在清华大学附属小学开设主题教学课程时，将原有的 40 分钟课时调整为 60 分钟的大课时、35 分钟的基础课时、10 或 15 分钟的小课时等，目的是不让课堂铃声限制了师生活动的延展性，可以更好地发挥学科特性和活动课程的实施[1]。

---

① 教育部师范教育司.窦桂梅与主题教学 [M].北京：北京师范大学出版社，2006.

跨学科主题式教学的导入环节至关重要，好的导入可以让学生迅速带着目标投入学习过程。跨学科主题教学活动在导入的时候要注意根据主题和学生的兴趣爱好，抛出有趣的话题来激发学生的学习动机，如与主题相关的实事热点新闻，具体的真实情景或有待解决的实际问题等。表 6.8 所示为"环境保护"跨学科主题教学的切入点。

表 6.8 "环境保护"跨学科主题教学的切入点

	主要内容
活动导入	雾霾是近年来许多城市的困扰。不同于其他污染，雾霾是每个人都无法躲避的，因为没有人不出门、不呼吸。教师可以先调查学校所在地的空气污染指数，让学生对此有基本的概念。（网络上有动画清楚、浅显地解释了雾霾的危害，教师可以给学生观看，作为背景知识，拓宽其知识面。）对于语言能力比较差的学生，教师可以播放灾难片，如《2012》《后天》中的部分片段，请学生谈谈这些灾难出现的原因是什么，然后进入环保主题的学习。

跨学科主题式教学活动因为区别于传统的分科教学，以真实情景为学生营造学习氛围，所以对具体教学实施的场地、时间、手段、方式需求都是多样且具有挑战的。这需要教师提前做好准备工作，在实施的时候要清晰、准确地告知学生学习目标、任务、评价方式、时间、地点等要求。必要的时候可以提供适当指导和学习支架，防止学生在学习过程中背道而驰，当遇到有学习困难的学生时应及时给予个别化指导，例如提问、提示、演示、引导等。

因为跨学科主题式教学的内容区别于传统的理论知识学习，学生需要在课堂学习之前和过程中有大量的课下投入，查找信息、收集资料、实地调研、制订计划、汇报展示等，所以传统的终结性纸笔测验已经无法满足跨学科主题式教学的评价需求。要考评学生在真实世界或解决问题中的综合表现需要多元的评价方式，除了终结性评价外，还要重视过程性评价，开展诊断性、形成性评价，基于学生的学情和主题内容设计素养导向的评价方式和工具。常见的表现性评价方式包含演示、实验、调查、科研报告、口头描述、戏剧等，常见的表现性评价工具有量表、量规、档案袋等。

问题讨论

1. 说一说多学科主题式教学和跨学科主题教学的优点和缺点。
2. 谈一谈跨学科主题式教学设计与实施的核心要点。

本章小结

在倡导素质教育的背景下，跨学科主题式教学作为一种立足学生学习兴趣和社会发展需要，加强学科知识内容的内在联系，发挥课程协同育人功能的教学模式，符合新课改和新课标促进学生终身发展和综合能力培养的要求。本章主要围绕主题式教学的起源与发展、内涵与特征和主题式教学设计的实践路径进行了阐述，在此基础上以具体的案例对跨学科主题式教学设计与实施要点进行了分析。跨学科主题式教学作为一种落实学生核心素养发展的重要路径，目前在实践过程中仍存在如过度割裂学科、难以落地、评价方式单一等问题。在今后的教学实践和研究中尚需要自上而下地落实跨学科主题教学理念，从课程开发的角度联合各科教师系统地设计与实施，不断打磨优化、总结反思。

推荐阅读

1. 徐丽华. 小学主题式学科整合课的设计与实施[M]. 杭州：浙江教育出版社，2017.

2. 孙亚桂. 跨学科主题实践活动课程的探索[M]. 北京：新华出版社，2021.

3. 杨燕，邢至晖. 走向真实的学习：小学主题式综合实践活动课程设计30问[M]. 上海：华东师范大学出版社，2021.

4. 索德曼，李筠，贾浦江. 主题式教学：中小学汉语课堂教学设计[M]. 北京：外语教学与研究出版社，2016.

从表面看，美术、科技、音乐、计算机、动画、戏剧、娱乐、游戏、工程等领域之间没有明显的联系，而史蒂夫·乔布斯的过人之处就在于他看到了不同领域之间的联系，并将其整合在一起，创造了一种被称为"iPhone/iPad"的现象，成为一种全新沟通方式。目前，很多亚洲国家已经发展出一种综合科学、技术、工程、艺术和数学的STEAM理念，现象式教学则更进一步，因为它打破了学科之间的界限。在很多情况下，仅仅在科学类学科中添加艺术还远远不够，我们还需要添加人文科学和其他主题，以避免出现对思考限制过多的情况，并进一步拓展创造力。现象式教学就有助于通过个人探究来看清这些学科和领域之间的联系。

第一节　现象式教学概述

学习提要

1. 了解现象式教学的起源。
2. 说出现象式教学的内涵。

一、现象式教学的起源

到底是把世界分割成学科进行解读，还是作为有意义的整体进行探究与解释？学生需要的是碎片化的独立现实，还是将世界上的多重现实进行整合思考？关于这两个问题，芬兰率先提出的现象式教学无疑给了我们答案。学生所面对的是各类真实的生活现象，而每一种现象都是复杂的、涉及众多学科的，这也就决定了我们需要用完整的视角来引导学生展开学习。

（一）现象式教学的提出背景

现象式教学作为一种能够有效提升学生学习能力的教学模式被提出，主要源于以下几点。

1. 全球经济的高速发展对教育提出的新要求

在全球化背景下，世界各国的经济、文化都在发生着变化，社会结构的转型、知识经济的到来都对人才的培养方式有了新的需求。作为人才供给方的学校，是否具备与时俱进的课程结构及内容，是否采取符合时代发展的教育教学方式，对国家教育的整体发展有着至关重要的影响。基于此，芬兰对本国的教育教学进行了改革，以有效提高教育质量，为国家发展输出更具创新性的人才①。正如芬兰教育委员会课程发展中心主任伊尔梅利（Irmeli Halinen）提出的"在我看来，因为世界一直在变化，我们必须要思考和重新思考有关学校的一切事物，我们还必须认识到社会和工作中需要的能力已经发生了改变。"

2.分科教学的客观局限呼唤着"现象教学"

PISA是经济合作与发展组织（OECD）于2000年发起的对基础教育进行跨国家（地区）、跨文化的学生评价项目，主要是对15岁在校生的科学、数学、阅读素养等核心素养进行测评，并对影响学生素养的关键因素进行问卷测评，以科学反映学生参与未来社会生活的能力，为教育教学改进提供有效证据。从2000年开始，芬兰数次名列前茅的好成绩引起了人们对这个只有550万人口国家的关注。但在2012年65个国家（地区）公布的成绩中，芬兰却突然下跌至12名，这在芬兰乃至全球引起了热议。芬兰政府迅速认识到学科教学固有的局限和当前世界对人才的要求存在着不可避免的矛盾，面对瞬息万变、知识不断更新的信息社会，学生的学习如果仅仅掌握固有的学科知识是远远不够的。因此，作为新一轮课程改革的核心之一，芬兰提出了"现象教学"，这种模式有利于培养新时代所需的综合性人才，以适应不断更新的社会局势与激烈的国际竞争，促进社会乃至国家的发展②。

除此之外，芬兰的教师兼具全科制、研究型和自主权于一身，为"现象式教学"提供了重要的师资保障；当地学校的教育资源，特别是"1+N"开放型教室模式，为学生提供了自主探究的场景，为实施"现象式教学"提供了空间支持和基础设施保障③；不断重塑与优化教育评估体系，将学生的能力和素养作为发展和评估的重点。这些都是现象教学能够在芬兰顺利实施的不可或缺的条件。

（二）现象式教学的主要目标

芬兰的核心课程改革所倡导的"现象教学"，其课程实施的目标主要是培养学生的横贯能力，也称为必要能力。所谓"横贯能力"，指贯穿于不同学科和领域所需的通用能力，通过对不同领域的知识和技能进行整合，满足学生适应未来学习、工作和生活的多种要求。横贯能力主要包括以下七个方面。

1.思考与学会学习

重在培养学生从环境中主动学习的意识和态度，发展他们观察、探究、评估、整理、生产并分享信息和想法的能力，为终身学习奠定基础，涉及创新思维、探究、学会思考、学会学习、问题解决、沟通能力等多个方面。

2.文化感知、互动沟通和自我表达

旨在培养学生适应多元环境、尊重人权、尊重多元文化，并以尊重为前提，在多元环境中沟通和表达自己的能力。语言是文化的主要载体，这一能力与母语和其他语言学科的学习有着天然联系，同数学、美术、音乐等学科也联系紧密，对这些内容的了解都有利于文化的交流和沟通。

① 俞建芬，蔡国英.芬兰"现象教学"的理念、内涵与启示[J].教学与管理（理论版），2019（33）：121-124.
② 俞建芬，蔡国英.芬兰"现象教学"的理念、内涵与启示[J].教学与管理（理论版），2019（33）：121-124.
③ 全球热捧的芬兰"现象式教学"大起底[EB/OL].（2018-02-14）[2022-08-13].https：//baijiahao.baidu.com/s？id=1592352378951940792&wfr=spider&for=pc.

3.自我照顾和管理日常生活

涉及与生活相关的健康、安全、与他人关系、交通、应对新信息技术环境、烹饪、理财等多个方面,旨在培养学生对上述方面的组织和管理能力,以及面对未来复杂生活的积极心态。

4.多元识读

多元识读指能够获取、整合、修饰、阐释、生产、呈现,并且评估不同类型的文本,学习理解文化交流的不同类型并形成自我认同。文本包括文字、语言、图像、声音、数字以及视觉符号等多种类型。从结果上看,多元识读有助于学生理解文化的多样性并解释周围世界,有益于增进学生对道德和审美相关问题的思考,同时也有助于学生批判性思维和自学能力的发展。

5.信息及通信技术(ICT)

该能力主要包括四个方面内容:一是了解ICT使用的基本原则、运行的基本原则以及核心概念;二是ICT的安全性问题;三是ICT的应用包括信息管理、信息挖掘和创造性工作;四是ICT的实践操作能力。这些养在如今这个信息化的时代显得尤为重要。

6.职业技能和创业精神

职业技能和创业精神是指能够理解工作和企业的价值与潜在价值,了解作为社会成员的个人责任,以及具有面对职业和未来生活的积极态度。随着技术发展和经济全球化,工作、职业及其性质都在不断变化,在基础教育阶段培养学生对未来工作和生活的积极态度十分重要。通过项目活动,帮助学生积累未来工作的相关知识、学习创业的运行方式,让学生认识到能力对自身职业发展的重要意义。

7.参与、支持和构建可持续发展的未来

旨在培养学生参加公共事务的能力,形成作为社会公民的责任意识。为他们成为积极参与公共事务的未来公民打基础。只有通过实践才能获得参与公共事务的能力、形成对未来负责的态度,学校应为这些实践活动提供良好的环境,促进每一个学生参与[①]。

(三)现象式教学的确立历程

现象式教学的提出并不是一蹴而就的,而是有一个逐步确立的过程,具体如下:

2004年,芬兰《国家核心课程大纲》中提出"综合"和"跨课程主题"的概念,指出跨课程主题是教育和教学工作的重点,并确立了七个主题:"作为人的发展""文化认同与国际化""媒体技能与沟通""积极参与的公民和创业者""对环境的责任、福利和可持续未来""安全与交通""技术与个体"。

2011年,《2020芬兰教育与培训战略目标》中,继续提出基础教育的一个重要目标就是巩固公民技能和促进"跨课程教学与学习"等,使芬兰成为世界上学习文化构建的领先者,学习和教学更加强调合作的方法。

2012年,再次明确提出学校会有更多更广泛的、跨领域的专题教学。

2014年,《国家核心课程大纲》中明确提出了"基于现象的教学"这一新概念,主要将以多

---

① 罗卡.现象式学习[M].葛昀,译.北京:中信出版社,2021:71-224.

学科，基于现象、基于项目的形式进行教学[①]。

2016年，芬兰国家教育委员会全面掀起中小学新一轮的课程改革，核心之一就是基于主题的"现象式教学"。

值得注意的是，芬兰新课改提出的"现象式教学"，并不是要放弃传统学科，如数学、历史、美术、音乐、绘画等科目在今后照常开设，将要融合的主要是语言、地理、科学和经济等科目。依照芬兰国家课程大纲规定，"现象教学"的具体开展，一般是从小学到初中的每个年级，在保留传统学科教学的基础上，同时在学年中专门安排一个或多个学习阶段，每个学习阶段一般为几周，在特定的学习阶段内集中开展学科融合式的"现象教学"。

二、现象式教学的内涵

（一）现象

现象往往是指可被观测的事实，是指事物表现出来的能被人感觉到的一切情况（人能够看到、听到、闻到、触摸到）。按照是否有自然属性划分，现象可分为自然现象和社会现象。在现象教学情境中的"现象"往往超越物理、化学等学科现象的边界，融入更多社会现象，启发学生跨越学科的深度思考。

学习者可以从五个层次选择要探究的现象：第一，源自自我的现象，包括自我知识和生活管理等主题，培养元认知技能；第二，来自社区和社会的现象，如欧盟贸易、欧洲难民问题等与社会现象有关的主题，培养社会责任感；第三，有关文化的现象，如中国共产党建党100周年、芬兰百年独立史等历史文化话题，尊重文化多样性，培养文化认同感；第四，有关自然环境的现象，如气候变暖、冰河世纪等，培养人与自然的和谐关系；第五，有关现实结构的现象，包括不同科学、艺术学科知识，指导形成世界观。该层次模型有助于引导学习者认识不同层次的现象，理解真实世界并探索未知世界，逐步适应复杂多变的未来社会[②]。

综上，现象式教学中所指的现象不再是客观的、片面的知识。诸如北极圈内金枪鱼在水域深度的分布情况此类问题，这就可能涉及生物学、地理学、环境学，甚至政治学等多个领域[③]。长期以来，我们习惯于接受条理清晰、界限明确的分科教学。分科教学能够帮助学生更加系统地了解各个学科体系中的核心内容，但是不得不承认的是，生活中任何一种现象所涉及的学科都是多元化的，我们必须从整体的角度出发认识这个世界。以"冬季流感"现象为例，我们可以从医学、社会学、生物学等多个学科对其进行探讨，也只有从多个学科的角度出发对该问题进行探讨，我们才能够更加科学地认识并处理这一现象。

（二）现象式教学

现象式教学（Phenomenon Based Learning）或称"跨学科学习模块"，由芬兰国家教委会于

① 全球热捧的芬兰"现象式教学"大起底[EB/OL].（2018-02-14）[2022-08-13].https：//baijiahao.baidu.com/s？id=1592352378951940792&wfr=spider&for=pc.
② 赵晓伟，沈书生.为未来而学：芬兰现象式学习的内涵与实施[J].电化教育研究，2021，42（8）：108-115.
③ 张阳.芬兰现象教学法的管窥与启示[J].基础教育课程，2021（9）：75-80.

2014 年 12 月发布的 1 ～ 9 年级《基础教育国家核心课程大纲》中提出。现象式教学是指以真实世界现象为学习起点，在一定的情境中将相近的学科知识重新编排，形成学科融合式的教学模式；是从学习者前理解出发，在具身探究和社会参与中修正对现象的认识，进而创造多重表征意义的新型教学方式。

现象式教学不要求学习者获得有关真实世界的客观性、确定性知识，而是回归到事实本身，从现象出发去揭示真实对象呈现给学习者的样态，通过不同现象认识真实世界的复杂性，探究认识如何发生以及知识何以可能的问题。芬兰的现象式教学不主张进行分科教学，而是按照"基于生活、基于现象、基于项目"选择取材广泛的现象或话题，回应学习的价值与功能问题，强调促进学生主动学习、创造性学习，促使学生关注生活、勤于思考、学以致用。

问题讨论

1. 现象式教学起源于芬兰的原因有哪些？
2. 现象式教学的本质是什么？

第二节　现象式教学的设计路径

学习提要

1. 说出现象式教学的设计思路；
2. 依据相关设计路径尝试进行现象式教学设计。

现象式教学作为一种新生的教学模式，关于其设计路径有着一些不同的思路。芬兰赫尔辛基大学的科丝婷·罗卡教授在其介绍芬兰现象式学习的著作中提出，"没有单一正确的路径来执行现象式教学项目"[1]。对此，本节将主要介绍两种现象式教学的设计路径，以期为读者开展现象式教学提供借鉴与参考。

一、现象式教学的设计路径一

陈式华提出，现象教学的基本程序是：展示现象—描述现象和解释现象形成的原因及影响—现象的结果分析—解决方法分析。从教学实施环节看，现象式教学主要包括"现象或话题的选择与学时规划、教师备课与教学、学生学习与效果评估"三部分。在实施过程中，教师要注意调动学生的思维，让学生通过现象发现现象背后的本质和规律。

---

[1] 罗卡.现象式学习[M].葛昀，译.北京：中信出版社，2021：233-259.

（一）现象或话题的选择与学时规划

1.现象或话题的选择

现象或话题的选择必须基于生活现象、现实需要、学生特点，而不能选择虚拟的、幻想的、不真实的生活现象。各年级的话题由教师自主选择，选取的现象要具有一定的典型性，能揭示背后的规律。同时，学生必须参与选择和学时规划。一切生活的真实现象都可以作为教学的主题，教学的目的是让学生更好地回归生活。

2.学时的规划

一个现象或话题的学时根据教学需要确定，由于涉及的是多学科内容，因此学时一般是1学时以上，多的甚至可以到16学时。例如，芬兰2016年的《国家课程框架》中并没有规定学校现象教学的具体内容和话题，而是由各学校先自行试点和决定，然后在全国挑选优秀的现象或话题进行推广。

（二）教师备课与教学

小学阶段的现象教学一般由一位教师进行全科教学，该教师对现象或话题涉及的所有知识进行综合教学。在教学中教师不会人为地把知识刻意划分为各学科知识，强调的是知识的融合式教学。例如，小学三年级烹饪课，教师需要教会学生怎样做菜，要分析为什么这样做；要讲解烹饪温度、食物储藏与发酵所涉及的物理、化学、生物知识；食材搭配所涉及的营养学、色彩学知识；食材购买价格、时机、地点所涉及的经济学、地理学、交通、语言沟通等知识，这些知识都由一位教师在一定的时间段完成，如图7.1所示。

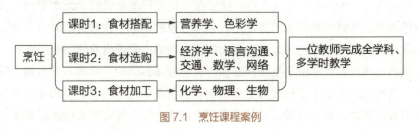

图 7.1 烹饪课程案例

（三）学生学习与效果评估

现象教学的学习方式不再仅仅是传统的学生被动地坐在教室听课或者等待提问，而是有更多自主学习、合作教学、研究性学习、社会实践。学习效果的评估主要包括自评、小组内部互评、师评三部分，既有细化的量化评价也有描述性的质化评价，既有过程评价也有结果评价，力求做到客观、公正、全面。教师教学效果的评估主要包括"学生对教师的评价，授课教师之间的互评"，目的是促进教师的教学发展[1]。

二、现象式教学的设计路径二

李雪等人在对芬兰的现象式教学进行介绍时，提出现象教学包括提出现象、探究现象、展

---

① 陈式华.现象教学：芬兰2016教改新模式[J].教育与教学研究，2016，30（11）：102-106+117.

示结果、进行评价等步骤。针对基础教育领域，每学年一次，学习时长为 2 ～ 4 周，有的班级在一段周期内开展，有的班级则分散开展，例如每天的学习时长为 1 ～ 2 小时，当天既有学科教学，又有现象教学[①]。

（一）提出现象

芬兰的"现象教学"首先需要确定现象或主题。现象是现象教学的中心，既可以由教师提出，也可以由教师和学生共同讨论决定。但是，由学生进行深度思考，充分调取已有知识和技能，并结合自己的兴趣提出的现象，更能激发学生的内部动机。除此之外，选择现象时还需要考虑时间、课程要求、学生已有的学习经验、兴趣爱好，以及思考现象与哪些学科知识相联系等要素。

（二）探究现象

在开展现象探究前，首先需要确定该现象教学项目最终要达成的目标。这一目标是多层次的，包括习得学科知识、技能；扩展视野，形成整体的世界观；获得情感、情绪上的愉悦；学会更好地与他人协作；能够进行深度思考，透过现象看本质等，这些目标均指向培养学生 21 世纪所必备的技能或七种横贯能力。目标可以由教师和小组学生共同达成，双方均了解目标能够使得学习过程更明确。

其次，需要对小组进行分工。分工时主要遵循的原则是最大限度兼顾每位小组成员的知识、经验、能力、兴趣，让其发挥作用。小组合作体现的是现象教学中学习者的关系，这一关系从当前的学习来看，能够促进问题的解决；从长远培养学生的综合素养来看，则是契合了横贯能力：与他人互动和在团队中进行自我表达。深度探究是进行现象式教学最主要的方式，体现的是人与现象的关系，任何现象都是错综复杂、包罗万象的，学生很难穷尽其方方面面，但是充分发挥主观能动性的深度探究则可以形成更为深度的理解，促进当前的问题解决。

另外，虽然在现象式教学中学生是核心参与者，但是目标的达成离不开教师与学生的共同合作。因此，在现象式教学中学科教师也要负责自己所教学科的内容，全程参与学生的学习过程，在必要时提供帮助，班级教师、校外专家都可以成为学生探究过程中的指导者，提供必要的直接或间接辅助、建议等。

（三）展示结果

当学生完成基于现象的主题后，需要给学生展示结果的机会，将学习结果可视化。学生拥有对学习结果的展示权，可以选择自己喜欢的方式展示小组成果，展示的形式不拘一格、多种多样。例如，有的学生喜欢用 PPT 的形式呈现小组的学习结果，有的学生喜欢将学习结果以视频的形式展示，还有的学生将学习结果以海报、动漫的形式展示。此环节能够激发学生的学习动机，同时有助于提升学生的信息技术能力。

[①] 李雪，陈国华.芬兰"现象教学"对我国课堂教学改革的启示 [J].内蒙古师范大学学报（教育科学版），2021，34（6）：16-22.

（四）进行评价

当各个小组将本组的学习结果呈现以后，就会进入最终的评价环节。从不同的评价主体来看，评价主要包含教师评价、学生自评、小组内部评价和他评。教师对学生的评价主要包括以下三点：一是对小组设置的研究目标进行评价，二是根据学生的参与度对表现进行评价，三是对学习结果的完成质量进行评价。学生自评与小组内部评价也是评价的重要部分，主要是学生和同伴对如何实现研究目标以及工作量分配等进行陈述。他评是指其他小组对某一小组的评价，其他小组可以指出被评价小组的优点与不足，也可以对被评价小组进行提问。除此之外，从不同的评价形式来看，包括质性评价和量化评价；从不同的评价目的来看，包括诊断性评价、形成性评价和总结性评价。教师可以在与学生相互商讨的基础上选定恰当的评价方式，发挥评价的发展性与指导性作用。

资料拓展

如何在学校开展和评估现象式项目

明娜·伯格是一名芬兰的全科教师，她的专业是教育心理学，她拥有在学校里开展现象式项目的经验。

现象式项目或现象式学习的理想开端是学生的一个问题或者他们开始思索生活中的一种现象。我们时常可以从不同的角度寻找这些问题的答案。例如，可以从政治、历史、生物、心理、地质，甚至是化学或数学的角度切入自然环境的问题。教师将现象式项目或现象式学习建构在课程计划内，自然而然地涉及多个学科，并且围绕着某一现象的教和学的方式是非常恰当和有巨大益处的。例如，课间休息有何价值和意义？为什么在不同国家使用不同货币？为什么我们有不同的时区？在现象式学习体验中，所有这些不同的角度都可以被整合起来形成一个完整的现象整体，而无须把现象切割成适合于不同学科的片段。

需要教会学生进行团队合作以获得最佳的学习体验。现象式项目是一个在真实情境下教授沟通及团队工作技能的绝佳机会，演练和学习这些技能的动机不仅与学习知识挂钩，而且与合作的态度完成工作相关。但无论是对教师还是学生，从项目一开始就明白这些目标至关重要，可以通过设定目标、分配职责以及告知学生评估的标准来实现。在这个阶段，教师需要对学生足够熟悉，才能有效地把学生划分为若干个小组，并保证这些小组具备实现既定目标的潜力。

应该同步设定目标和评估依据。在评估项目中，教师应当自始至终关注工作进程的不同阶段。除了最终的成果以外，评估还应聚焦在设计、工作阶段，选用的技术和对设备的挑选及管理上。换言之，对过程的评价和评估也很关键。评估需要同时考量独立进行和团队进行的工作，因此教师要帮助学生设立个体目标和团队目标。如何设定目标并根据进程制订平等分配工作量的计划也是不断评估和展示的一部分。评估的标准考虑到了如下因素：信息量，创造力，学生描述他们的学习、思想和对工作感受的能力；同时也不要忘记评估是否践行了合作精神，对共用工具和工作环境的维护也是评估的一部分。

在实际操作中，要引导学生遵循具有前瞻性的反馈原则，进行自我评估和互相评估，使连续不断地对多个学习小组同时进行评估成为可能。这意味着学生愿意帮助自己和同伴在学习的过程中实现最佳表现。但在期待学生能够使用评估方法前，要先教授他们如何使用。为了达成共识并使学生愿意在能使全班和学习小组都获益的项目中努力付出，最佳的方法是从一开始就使目标和评估标准一目了然，这样教师和学生都可以保持专注，学生能够获得深度学习的体验，而不是过不了多久就会忘记内容。对教师而言，这需要知识或是有意愿获得关于所研究的事物的知识、对现象式学习的了解、足够的互动技能，以便能创造和支持一种在个人和团队层面都有可能获得成功的氛围。

（资料来源：罗卡.现象式学习［M］.葛昀，译.北京：中信出版社，2021：233-259.）

问题讨论

1. 现象式教学设计的步骤有哪些？
2. 尝试围绕着"中国共产党建党100周年"进行相应的教学设计。

第三节　现象式教学的特征

学习提要

1. 了解现象式教学的发展特征。
2. 思考现象式教学对我国基础教育教学改革的启示。

一、真实性

"现象"一词源于希腊语，德国哲学家海德格尔将其表述为"就其自身显示自身者"。现象式学习中的"现象"可以是来自外部世界的真实对象，也可以是学习内容的系统框架或学习事物的隐喻框架。但是不可否认的是，在现象式学习中，学习者们所探究的内容并不是虚构的、不真实的，相反，学习者们都是以真实世界中鲜活的现实为起点展开学习[1]。学生可以在探究与自我的关系、与自然的关系、与社会的关系的过程之中，更好地激发自身学习的主动性与积极性，更加全面、立体地认识世界的复杂性所在。学生就生活在真实的世界之中，切实地感受着世界的方方面面。在未来，他们必将投身到更加复杂的社会生活之中，因此以真实世界中各种有意义的现象为学习起点，有助于学生更好地认识与适应社会生活。

---

① 赵晓伟，沈书生.为未来而学：芬兰现象式学习的内涵与实施［J］.电化教育研究，2021，42（8）：108-115.

二、情境性

现象式教学强调现象与个人视域、生命进程之间的关系。无论是学习者还是真实世界的现象，都不只是当下的存在，而是历史性的存在，因而学习者对现象的认识是具有情境性的，不仅体现为学习者自身的先验条件，还包含学习者将自身置于其中、现象得以发生的情境。现象式学习中，对现象的研究是从提出问题开始的，这些问题由学习者结合自己感兴趣的现象共同提出，不同学习者基于不同研究对象、方法和视角设计问题，根据自身的认知和情感体验，共同构成对所学内容的理解，这是学习者自身先验条件的体现。除此之外，学习者一定是在当下的情境中对存在于某个情境的现象进行探究。

三、具身性

具身认知理论认为，身体的解剖学结构、身体的活动方式、身体的感觉和运动体验决定了我们怎样认识和看待世界，我们的认知是被身体及其活动方式塑造出来的[1]。而现象式教学则正是学习者在亲身体验中的身体、认知和真实世界的有机统一，这种统一以身体为基础：首先，身体是功能性的，是对真实对象的知觉以及与其作用的可能性条件。其次，身体是运动性的，学习者在与真实世界的互动中产生动觉经验，通过觉知到自己的身体，以及身体与真实世界的作用方式，知觉到对象并获得认识。最后，身体是情境性的，学习者在亲身体验真实世界的过程中不断与对象相互作用，这是由将身体情境和知觉对象情境联系起来的共同性规定的。现象式教学需要学习者全身心地参与，在这种参与中，学习者的身体与认知也在不断相互作用，从而实现对真实现象的深度认识[2]。

四、社会性

现象式教学中，对真实对象的客观认识的获得方式区别于传统教学中教师单方面的讲授，而是由不同的交互主体构造的，这种交互作用直接影响着现象式学习的效果。为了尽可能了解真实对象的多个侧面，现象式学习主张组建学习共同体，在社会交互中促进认识的发生，即基于不同研究视角形成研究小组，针对现象中的特定问题进行合作探究，通过分享交流帮助学习者从多个方面理解与解释现象，这种合作可以是师生之间或生生之间，同时也可以发生在学习者与其他能够提供学习资源与支持的专家或人员之间[3]。在这种社会性的交互作用中，学生对现象的认识逐步明晰，获得新知。

问题讨论

1. 现象式教学的发展特征主要有哪些？

① Niedenthal, P. M., Barsalou, L. W., Winkielman, P., Krauth-Gruber, S., & Ric, F.（2005）. Embodiment in attitudes, social perception, and emotion. Personality and Social Psychology Review, 9, 184-211.
② 赵晓伟，沈书生. 为未来而学：芬兰现象式学习的内涵与实施 [J]. 电化教育研究，2021，42（8）：108-115.
③ 赵晓伟，沈书生. 为未来而学：芬兰现象式学习的内涵与实施 [J]. 电化教育研究，2021，42（8）：108-115.

2. 现象式教学对我国基础教育教学改革的启示有哪些?

本章小结

现象式教学能够充分发挥学生学习的主观能动性,引导学生以更加完整的视角看待整个世界的发展,从而成为具有创造性的未来人才。本章主要介绍了现象式教学在芬兰产生的社会背景及其目标所在,说明现象式教学是指以真实世界现象为学习起点,在一定的情境中将相近的学科知识重新编排而形成学科融合式的教学模式,强调从学习者前理解出发,在具身探究和社会参与中修正对现象的认识,进而创造多重表征意义的新型教学方式。在此基础上,本章介绍了两种现象式教学的设计路径,分别是"现象或话题的选择与学时规划、教师备课与教学、学生学习与效果评估"和"提出现象、探究现象、展示结果、进行评价"。除此之外,本章提出现象式教学具有真实性、情境性、具身性、社会性四大特征。

推荐阅读

1. 罗卡. 现象式学习 [M]. 葛昀, 译. 北京: 中信出版社, 2021.

2. 桑锦龙, 王凯, 等. 芬兰中小学科学教育观察 [M]. 北京: 北京师范大学出版社, 2021.

3. 王奕婷, 陈霜叶. 芬兰"现象学习"的发展与启示: 访"现象学习"的创建者科丝婷·罗卡 (Kirsti Lonka) 教授 [J]. 全球教育展望, 2022, 51 (4): 33-44.

4. 李香玉. 现象式学习, 来自芬兰的"教育秘籍" [J]. 教育家, 2021 (41): 33-34.

5. 倪中华. 芬兰的"现象教学": 基于跨学科理念的项目式学习 [J]. 上海教育, 2021 (24): 70-71.

6. 赵晓伟, 沈书生. 为未来而学: 芬兰现象式学习的内涵与实施 [J]. 电化教育研究, 2021, 42 (8): 108-115.

7. 张阳. 芬兰现象教学法的管窥与启示 [J]. 基础教育课程, 2021 (9): 75-80.

8. 王伟. 芬兰现象教学述介: 兼对我国基础教育课程改革的理性思考 [J]. 教育情报参考, 2018 (16): 3-7.

9. M. MERILÄINEN, PIISPANEN M. Learning as a phenomenon - manuscript of phenpmenon based learning [J]. edulearn12 proceedings, 2012: 5447-5454.

10. WAKIL K, RAHMAN R, HASAN D, et al. Phenomenon-Based Learning for Teaching ICT Subject through other Subjects in Primary Schools [J]. Journal of Computer and Education Research, 2019, 7 (13): 205-212.

第八章　如何进行项目化学习设计

近年来，我国大中小学大规模开展项目化学习的探索，基于项目和真实问题情境的学习，富于挑战性的驱动问题，让学生更深入地面对问题、解决问题，发布项目产品或学习成果，锻炼学生的综合能力和应对未来挑战的能力。项目化学习凭借其优势成为我国大中小学教育教学变革的重要抓手，是落实培养核心素养的有效途径和方法。[①]北京、上海、浙江、深圳等区域均有不同的推进项目化学习的行动，以项目化学习的实践和研究为着力点，促进义务教育学校教与学方式变革，不同程度地构建项目化学习实践共同体。国内项目化学习实践呈现"自上而下"推动和"自下而上"探索相结合的发展态势。

第一节　项目化学习的内涵与特征

学习提要

　　1. 理解项目化学习的内涵。
　　2. 明晰项目化学习的特征。

一、项目化学习的内涵

（一）项目化学习的由来

项目化学习起源于美国，是在杜威"做中学"教学理论的基础上发展而来的。[②]目前，国内关于项目化学习的表述有："基于项目的学习""项目学习""项目式学习""项目化学习"等，均出自对Project-Based Learning的不同翻译，简称PBL。

美国著名教育家克伯屈于1918年首次提出"项目"的概念，是指学生通过完成与真实生活密切相关的项目进行学习，是一种充分选择和利用最优化的资源，在实践体验、内心吸收、探索创新中获得较为完整而具体的知识，形成专门的技能并获得发展的实践活动。在"项目"概念的基础上，克伯屈提出"设计教学法"（Project Methods），即通过有目的的活动单元设计，打通学科，联系实际生活，让学生自主负责计划与实行，完成表现学习的成果。这成为项目化学

---

① 茆婷婷.PBL驱动中小学优秀传统文化教育实施策略［J］.教育教学论坛，2022（1）：148-152.
② 茆婷婷.基于项目式学习的语文教学设计与实施：以"绘本故事创作"项目式教学为例［J］.陕西教育，2020（4）：30.

习的早期版本。

美国巴克教育研究所成立于 1987 年，致力于项目化学习研究和实践指导及推广。它对项目学习的定义是：项目学习是一套系统的教学方法，是对复杂、真实问题的探究过程，也是精心设计项目作品、规划和实施项目任务的过程，在这个过程中，学生能够掌握所需的知识和技能。[①]国内外早期的项目学习研究均受到巴克教育研究所的影响，巴克教育研究所对项目学习的定义一度被奉为权威。

（二）项目化学习的基本内涵

随着项目化学习研究和实践的发展，项目化学习研究者们对项目化学习的基本内涵达成了共识。根据项目化学习研究者们的界定，项目化学习主要包含以下要素：真实的驱动性问题；学生在真实情境中对这个驱动问题展开探究；学生经常用项目化小组的方式学习；学生运用各种工具和资源促进问题的解决；学生最终产生可以公开发表的成果。[②]因此，项目化学习是从现实问题出发，设计真实、富有挑战性的问题，学生通过自主探究、小组协作等，借助信息技术以及多种资源开展探究活动，尝试创造性地解决问题，形成相关项目成果的学习活动。

二、项目化学习的特征

巴克教育研究所在其官网发布了"项目设计黄金标准"和"项目教学黄金标准"。其中，项目设计标准包括富有挑战性的问题、持续性的调研、真实性、学生的发言权与选择权、反思、评价和修正、公开的作品 7 条；项目教学标准包括策划与设计、符合标准、营造文化、过程管理、提供学习的脚手架、持续性的评价、参与和指导 7 条。这些标准为高质量的项目设计与实施提供参考和指引。

根据美国学者约瑟夫·S.克拉斯克和菲莉丝·C.布卢门菲尔德等人的研究，PBL 是一套设计学习情境的完整方法，主要有五大特征：驱动问题、情境探究、协作、技术工具支持学习、创造制品。[③]

（一）驱动问题

从一个需要解决的问题开始学习，这个问题被称为"驱动问题"。驱动问题对于学习者而言是有意义的重要问题，是 PBL 的核心。驱动问题指向真实世界中的问题，包含有价值的内容，创设一种情境引导学生开展探究性学习实践活动，以加深学生对知识的理解。教师在驱动问题的设计中要维持学生对驱动问题的注意力，帮助学生认识驱动问题的价值，通过对课程标准和教学内容的深层考察把探究的各种观点联系起来。高质量的驱动问题有五大特点：可行性、价值性、情境性、意义性、道德性。

---

① 巴克教育研究所.项目学习教师指南：21 世纪的中学教学法：第 2 版 [M].任伟，译.北京：教育科学出版社，2008.
② 夏雪梅.项目化学习：连接儿童学习的当下与未来 [J].人民教育，2017（23）：59–61.
③ 索耶.剑桥学习科学手册 [M].徐晓东，等译.北京：教育科学出版社，2014：369–388.

（二）情境探究

学生在一个真实的情境中对驱动问题展开探究，解决问题的过程类似学科专家的研究过程，学生在探究过程中学习及应用学科思想。传统课堂的活动一般是短暂的，方法和内容较为固定，鲜有研究性的活动设计和过程，而项目学习活动则要求学生充分参与到实践活动中。在情境的设计中，教师需要考虑帮助学生设计与情境相符的调查方案、项目实施步骤或项目反思与总结。

（三）协作

PBL为学生、教师和社会成员彼此协作、调查问题、交流思想提供机会，教师、学生、社会成员参加协作性的活动，一同寻找问题解决的方法，与专家解决问题时所处的社会情形类似。学生之间可以协作，也可以师生协作或与他人协作，发现问题、提出问题、探究问题、讨论问题、解决问题等。学生往往不会自主地跟他人协作，教师需要创设多元对话窗口帮助学生建立协作关系，引导学生学会倾听，并对不同的思想进行比较，启发学生批判性地思考。

（四）技术工具支持学习

学习技术给学生提供脚手架，帮助学生在参与活动的过程中提升能力。技术工具能够促进课堂环境的转变，让学生接触到互联网上的大量信息、数据，绘制图表、整理数据、分析数据、创建模型、制作多媒体作品，并在网络中与别人协作，使学习者积极地构建知识，极大地拓展了课堂视野，为教师的教与学生的学提供多元支持。

（五）创造制品

学生要创制出一套能解决问题的可行性产品，又称为制品，是课堂学习的成果，可以公开分享。制品是知识建构的外在表现，要体现驱动问题，表现出学生逐渐深入的理解能力，支持学生发展与PBL目标相关联的理解能力，发挥制品的效用。学生制品包括试题模型、视频、绘画、戏剧、网站、游戏等。学习科学的研究表明，学生在创造制品的时候学习效果更好，对学生制品的反馈也在学习过程中起到重要作用。

问题讨论

1. 什么是项目化学习？
2. 项目化学习的特征是什么？

第二节 项目化学习的设计与实施

学习提要

1. 了解项目化学习的类型。
2. 设计项目化学习的过程。

一、项目化学习的类型

PBL依照学科划分可分为单一学科类和跨学科类。单一学科聚焦某一具体学科内的项目化学习设计；跨学科为两个或两个以上学科的融合，如科学、数学与信息科技的融合。依照项目内容划分可分为人文类、科技探索类、社会实践类等。人文类的项目化学习聚焦人文历史艺术领域，学习成果有设计类作品、网站、视频、表演等；科技探索类的项目化学习聚焦自然科学领域，联结现实设计项目化学习活动，学习成果通常为手工科技产品、模型等；社会实践类的项目化学习聚焦社会发展和实践探索，结合现实问题设计探究性的项目化学习活动，学习成果有报告、调研作品、视频、网站、宣传海报等。

根据上海市教育科学研究院夏雪梅的观点，按照项目化学习所覆盖的学科领域范围，我们可以将项目化学习划分出以下类型：课堂内外的微项目化学习、学科项目化学习、跨学科项目化学习、超学科项目化学习（图8.1）。[①]

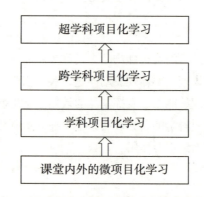

图 8.1 覆盖不同学科范围的项目化学习类型

（1）微项目化学习是指在不改变课时的情况下，在课堂上为学生提供 15～20 分钟的长时段探索性项目任务，或者在课外用类似实践性作业的形式对某个内容或主题进行小探索。

（2）学科项目化学习主要是以学科的关键概念或能力为载体，进行合作性的探索和问题解决。虽然载体是学科，但是在此过程中还会生发跨学科素养，如创造性、批判性、合作与沟通等。

（3）跨学科项目化学习则是通过整合不同学科的知识和能力，共同指向真实情境中的问题探索与解决，其中交织着来自不同领域的知识和跨学科素养。

---

① 夏雪梅.项目化学习：连接儿童学习的当下与未来 [J].人民教育，2017（23）：59–61.

（4）超学科项目化学习没有明确的学科界限和学科课程标准，更多的是为了促成学生对整个主题和超越学科的大概念，如结构与功能、因果关系等的理解。

无论哪种类型的项目化学习，在实践过程中都要让学生真正参与，有机会提出问题，进行批判性阅读与思考，让学生进行智力上的调整，进入深度学习。我们在项目化实践过程中，往往也会依据PBL提供的历时时间和涉及学科范围将项目化学习分为大项目和小项目。大项目通常历时2～4周，甚至更长时间，涉及跨学科课程整合和超越学科的大概念理解；小项目通常历时1～2周，涉及1个主题、某一具体学科或与相关其他学科发生关联的项目探索（表8.1）。大项目无论从项目设计还是从项目实施的角度，相较小项目需要花费更多的时间和精力。

表8.1　依据历时时间和学科范围划分的项目化学习类型

项目类型	小项目	大项目
项目历时	1～2周及以下	2～4周及以上
涉及范围	1个主题/学科内/多学科	跨学科、超学科
活动范围	以课堂内为主	以课堂外为主
技术工具使用	有限定的	广泛的
合作伙伴	1位教师或几位	多位教师及校外人员
项目成果观摩者	学生、教师（校内为主）	名人、专家、家长、社会人员（校内外）

二、项目化学习的过程

在项目化学习设计与实践过程中，我们往往围绕具体的"项目"，以项目思维开始项目化学习的设计。项目化学习的过程主要包括：项目启动、方案设计、项目实施、成果展示和评价反思五个环节。

（一）项目启动

项目选题和驱动问题的设计，是项目启动环节最重要的内容。依据不同学科的课程标准、教学大纲、教材，结合生活实际选择有价值的题目，设计有意义的驱动问题，思考项目目标。项目目标必须体现学科核心素养和综合能力的培养，激发学生学习兴趣，促进真实有效的学习发生。比如，针对部编版小学三年级《一幅名扬中外的画》，设计关于《清明上河图》的项目，驱动问题为"为什么《清明上河图》可以名扬中外"，引导学生通过信息搜集、阅读文献、艺术作品鉴赏等方式展开探究。我们以各小学广泛开展的游学活动为例，游学活动可以孵化为具体的项目化学习活动。以"探访历史文化名城——西安"为例（表8.2），创设具体的情境，让学生自主设计游学方案，进行游学规划，就是一个不错的项目化学习设计。

表8.2　项目启动阶段的项目名称和驱动问题设计案例

项目名称	探访历史文化名城——西安
驱动问题	近期学校将组织研学活动，同学们可以组队自己设计1份游学方案并实施吗

（二）方案设计

教师在方案设计阶段需要进一步明确项目目标，设计项目化学习实施流程，为项目的开展设置具体的情境或场景，激发学生参与项目的动机，为学生信息资源的获取提供指导和咨询。同时，引导学生分解项目目标和学习问题，指导学生进行团队分工，尽可能为学生创设自主学习和协作学习的环境，制定学习清单，确定项目实施步骤。学生则在教师创设的情境中思考本项目小组解决问题的路径，设想解决问题方案，并进行团队分工。以"探访历史文化名城——西安"为例，确定项目目标如下：

目标1：了解西安的地理位置、地形与气候的关系；

目标2：学会利用数学统计知识进行科学的经费预算、数据分析，根据结论合理规划游学路线；

目标3：通过互联网进行相关资料的搜集，使用信息技术软件等工具对信息进行分析、加工和处理；

目标4：了解跟西安相关的历史文化，梳理西安历史文化发展的脉络，说明西安历史文化的主要特点；

目标5：从美食、建筑、人物等角度展开对西安的探究，制作简单的游学攻略，总结梳理自己的游学经历。

根据项目目标制作学习清单，分解项目目标和学习问题（表8.3）。

表8.3　学习清单

项目名称	探访历史文化名城——西安
驱动问题	近期学校将组织研学活动，同学们可以组队自己设计1份游学方案并实施吗
项目目标1	了解西安的地理位置、地形与气候的关系
目标1子问题	1. 西安的地理位置在哪里，学校距离西安的距离，选择哪种合适的交通工具方便
	2. 西安的地形特点，西安是否适合研学
	3. 西安的气候特点，预定的出行时间段的天气怎么样，准备哪些衣物合适
项目目标2	学会利用数学统计知识进行科学的经费预算、数据分析，根据结论合理规划游学路线
目标2子问题	1. 本次游学的基本费用由哪些部分构成
	2. 不同交通工具费用差异及时间安排
	3. 不同游学路线的时间成本，景点的参观顺序如何安排最合理

（三）项目实施

项目实施环节主要是指落实项目学习目标和任务，按照计划推进项目实践，凝练具体的项目成果。学生是项目实践的主体，教师是项目实践的引导者。学生以小组协作的方式进行资料搜集、实地考察、专家访谈、问卷调查、科学观察等开展项目探究。学校和教师为学生提供多元学习空间和技术工具的支持，如适合小组讨论的研讨室和课桌、电脑、电子白板、便利贴等。教师可设计多样化的学习清单，促进学生在项目实践过程中不断反思、总结，如KWL表单（表8.4）、小组学习日志（表8.5）、小组调研活动小结（表8.6）等。基于证据导向的项目化学习实践鼓励学生和教师记录项目实施的过程，保留丰富的项目过程性资料，包括工作日志、会议纪要、小组活动报告、笔记、图书检索记录、放弃的想法、原型设计等。

表8.4　KWL表

K（know）对于这个问题我知道了什么？	W（want to know）对于这个问题我想知道什么？	L（learned）对于这个问题我学到了什么？
在项目开始阶段填写	在项目探究活动中填写	在项目结尾时填写

表8.5　小组学习日志

项目名称：	姓名：	日期：
学习目标		
我们已经成功完成了哪些？		
我们后续行动的步骤是什么？		
我最担心的问题或困惑是什么？		
我学到了什么？		

表8.6　小组调研活动小结

项目名称：	姓名：	日期：
我已经做的调研有哪些？		
我采取的调研步骤是什么？		
通过调研，我的主要发现是什么？		
通过调研，我学到了如何做好这些事情：		
根据教研结果，我觉得我们的项目应做如下调整：		

（四）成果展示

项目化学习的设计要为学生创造成果展示的机会和平台，并对学习成果进行必要的评价和反馈。项目的成果可以是多种多样的，例如专题报告、海报、戏曲表演、诗歌、辩论、调研报告等，或者是实物模型、动能装置、流程图、实验设计、博物馆展品、综合网站、视频等形式。项目成果的作品可以划分为以下类型：

（1）书面类：研究报告、海报、调研报告等。

（2）展示类：演讲、辩论、舞蹈等。

（3）技术类：APP、网站等。

（4）制作类：模型、装置、产品等。

（5）媒体类：公众号、视频、纪录片等。

（6）培训类：课程设计与实施、公益宣传课程、网络在线课程等。

以"探访历史文化名城——西安"为例，成果展示的内容可以有动员演讲、西安城市介绍海报、具体行程规划安排表、必备出行物品清单及注意事项、游学手册等。

（五）评价反思

在评价反思阶段，采用质性评价与量化评价相结合、直接评价与间接评价相结合、自评与他评相结合的方式，通过多元评价维度强化对项目化学习过程的评价，注重提高学生自我评价、自我反思的能力，引导学生合理运用评价结果改进学习，关注学生真实发生的进步。在评价反思阶段，学校和教师可邀请多方校外人员参与评价，设计具体、科学、可操作的学习量表，帮助学生进行自评（表 8.7）和小组互评（表 8.8），从多角度评价学生学习过程的表现和学习成果，支持学生理解力的发展，促进学生多元反思。评价量表的设计步骤一般包括参考范例、设定目标、评估项目、设定等级、细项说明、测试修正等环节。

表 8.7　项目参与评分表（自评）

评价维度	A	B	C	D	E	分数
对讨论的贡献（10分）	9～10分	7～8分	4～6分	1～3分	0分	
	我贡献了很多想法和相关信息，在小组活动中的表现非常活跃	我积极参加讨论，对小组讨论做出了很多贡献	我有时参加讨论，没有持续参加讨论	我参加过/很少参加讨论	我选择不参加讨论	
职责（10分）	9～10分	7～8分	4～6分	1～3分	0分	
	我自愿完成任务，并在小组成员需要的时候帮助他们	我及时完成任务	我基本完成任务	我完成部分任务，有些任务完不成	我没有完成任何我应该完成的任务	
小组协作（20分）	16～20分	11～15分	6～10分	1～5分	0分	
	我分享我的想法，在小组合作的基础上贡献相关信息	我积极参与小组协作的任务，配合小组其他成员	我在别人带领和鼓励下参与小组协作	我很少参与小组活动，对小组协作的任务少有贡献	我不想参与小组协作	
反馈（10分）	9～10分	7～8分	4～6分	1～3分	0分	
	我能很好地发言并倾听同学的反馈，仔细考虑他们的想法	我经常听取小组成员及其他同学的想法	我对其他同学的意见和想法关注得比较少，采纳的意见少	我很少关注其他同学的意见和想法	我不喜欢采纳别人的意见，不想听别人的反馈	

评价维度	A	B	C	D	E	分数
	16～20分	11～15分	6～10分	1～5分	0分	
代表发言（20分）	我积极主动代表小组发言，完整清晰地讲述小组做法，大方展示小组解决问题的过程	我经常代表小组发言，较好地展示小组学习进度和过程	我可以代表小组发言、陈述小组观点，展示小组做法	我在鼓励和帮助下偶尔代表小组发言，陈述小组的观点和意见	我不愿意代表小组发言	
	9～10分	7～8分	4～6分	1～3分	0分	
评价（10分）	我积极主动评价其他小组的发言，并乐于提出自己的建议	我能评价其他小组的发言，可以提出自己的建议	我有评价过其他小组的发言，不能给出自己的意见	我很少参与评价，很少给别的小组提意见	我没有参与过评价	
自评总分						

表 8.8　项目参与评分表（互评）

评价维度	A	B	C	D	E	分数
	9～10分	7～8分	4～6分	1～3分	0分	
对讨论的贡献（10分）	他贡献了很多想法和相关信息，在小组活动中的表现非常活跃	他积极参加讨论，对小组讨论做出了很多贡献	他有时参加讨论，没有持续参加讨论	他参加过/很少参加讨论	他不参加讨论	
	9～10分	7～8分	4～6分	1～3分	0分	
职责（10分）	他自愿完成任务，并在小组成员需要的时候帮助别人	他及时完成任务	他基本完成任务	他完成部分任务，有些任务完不成	他没有完成任何他应该完成的任务	
	16～20分	11～15分	6～10分	1～5分	0分	
小组协作（20分）	他分享自己的想法，在小组合作的基础上贡献相关信息	他积极参与小组协作的任务，配合小组其他成员	他在别人的带领和鼓励下参与小组协作	他很少参与小组活动，对小组协作的任务少有贡献	他不想参与小组协作	

评价维度	A	B	C	D	E	分数
反馈 （10分）	9～10分	7～8分	4～6分	1～3分	0分	
	他能很好地发言并倾听同学的反馈，仔细考虑他们的想法	他经常听取小组成员及其他同学的想法	他对其他同学的意见和想法关注得比较少，采纳的意见少	他很少关注其他同学的意见和想法	他不喜欢采纳别人的意见，不想听别人的反馈	
代表发言 （20分）	16～20分	11～15分	6～10分	1～5分	0分	
	他积极主动代表小组发言，完整清晰地讲述小组做法，大方展示小组解决问题的过程	他经常代表小组发言，较好地展示小组学习进度和过程	他可以代表小组发言、陈述小组观点，展示小组做法	他在鼓励和帮助下偶尔代表小组发言，陈述小组的观点和意见	他不愿意代表小组发言	
评价 （10分）	9～10分	7～8分	4～6分	1～3分	0分	
	他积极主动评价其他小组发言，并乐于提出自己的建议	他能评价其他小组的发言，可以提出自己的建议	他有评价过其他小组的发言，不能给出自己的意见	他很少参与评价，很少给别的小组提意见	他没有参与过评价	
互评总分						

针对项目化学习效果的研究表明，项目化学习是落实核心素养的有效途径和方法。作为一种以学生为中心的教学方式，在国内外基础教育阶段和高等教育阶段都得到广泛的推广及应用。项目化学习成为越来越多一线学校教育教学改革的抓手（表8.9）。

表8.9　PBL设计模板

项目名称	
学科 （填写涉及学科）	
项目时间	
年级	
项目目标 （依据国家课程标准、教材）	
项目目标 （依据学生综合能力、素养）	项目目标是结合项目内容、核心概念、素养（能力）水平、学习手段的综合表述。学习手段应体现自主、探究、实践等学习方式。
驱动问题	

项目实施	写清楚时间、阶段、具体过程描述以及阶段性进展/成果。项目实施过程包括一系列学习任务，每个学习任务包括学习活动、核心问题、时间安排等。通过学习活动引导学生对实践阶段的把握，包括探究、设计、讨论等环节。通过核心问题指导学生在解决过程中联系具体学科或领域的专业知识与思考，尝试运用高阶思维解决问题，引导高阶学习的发生。
项目成果	描述本项目最终成果的类型、形式和特点，项目成果要有一定的创新，体现创意学习。
项目评价	描述本项目的评价构成和评价方式，项目评价要体现过程性评价、表现性评价。

问题讨论

1. 举例说明项目化学习的过程。

2. 联系生活实际，设计1例问题导向的跨学科项目化学习课程。

本章小结

本章通过介绍项目化学习的基本内涵、特征、类型，回答什么是项目化学习的问题，通过对项目化学习过程的梳理和分解，结合具体的设计案例回答如何进行项目化学习的设计与实施问题。

推荐阅读

1. 张悦颖，夏雪梅. 跨学科的项目化学习："4+1"课程实践手册[M]. 北京：教育科学出版社，2018.

2. 夏雪梅. 项目化学习设计：学习素养视角下的国际与本土实践[M]. 北京：教育科学出版社，2021.

3. 夏雪梅. 项目化学习的实施：学习素养视角下的中国建构[M]. 北京：教育科学出版社，2020.

第九章　如何进行 STEM 教育

2022 年教育部颁布的新课程标准要求每门课程至少用 10% 的课时设计跨学科主题学习，同时注重与学生经验、社会生活的关联，加强课程内容的内在联系，突出课程内容结构化，探索主题、项目、任务等内容组织方式，这无疑为 STEM 教育的开展提供了实施载体和场域。那么，应该如何利用 STEM 教育理念设计跨学科学习呢？本章将为大家系统介绍 STEM 教育理念和实施路径。

第一节　STEM 教育的起源与内涵

学习提要

1. 了解 STEM 教育的起源与发展。
2. 理解 STEM 教育的内涵与特征。

一、STEM 教育的起源与发展

（一）STEM 教育的起源

从 STEM 教育发展历史来看，其起源于美国，强调科学、技术、工程和数学四门学科的有机融合。1958 年，美国国会颁布了《国防教育法》，加强对教育的干预，支持自然科学、数学和现代外语课程的改革，大力提高教育质量，培养能在国际竞争中取得优势的科技人才。

20 世纪 80 年代末，在世界自由市场经济浪潮的冲击下，经济全球化的发展和科技竞争日益激烈，对科技人才的需求不断增长。美国开启了自上而下的教育改革探索，纷纷出台各种政策、措施、议案、报告等，确保美国科技人才的持续输送。1986 年，美国第一个关于 STEM 教育的政策指导性文件《本科的科学、数学和工程教育》（Undergraduate Science, Mathematics and Engineering Education）报告由美国科学委员会（National Science Board，NSB）发布，首次提出了"整合科学、数学、工程和技术教育"，肯定 SME&T 的教育领导地位，逐步加大国家和社会机构对高等教育科学、数学和工程教育的投资与宣传力度，这标志着 STEM 教育的开端[①]。

---

① 李天露. 美国科学、技术、工程和数学（STEM）教育政策解读及其启示 [D]. 长沙：湖南师范大学，2015.

（二）STEM 教育的发展

1.国外 STEM 教育发展

美国把 STEM 教育放在重要位置，主要根源于军事与经济安全的国家目标，美国政府先后制定并发布了近 20 项与 STEM 教育相关的政府报告及政策，主要分为以下三个发展阶段。

（1）缓慢发展阶段。1986 年，美国颁布的《本科的科学、数学和工程教育》报告具有政策上的指导性，引导着以后数十年美国高等教育的改革方向。随着经济形势和信息技术的快速发展，没有专业技能或技术训练的人将面临严峻的工作考验。STEM 教育也出现了培养目标与社会发展和学生需求不匹配、不适应的情况，因此美国政府对 STEM 教育改革的需求和迫切性越发强烈。1996 年，美国国家科学基金会（National Science Foundation，NSF）发表了《塑造未来：透视科学、数学、工程和技术的本科教育》报告，对美国大学的科学、数学、工程和技术教育的十年进展进行了回顾和总结，并提出未来 SMET 教育的"行动指南"。该报告针对这十年本科 SMET 教育的发展成果和存在的问题提出具有针对性的策略和建议，并将重点转移到 K–12 阶段的 SMET 教育，强调 SMET 教育的师资力量培养和提高人的科学素养。2001 年以后，STEM 逐渐取代 SMET，成为四门学科的统称。

（2）加速发展阶段。2006 年，美国政府开始通过加大投资力度来提高其创新力和在全球范围的竞争力，为加快培养 STEM 专业人才的步伐，发布了《美国竞争力计划》（American Competitiveness Initiative，简称 ACI）。该计划强调了加强学校 STEM 教育和师资培育，培养 STEM 高素质专业人才是保持其全球竞争力的关键。2007 年，美国国会通过了《美国国家竞争法》，明确提出在教育板块加大对 STEM 教育的师资培养、教育研究、经费的投入[1]。该法案颁布后，联邦政府投资 433 亿美元，其中包括 STME 教师津贴、奖学金、知识计划、教师培训等。同年，美国国家委员会发表《国家行动计划：应对美国科学、技术、工程和数学教学系统的紧急需要》，加强国家层面对 STEM 教育的主导作用，特别强调注重 K–12 阶段和本科阶段的 STEM 教育衔接问题。紧接着 2008 年，美国国会研究中心（CRS）发布了《STEM 教育背景、联邦政策和立法行动》，规范了对 STEM 教师的学科背景和教师资格证书的要求，加大了对 STEM 师资项目的投资，为 STEM 教师的发展提供支持。从发布报告到设立法案，联邦政府和各州政府逐渐将教育改革重点转移到了 K–12 阶段。随后，美国先后出台各种教育政策改变 STEM 教育领域技术现状，成立非营利组织致力于促进中小学 STEM 教育课程的开发。

（3）平稳发展阶段。2011 年，美国国家科学委员会发布了《成功的 K–12 阶段 STEM 教育：确认科学、技术、工程和数学的有效途径》报告，正式关注 STEM 教育的公平问题，提出了三个重要目标：第一，提高学生对 STEM 学科的兴趣，增加辅修或主修 STEM 学位的人数；第二，提高女性和少数族裔等弱势群体参与到 STEM 领域的积极性；第三，号召全体公民都应提高 STEM 素养，动员全国力量支持美国学生发展高水平的 STEM 技能，开展创新教育运动[2]。2013 年，为响应奥巴马政府对 STEM 教育未来发展的规划，颁布了《五年 STEM 教育战略计划》，提升公众参与 STEM 教育或项目的热情，提高 STEM 本科教育与 K–12 优秀 STEM 师资培养。2016

---

① 朱学彦，孔寒冰. 科技人力资源开发探究：美国 STEM 学科集成战略解读 [J]. 高等工程教育研究，2008（2）：21–25.
② 马红芹. 美国 K–12 阶段"科学、技术、工程和数学"（STEM）教育研究 [D]. 南京：南京师范大学，2015.

年，美国研究所与教育部联合发布了《STEM2026：STEM教育中的创新愿景》报告，力求在实践社区、活动设计、教育经验、学习空间、学习测量、社会文化环境等方面促进STEM教育的发展，确保所有的学习者都能享有STEM学习体验，解决STEM教育公平问题，进而促进美国的竞争力[1]。此后，美国坚持大力投资STEM教育项目，提供高质量的STEM和计算机科学及编程课程，提升学生的STEM技能。

综上，美国的STEM教育是一项由美国联邦政府制定的，自上而下的国家长期教育发展规划，通过颁布和实施一系列政策和行动计划为STEM教育的开展提供全方位、系统的支持。进入21世纪后，在经济全球化背景下对创新人才的需求日趋明显，全球多个国家纷纷加入到了STEM教育改革的队伍中，积极推动本国STEM教育的发展。

2.国内STEM教育发展

相对来说，我国的STEM教育发展较晚，开展时间较短。2001年，教育部和科技协会发起了旨在提高全民创新思维和科学素养的"做中学"的科学教育改革项目[2]。2015年，李克强总理在政府工作报告中提出"大众创业、万众创新"大力发展创新产业链；2016年，教育部颁布了《教育信息化"十三五"规划》文件，明确指出"积极探索信息技术在众创空间、跨学科学习（STEM教育）、创客教育等新的教育模式中的应用，着力提升学生的信息素养、创新意识和创新能力"。这一纲领性文件标志着我国开始正式踏上STEM教育改革之路。

我国关于STEM教育的研究最早从2007年开始，秦炜炜、朱雪彦、孔寒冰等人针对美国的STEM教育政策或战略进行系列解读，详细地梳理了美国STEM教育的发展脉络和实施策略情况[3]。2011年，范燕瑞发表了首篇关于STEM教育研究的硕士学位论文《STEM教育研究——美国K-12阶段课程改革新关注》，该论文重点剖析了美国K-12阶段STEM教育现状和师资培养情况[4]。随后，开始出现了不同国家STEM教育发展现状的国际对比研究，逐渐将STEM教育的研究视角转向STEM教育课程，尝试基于信息技术、科学、通用技术、创客等课程探索STEM教育的落地方式。

2017年，中国科学教育研究院成立了STEM教育研究中心，先后发布了《中国STEM教育白皮书》《STEM教师能力等级标准（试行）》《中国STEM教育2029行动计划》等纲领性文件。"STEM教育2029行动计划"主要从STEM教育政策的顶层设计，实施STEM人才培养畅通计划，建设资源整合和师资培养平台，建设STEM课程标准与评价体系，打造一体化STEM创新生态系统和服务经济的教育与人才战略高地，推广STEM教育的成功模式等方面，对未来十年的STEM教育发展计划展开了详细部署。最新的2022年义务教育课程标准中也明确提到要强化学科内知识整合，统筹设计综合课程和跨学科主题学习。这些纲要和文件的颁布，为STEM教育在国内的开展提供了具有指导性的建议。

① 金慧,胡盈滢.以STEM教育创新引领教育未来：美国《STEM 2026：STEM教育创新愿景》报告的解读与启示[J].远程教育杂志,2017,35（1）：17-25.
② 周美华."做中学"科学教育探究[D].杭州：杭州师范大学,2006.
③ 朱学彦,孔寒冰.科技人力资源开发探究：美国STEM学科集成战略解读[J].高等工程教育研究,2008（2）：21-25.
④ 范燕瑞.STEM教育研究：美国k-12阶段课程改革新关注[D].上海：华东师范大学,2011.

二、STEM 教育的内涵与特征

（一）STEM 教育的内涵

STEM教育被公认为是科学（science）、技术（technology）、工程（engineering）和数学（mathematics）教育首字母的组合。对于STEM教育的含义到底是什么，学者们还未给出比较一致的意见，通过对现有的STEM教育内涵和定义研究发现，主要有两类不同的理解：一种认为，STEM教育是在脑科学、认知科学和教育科学研究基础上，有目的、有方法、有系统地将四门科学融合，解决真实世界问题的教育；另一种认为，STEM教育是以科学与工程问题的课程为主线，创造一个多维空间，为学生提供一系列具有一定程度关联性的学习经历，强调是一种学习方式或教学模式[①]。STEM教育并不是将科学、技术、工程、数学四类学科简单叠加，而是通过彼此之间有效融合形成一个有机的教育整体，从而培养学生的STEM素养。STEM素养是指个体在科学、技术、工程和数学领域，以及相关交叉领域中运用个人关于现实世界运行方式的知识和能力[②]。每一种学科素养都有其特定的含义，例如科学素养（Scientific Literacy）是指运用科学知识和过程（如物理、化学、生物科学和地球空间科学）理解自然界并参与影响自然界的有关决策的能力，主要包含生命与卫生科学、地球与环境科学、技术科学三大领域。技术素养（Technological Literacy）是指使用、管理、理解与评价技术的能力。学生应当知道如何使用技术，并且了解技术的发展过程，具备分析新技术如何影响自己、国家乃至整个世界的能力。工程素养（Technological Literacy）是指对技术的工程设计与开发过程的理解，一般基于项目的形式，整合多门学科知识，将难以理解的概念与学生生活密切融合，激发学生解决问题的兴趣。数学素养（Mathematical Literacy）指学生在发现、表达、解释和解决多种情境下的数学问题时，进行分析、推断和有效交流思想的能力。STEM教育提倡跨学科教育，以真实问题解决为任务驱动，在实践中应用知识、获得知识，使用多学科的思维方式解决实际问题，培养学生的问题解决能力、复合思维和创新思维[③]。

随着STEM教育的发展，美国弗吉尼亚科技大学学者Georgette Yakman提出了STEAM教育概念，即在原有的STEM基础上添加了艺术（arts）类课程，这里的arts元素，不单指艺术，还包含了如美学、社会研究、历史、哲学、宗教、语言、形体、音乐、表演等人文社科类科目[④]。具体的STEAM教育模型，如图9.1所示，底层是具体的课程，第二层是学科层，第三层是学科融合层，在STEM学科融合的基础上渗透了艺术类学科；第四层是STEAM层，开展STEAM教育，解决实际问题，培养跨学科思维；顶层是终身学习层，旨在融合各类跨学科知识，灵活应用，养成终身技能和素养，该模型清楚地说明了跨学科教育的实质。

从STEAM教育的目标来看，主要是培养学生的STEAM素养，即通过在真实的项目中实践，提升跨学科素养。从学习阶段来看，STEAM教育涵盖了从K-12、大学本科到研究生阶段的教

① 叶兆宁，杨元魁.集成式STEM教育：破解综合能力培养难题[J].人民教育，2015（17）：62-66.
② 秦炜炜.全球化时代美国教育的战略教育技术咨询[J].教育技术咨询，2007（10）：20.
③ 蔡慧英，顾小清.设计学习技术支持STEM课堂教学的案例分析研究[J].电化教育研究，2016，37（3）：93-100.
④ YAKMAN G. What－Where－How: Lessons learned in 10 years of STEAM[Z]（2016-11-17）.

育范围，代表了一种偏工科思维的文化素养，促进学生进行深度学习、探究学习和意义学习[①]。STEAM的教育理念以数学为基础，通过工程和艺术解读科学和技术。科学帮助人们认识世界的规律；工程和技术帮助人们根据社会需求改造世界；艺术帮助人们以美好的形式丰富世界；数学为人们的发展与应用科学、工程、艺术和技术提高思维方法和分析工具[②]。不管是STEM教育还是STEAM教育，都是鼓励学生从不同学科视角了解不同领域和真实世界之间的联系，提升学生综合运用知识技能解决现实问题的能力，促进跨学科思维和创造性思维发展[③]。

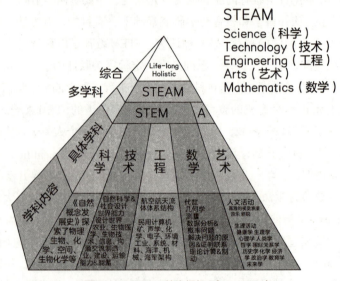

图9.1　STEAM教育框架-（Yakman）

（二）STEM 教育的核心特征

STEM教育是以跨学科整合的教学方式培养学生掌握知识和技能，并能灵活地进行知识迁移与应用，从而解决真实世界的问题。融合的STEM教育具备的核心特征有：跨学科、趣味性、体验性、情景性、协作性、设计性、艺术性、实证性和技术增强性等。

1. 跨学科

传统的分科教学将知识划分为不同的科目，虽然有利于模块化的知识讲授，但不能反映真实世界的问题。分科教学的弊端在当今科学技术比较发达的背景下已经逐渐显露，综合运用不同学科知识与技能解决实际问题的STEM教育应运而生，跨学科性就是它的核心特征。跨学科意味着在STEM教育中，不再将教学重点放在某个学科上，或过度关注学科界限，而是重在围绕特定的问题设计一系列学习活动，通过利用科学、技术、工程和数学等学科知识和技能解决真实问题，从多学科知识综合运用的角度实现跨越学科界限，提高学生解决实际问题的能力和跨学科学习素养[④]。例如，美国具有代表性的STEM教育项目"VEX机器人工程挑战赛"，学生

① 傅骞，刘鹏飞. 从验证到创造：中小学STEM教育应用模式研究 [J]. 中国电化教育，2016（4）：71–78+105.
② GEORGETTE YAKMAN. STEAM is EASY and FUN to be a part of[Z]（2018）.
③ 秦瑾若，傅钢善. STEM教育：基于真实问题情景的跨学科式教育 [J]. 中国电化教育，2017（4）：67–74.
④ 余胜泉，胡翔. STEM教育理念与跨学科整合模式 [J]. 开放教育研究，2015，21（4）：13–22.

在搭建机器人的过程中涉及了数学、物理、工程、科学、信息技术、艺术等学科，需要综合运用各科知识去完成真实的任务。

2. 趣味性

STEM 教育在实施的过程中，通常采用具有真实情境或基于问题解决的项目，把学科知识和日常生活问题充分融入相关问题和活动中，使科学知识和工程设计具有趣味性和挑战性。真实的情景学习或具有挑战性的任务可以激发学生的学习动机，提高学习兴趣，让学生感受到所学知识的实用性，在完成任务或解决实际问题的过程中获得学习的效能感和成就感。STEM 教育强调分享和创造，通过"动手做"与"动脑思考"，让学生在分享交流与合作创造中体验快乐、感受趣味。有的 STEM 教育项目加入了游戏与互动的场景和元素，使得学生在进行探索性学习时可以有沉浸式体验，提高学习投入度，以便产出更多的教育成果。

3. 体验性

STEM 教育不主张单纯的学生自学或教师教授来学习抽象的新知识，而是强调通过解决真实问题或完成任务，在动手、动脑的学习过程中体验、探索。STEM 教育给学生提供了很多动手的学习体验，学生可以应用所学的各科知识与技能应对现实世界中的问题，通过决策、设计、构建、创造、合作等解决实际问题。例如，学生参与 VEX 机器人工程挑战赛项目时，在工程设计与实施的过程中，不仅能获得项目成果，还可以体验在工程优化或迭代的过程中应用知识解决实际问题的乐趣，获得决策和权衡利弊的历练机会，这种学习方式对学生今后的择业和生活都会产生深远的影响。

4. 情境性

STEM 教育常依托真实的项目，不是孤立地教学生学科知识，而是将知识还原于真实的生活场景中，结合现实生活中有趣的、具有挑战性的真实问题实施教学。它强调培养学生将知识进行情境化应用的能力，提高学生理解和辨识不同情境下的知识表现。在 VEX 机器人工程挑战赛中，学生需要在不同的主题情境下分析赛事规则，通过设计与制作机器人来完成指定任务。机器人的搭建不是机械的组装，而是需要根据不同的功能要求设计满足不同情景的结构[①]。如果情境或任务不同，对结构和程序的设计需求也就不同，只有将所学的知识迁移应用到真实情境中，才能发生有意义的学习。

5. 协作性

STEM 教育具有协作性，强调在群体协同中相互帮助、相互启发，进行群体性知识建构[②]。STEM 教育中的问题一般是真实的，这样的任务解决离不开不同群体之间的互相协作，需要同学、教师或专家合作完成。在 STEM 教育的学习过程中，主要采用小组合作探究的方式展开，小组成员共同搜集、分析学习资料，提出假设、验证结果等。学生需要在团队中沟通交流、协商研讨，以书面或口头表达的形式介绍或总结自己的解决方案。例如，在 VEX 机器人工程赛事中，学生需要进行团队竞赛，每个团队的成员都要有明确的角色分工，如决策者、设计者、

---

① 贺甜甜. 促进高中生工程思维发展的机器人工程实践活动行动研究：以 G 中学 VEX-EDR 机器人为例 [D]. 西安：陕西师范大学，2020.
② 余胜泉，胡翔. STEM 教育理念与跨学科整合模式 [J]. 开放教育研究，2015，21（4）：13-22.

搭建者、编程者、记录者等，每个角色并非一成不变，团队成员要想完成挑战就需要相互协作、相互配合。

6. 实证性

实证性是科学本质的基本内涵之一，是科学教育中的学习者需要理解和掌握的重要性质，也是科学教育区别于其他学科的重要特征。STEM教育中开展的项目要促进学生按照科学的原则设计作品，基于证据去验证假设，要让学生能发现并得出解决问题的方案。例如，学生在进行机器人搭建时，需要提前测算每个结构之间的距离和位置，遵循严谨的工程设计方法，防止因为空想引起的误判和差错，有条件的可以通过建模来设计作品，帮助学生认识和理解科学、技术、工程的客观规律。在进行程序设计时，要确保编写的程序可以稳定地执行指令并完成指定任务，经得起验证和挑战。

7. 技术增强性

STEM教育中包含了"技术"领域，其本质就是将技术与科学、工程、数学进行有效的融合。在实施项目或解决真实问题时学生要具备一定的信息素养，形成应用信息技术的意识，能利用新兴技术手段解决问题，从而促进学生形成多样化的生成性成果，培养学生的创新能力和技术素养[1]。STEM教育主张技术作为认知工具，无缝融入教学各个环节中，通过了解技术应用、技术发展过程，具备分析新技术如何影响自己乃至周边环境的能力，增强个人驾驭复杂信息和进行建模与计算的能力，从而支持深度学习的发生。这并不意味着STEM教育要一味地追高科技，而是要求课程开发者和教学实践者要根据学生的学习水平与知识储备，提供或选择符合他们认知发展与学习进阶的科技工具或方法。

问题讨论

1. 说一说STEM教育的内涵是什么？
2. 你认为STEM教育还有哪些其他特征？

第二节　STEM教育教学模式

学习提要

1. 了解常见的STEM教育教学模式。
2. 理解STEM教育教学的实施要点。

STEM教育作为一种以问题解决为导向的跨学科实践形态，引起教育工作者的高度重视。

---

[1] 唐烨伟，郭丽婷，解月光，等.基于教育人工智能支持下的STEM跨学科融合模式研究[J].中国电化教育，2017（8）：46-52.

然而，目前的STEM教育实践尚缺乏切实可行的教学模式和有效的教学策略，部分教师开展的STEM跨学科教学依旧处于"摸着石头过河"的阶段。因此，了解常见的STEM教育教学模式对教师开展STEM教育教学研究和实践至关重要。常见的STEM教育教学模式有PBL（Project-Based Learning）、工程设计、5E教学模式、CIL（Collaborative Inquriy Learning）教学模式等。基于项目学习的教学模式是一种以生活经验为取向，以"真实问题"为核心的教学模式，体现了STEM教学项目引领的需求导向，已经成为STEM教学中被广泛应用且效果良好的教学模式。不同的教学模式适用于不同的教学场景，各有侧重点，教师在选择教学模式进行STEM教学时需要根据实际情况综合考量，如表9.1所示为部分STEAM教育教学模式对比[①]。本节重点介绍工程设计教学模式和协作探究教学模式。

表 9.1　部分 STEAM 教育教学模式对比

教学模式名称	适用侧重	典型特征	与STEM教育核心特征的吻合程度
PBL	技能学习	真实性、技能性、跨学科，以学生为中心	跨学科、体验性、情境性
工程设计	工程教育	真实性、设计性、整合性、反思性	跨学科、体验性、情境性
CIL	科学发现	真实性、探究性、整合性、协作互动性	跨学科、体验性、情境性协作性、趣味性

一、工程设计教学模式

在STEM教育的发展进程中，有研究者将"工程"看作学科整合的黏合剂，以"工程项目"为框架，通过工程问题将科学、数学以及其他学科知识结合，为跨学科融合提供了真实的问题情景[②]。实践表明，科学、技术、数学是工程的基础，基于人类生存和发展需求，运用科学、技术与数学原理进行设计、解决实际问题、制造产品的工程活动是整合STEM的重要途径[③]。国内外在开展STEM教育教学时，经常依托工程项目构建集科学、技术、工程为一体的课程体系，例如"项目引路（Project Lead To the Way）"，他们专门为从幼儿园到五年级学生设计了PLTW入门课程，通过工程设计流程，让学生运用STEM教育的知识、技术、思维习惯，尝试不同的结构化方法和途径解决问题，使教师和学生共同学习、共同发现[④]。

"工程设计与物化"作为2022版《义务教育科学课程标准》的核心课程内容之一，也是探究实践核心素养的重要实施路径。工程设计是一种运用界定问题，提出与优选方案，绘制草图，制作模型和原型，改进设计，展示交流等工程性方法解决实际问题的实践过程，培养系统思维、发现问题、优化迭代、创造、适应等工程思维习惯和方式，具有情境性、严谨性、系统性、协

① 李艳燕，黄志南. STEM 创新教学模式与实践 [M]. 北京：电子工业出版社，2019：53–54.
② NICKIES L. Engineering K–12 education[J]. INDUSTRIAL ENGINEER，2008，40（1）：24–24.
③ 余胜泉，胡翔. STEM 教育理念与跨学科整合模式 [J]. 开放教育研究，2015，21（4）：13–22.
④ 钟柏昌，张禄. 项目引路（PLTW）机构的产生、发展及其对我国的启示 [J]. 教育科学研究，2015（5）：63–69.

作性、迭代性等特点[①]。在利用工程设计方法开展STEM教学时，要注意梳理清楚科学、技术、工程三者的联系。科学的核心是发现，需要解决"是什么、怎么样、为什么"等问题，目的在于探究与解释自然世界，主要活动形式是探究、验证；技术的核心是发明，解决"做什么、怎么做"等问题，目的是对自然世界的利用与改造，主要活动形式是操作、维修、应用、革新等；工程的核心是建造，解决"实际应该怎么做、做出了什么、怎么样做得更好"的问题，目的是创造人工世界，主要活动形式是设计、制造、改进、优化等[②]。科学探究自然世界，工程的目标是通过探究获得的科学知识，开发或利用技术来解决实际问题[③]。

工程设计教学模式是以科学基础知识整合为导向，以"实现更优化的设计"为核心的教学模式，这种教学模式对科学、技术、数学和工程等多学科的融合及使用的要求更高。常见的工程设计教学模式有线性模式、环状模式、CDIO模式等。线性模式是指在工程设计的流程中从问题解决、产生想法、设计与建构到评价和重新设计的单线设计。

（一）环状模式

环状模式的主要流程是辨析问题的需求、研究问题的需求、开发潜在解决方案、选择最佳方案、构造模式、测试和评价解决方案、交流解决方案及重新设计，这个过程中每个环节之间都相互制约、相互影响。如图9.2所示为芬兰的克罗多纳教授等提出的LBD（Learning By Design）教学模式，该教学模式包含了"设计—重新设计"和"科学探究"两部分，强调设计和探究的相互联系[④]。不管是探索过程还是设计过程，都包含了要明确问题、设计测试、调查分析、交流分享、再提出解决方案等环节，设计过程不是单线的而是循环过程互相影响，任何一个环节都可以重新设计、修改迭代。该模式强调工程设计过程需要不断进行设计、评估，并多次迭代、改进，从而培养参与者风险评估和统筹决策能力。

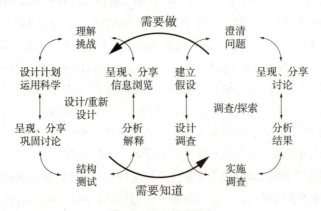

图9.2　LBD教学模式

① 赵中建.美国中小学工程教育及技术与工程素养评估[J].全球教育展望，2016，45（12）：3–24.
② 黄晓冬，俞如旺.STEM工程教学模式：涵义、构建与应用[J].教育科学研究，2020（7）：60–66.
③ 马红芹.美国K–12阶段"科学、技术、工程和数学"（STEM）教育研究[D].南京：南京师范大学，2015.
④ 黄桦.以工程设计为中心的"K–12工程教育"：源起、内涵与实施策略：美国《以调查和设计为中心的6—12年级科学与工程》之启示[J].远程教育杂志，2019，37（4）：73–84.

（二）CDIO 模式

CDIO 教育模式是美国麻省理工和瑞典皇家学院等学校研究提出的，CDIO 是构思（conceive）、设计（design）、实现（implement）、运作（operate）四个英文单词首字母的组合，即组织学生体验产品的"构思、设计、实现和运作"全过程。CDIO 教育模式以产品流程或系统从研发、生产、到运行的生命周期为载体，为学生提供一种学习经验和情境，让学生通过系统的产品设计，培养学生的专业技术或理论知识、个人素质和发展能力、团队协作和沟通交流能力，促进学生在社会环境下对产品系统进行构思、设计、实施、运行等的综合素质发展[1]。

图 9.3 所示为工程设计过程模型，现以"VEX 机器人工程挑战赛"为例，分析工程设计过程。例如，发现问题构思环节，需要通过分析当季赛事的主题规则，明确具体的任务和有待解决的问题。首先，按照赛事规则，需要将防守方的旗帜翻转成攻击方的颜色才能获取分数，这就需要机器人的结构中有能使旗帜翻转的功能。其次，需要研究可能的解决方案，整个团队需要根据赛事策略和得分目标进行评估设计，通过头脑风暴环节，鼓励学生大胆想象并将想法记录下来，在分析问题的基础上梳理需求，并列出解决方案。再次，思考用什么样的装置翻转旗帜，可以是用球击打旗帜使其翻转的装置，也可以用机械臂推拉或撞击翻转旗帜的装置等，具体的结构如何设计，需要使用什么材料和器件都需要进一步明确。最后，在上一步的基础上梳理不同方案的优势和劣势，筛选确定最佳的方案后，开始设计构建作品，从功能的确定到结构的测试验证，需要将不同知识和方法整合应用，虽然设计图和最佳方案能够给结构的设计与搭建带来支持，但在实际执行过程中依旧会出现问题，需要不断对原型进行测试，并进行迭代修改。

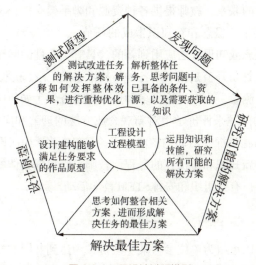

图 9.3 工程设计过程模型

工程设计能力是学生解决工程问题时必须具备的能力，教师在开发 STEM 课程中要充分考虑工程设计在 STEM 教育中的作用，根据实际情况选择恰当的教学模式和方法[2]。

① 王刚. CDIO 工程教育模式的解读与思考 [J]. 中国高教研究，2009（5）：86-87.
② 张志. 基于工程设计的 STEM 教学模式构建研究 [J]. 教育现代化，2020，7（4）：48-50.

二、协作—探究学习（CIL）教学模式

协作学习和探究学习是培养学生创新和创造能力的两种有效的教与学的方式，也是开展STEM教育经常使用的教学方法。协作学习是一种教师发挥引导作用，学生互相协作、自主发现的教学策略。探究学习强调学习者通过主动参与科学探究过程，掌握科学的探究方法或概念，形成科学的态度或素养。"协作—探究学习"教学模式是结合了两者的优势和实际教学特点，在探究学习基础上加入了协作学习元素，弥补了探究式学习在学生合作学习、小组协作和课后反馈等方面的不足，形成了以协作学习为导向，以探究学习为核心的CIL教学模式，既迎合了STEM教育的核心特征——协作性，又更加符合STEM教育的教学需求[①]。

（一）探究学习

探究学习主张把科学渗透到课程中，引导学生用科学研究的方式理解科学的本质。探究学习的内容并非完全未知，主要是让学习者体验像科学家一样参与科学探究的过程，例如，提出问题、搜集信息、提出假设、验证假设、处理信息、得出结论、交流分享等。5E教学模式是一种基于建构主义的探究式教学模式，主要包含引入（engage）、探究（explore）、解释（explain）、精致（elaborate）、评价（evaluate），强调以学生为中心，通过调查、实验等方法验证假设或解决问题，促进学生对科学概念的理解和知识的建构[②]。例如在引入环节，教师可以通过让学生观看图片视频、实地考察、头脑风暴、真实情境、任务驱动、现象等激发学生的学习兴趣和学习动机。在探究环节，主要是学生自主或合作探究学习，通过实验、观察、比较、分类、概括、归纳等形式建立事物之间的联系，教师提供各种资源和脚手架支持，及时给予学生有针对性的指导。在解释环节，主要是新概念和新知识生成的环节，学生需要自己表达和解释探究结果。在精致环节，是将新的概念或知识方法应用到新的、具有关联性的问题或情景中，有助于学生的概念建构，学以致用[③]。评价环节是指利用各种新技术手段记录、获取学生个性化的学习信息，通过观察、记录、提问、测验、小组讨论等多种形式来考查学生如何应用新的概念或方法解决问题，尝试通过开放性的问题来评价学生对新观念或方法的理解和应用情况。在5E教学模式中，探究是中心环节，问题是探究活动的核心，无论STEM教学如何设计，都需要经历一个运用跨学科知识探究、获得新知识和再探究的过程，教师可以根据具体的学习内容灵活调整和选择对应的教学模式和策略，有效组织和安排STEM教学活动[④]。

（二）协作学习

协作学习是指学习者以小组为单位参与某一项目，为达到共同的学习目标，在一定的激励机制下为实现与他人成果最大化的互相协助的行为[⑤]。在协作学习过程中，学生为了达到小组

① 包昊罡，康佳，李艳燕，等.基于设计的"协作—探究"教学模式创新与实践[J].现代远程教育研究，2015（6）：70-78.
② 王健，李秀菊.5E教学模式的内涵及其对我国理科教育的启示[J].生物学通报，2012，47（3）：39-42.
③ 孙娜，陈俊强.融合5E模型的STEM教学模式应用研究[J].教育与装备研究，2022，38（1）：21-25.
④ 赵呈领，赵文君，蒋志辉.面向STEM教育的5E探究式教学模式设计[J].现代教育技术，2018，28（3）：106-112.
⑤ 刘黄玲子，黄荣怀.协作学习评价方法[J].现代教育技术，2002，38（1）：24-29+76.

学习目标，个体之间可以采用对话、商讨、竞争、辩论、角色扮演等形式对问题进行充分的论证，以期获得达到学习目标的最佳途径。协作学习是学生主动构建自身知识体系的过程，是建构主义的一种典型表现，同时也具有联通主义的多项特征，对提供学生学业成绩和小组之间交流沟通能力、自尊心与个体相互尊重关系的处理有明显的积极作用[①]。协作学习模式是指采用协作学习的组织形式促进学生对知识的理解与掌握的过程，通常包括协作小组、成员、辅导教师、协作学习环境四个基本要素。一般协作学习的实施流程：第一步，学生分组。可以利用所罗门（Barbara A.Soloman）开发的学习风格量表对全体学生的学习风格进行测评，再根据组内异质、组间同质的原则，按照学生的学习方式和学习倾向进行分组，也可以根据学习者的学习成绩、知识结构、认知能力、认知风格、认知方式等，采用互补的形式进行分组，有利于提高协作学习的效果。通常情况下，每组人数根据合作项目的工作量或难易程度而定，可以是 2～4 人，也可以是 4～7 人。第二步，组内分工。可以依据学生的先前知识和学习能力进行角色分工，一般可以分为主导型、自我型、协作型、奉献型，不同类型的协作项目需要学生承担的角色也有差异，每次分工都需要根据学生的学习情况进行调整。第三步，决策方案、分解目标、确定任务、明确分工。第四步，教师为学生提供协作学习环境和脚手架支持，包括空间环境（线下课堂、线上课堂）、硬件环境（计算机支持的协作学习、基于互联网的协作学习等）、资源环境（虚拟图书馆、实验器材、图书资料、实物模型、教学插件等）。第五步，对小组协作情况进行评价。包含对协作学习效果和协作过程的评价，可以采用自评、组内评价、组间评价等具有交互性质的评价方式和成果评定、测试、档案袋、问卷、层次分析等评价方法进行小组评价。

（三）CIL 教学模式

北京师范大学学者李艳燕的研究团队对 5E 教学模型进行了改进提升，提出了旨向协作学习的 CIL（Collaborative Inquriy Learning）教学模式，又称"协作—探究"教学模式，如图 9.4 所示[②]。"协作—探究"学习的实质是基于问题解决活动进行的协同性知识建构，以协作问题解决活动为主线，同时整合了其他知识获取方式，具有探究性、整合性、协作互动性。

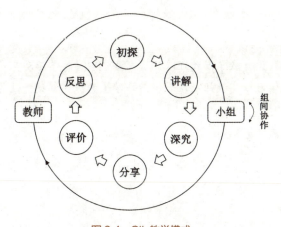

图 9.4　CIL 教学模式

① 赵建华，李克东.协作学习及其协作学习模式［J］.中国电化教育，2000（10）：5-6.
② 李艳燕，黄志南.STEM 创新教学模式与实践［M］.北京：电子工业出版社，2019：53-54.

CIL教学模式将5E教学模式的"引入"和"探究"整合成"初探",增加了"分享"和"反思"环节,形成了包含6个环节的新"学习环",突出了教师与学生之间以及学生小组与小组之间的协作关系[①]。①初探阶段,主要是学生初步接触学习内容,进行初步探究的阶段。在这个阶段,教师需要通过设置与学习内容相关的任务,明确课程内容的主题,引起学生对该主题或学习内容的思考与探讨,教师提供必要的概念、程序、技巧、材料、情景,让学生在正式接触核心概念时,回忆已有的知识和经验,产生良性互动。②讲解阶段,主要是针对学生在初探环节存留的疑问进行解答,帮助学生学习完成探究任务所需的关键知识,引导学生进行知识整合,获取经验,促进学生进一步深入思考。③深究环节,是协作—探究教学模式的中心环节,在前两个环节的基础上利用综合的表现性任务,促使学生运用综合知识解决实际问题,进行深入探究。在探究过程中要注意自主学习和协作学习的协调问题,必要时教师要做好引导工作,促进小组内外协作。④分享环节,主要是展示小组协作学习的探究成果。在这个阶段可以设置有趣的分享形式,例如竞赛、展演、汇报等,小组之间可以在完成任务的过程中相互探讨和交流,分享思路或创意,相互借鉴、相互学习,团队之间的荣誉感也会促进团队协作氛围的提升。⑤评价环节,主要指教师通过观察、交流、展示等形式,利用评价工具对学生的学习过程和学习效果进行评价,了解学习目标达成情况并及时改进教学,学生通过评价也可以了解自己的学习状态,调整学习策略。⑥反思阶段,主要是师生通过实验报告单、调研报告、反思日记、复盘等形式进行总结反思,使学生对知识有更深刻的理解,教师可以更好地改进课堂教学。

基于"协作—探究学习"的STEM教学模式是以学生为中心的教与学方式的整合,更加强调科学探究与概念的综合应用,通过创设真实问题情景、开展自主合作探究、促进解释修正运用、进行分享总结评价等过程,实现概念的理解、建构、迁移和应用,从而培养学生的STEM核心素养[②]。在实际教学过程中,教学应根据实际的课程内容和学生的认知特点和学情,选择适合的STEM教学模式来组织STEM教学活动,在实践中不断探索有效的本土化STEM教学模式,提升学生的问题解决能力和创造能力,培养学生的核心素养。

问题讨论

1. 谈一谈基于工程设计教学模式可以开展哪些STEM教学活动?
2. 在协作—探究学习中,教师应该如何指导学生的深究,谈一谈你的看法。

① 包昊罡,康佳,李艳燕,等.基于设计的"协作—探究"教学模式创新与实践[J].现代远程教育研究,2015(6):70-78.
② 孙娜,陈俊强.融合5E模型的STEM教学模式应用研究[J].教育与装备研究,2022,38(1):21-25.

第三节 STEM课程教学设计与实践

学习提要

1. 了解STEM课程教学设计要点。
2. 理解STEM教育的理念与价值。

STEM教育作为一种跨学科课程整合的教学理念、策略、方式，它的设计与实施是推动学生核心素养发展和教师专业发展的有效途径。在实际应用时必须以解决现实中的实际问题为目标，以STEM知识的综合运用为手段。在设计与实施STEM课程或项目时要注意：第一，以真实情景中的问题为驱动，通过问题解决的思考与实现，体验科学探究的方法和工程技术制作实践的真实过程。第二，以培养跨学科方法和综合素养为目标，而不只是追求创新作品的产生，要有明确的教学进度、策略、评价。第三，STEM教育要面向全体学生，而不只是关注少数具有制作创新能力的学生。第四，关注学生的整个学习过程和具体表现，鼓励学生协作学习，通过自我评价、同伴互评、学习反思等方式检验学习效果[1]。

一、STEM课程教学设计

（一）选择 STEM 课程学习主题

STEM教育作为跨学科整合课程的一种形式，它的主题应不同于一般的学科教学。STEM课程的学习主题应遵循STEM教育的核心特征，如多维性、趣味性、实践性、情景性等，除了基本学科知识和学科专项技能外，还应注重跨学科知识、跨学科技能的学习及跨学科思维的培养。要通过真实的项目或情景任务培养学生综合运用知识解决问题的能力，通过"做中学""用中学""创中学"加强知行合一、学思结合，在项目中、问题中、实践中将知识技能内化与外化。STEM课程的学习主题可以从多方面选择，见表9.2所示。学生从具体的研究项目出发，对多种学科知识进行获取、加工、处理、转化、融合，通过综合应用已有知识解决实际问题，完成研究成果或模型制作等。基于STEM教育的跨学科课程的主题内容要能体现综合性、研究性、生活性和实践性等基本特征，通过对主题内容的学习，学生能够发现问题、解决问题、学习跨学科知识和方法，提升综合能力。

表9.2 STEM课程的学习主题选题

选题方向	选题内容
自然现象的研究	水资源、植被、能源、气候、环境、生命科学等
社会问题的研究	文化传统、社会或社区历史变迁、社会热点或痛点、风土人情的考察与探讨等
社会实践的研究	志愿服务活动、社会现象的考察、社会公益活动等
科学技术与工程的研究	科学、技术与工程对人类社会的影响，个人、群体、制度的研究等

[1] 李克东，李颖．STEM教育跨学科学习活动5EX设计模型[J]．电化教育研究，2019，312（4）：5-13.

生活学习的研究	学生生活或学习问题、困境、适应能力等
……	……

STEM课程的主题学习按学习任务划分，可以分为很多种类型。傅骞等人根据STEM教育应用成果和任务类型的不同，把STEM教育的课程分为验证型、探究性、制造型和创造型[①]。其中，验证型是为了学习者完成对已知结果的验证，重点在于学习者如何将STEM知识综合运用以验证这些定律或现象，加深理解该领域的科学现象或定律，如"东西部地区是否存在时差的验证""大城市是否存在热岛效应的验证"；探究型主题学习主要是发现并解释未知的现象，培养学生的科学探究精神和能力，如"探究空气污染的主要来源""探究植物的繁殖方式""探究声音的传播方向"等；制造型主题学习主要是基于一定的科学技术原理，综合运用STEM知识技能、设计制作或改良某一个物品，核心是培养学习者的工程设计与物化能力，如"设计制作喂鸟器""环保清洁剂""水果发电机""净水系统""自动浇花装置"等；创新型主题主要是指综合利用STEM知识完成某一个创新物品的设计与制造，该任务对学习者来讲是具备挑战性的，其核心是创新性的体现。

（二）选择 STEM 课程教学目标

基于STEM教育理念的跨学科课程教学目标主要指在真实的问题情景中，综合运用多门学科知识进行协作探究性学习，解决实际问题，从而培养学生的科学素养、创新能力、实践能力、探索精神、协作意识等综合素养。教学目标的具体分解需要依据学习内容进行深入分析，在遵循总目标的前提下，STEM课程目标可以从不同的维度进行目标描述。例如，在知识与技能目标方面，要求学生掌握相关科学知识或核心概念、数学原理、基本机械结构、硬件组装、程序编写与调试、3D打印等。在过程与方法方面，要求学生在教师的引导下，利用多学科知识进行深度学习，开展小组协作探究，通过调研、观察、模拟、实践、反思、验证等方法掌握分析问题和解决问题的能力。在情感态度与价值观方面，通过真实的情景体验和实践探索，提高学生的动手实践能力，培养学生主动参与、勇于探索、实事求是、追求创新、合作分享的科学态度和精神[②]。例如，一个STEM课程"制作净水器"，其目标描述为"学生通过实地调研和测试了解河流水质污染的来源，能对水中的污染物进行分类、准确描述污染物的特征和属性，通过设计制作简易净水器对水进行过滤，对比不同过滤材料的差异和优缺点，学会客观地描述实验结果，具备实事求是的科学态度"。这样的目标描述包含了不同维度的目标要素，具体的子目标可以根据不同课程内容进行详细制定，需要注意目标、手段、评估一致性原则，制定的学习目标要能够被评价或检测，最终要能验证目标是否达成。

（三）STEM 课程学习任务设计

学习任务是整个STEM课程学习活动设计的核心和立足点。确定了教学内容和学习目标后，需要把具体的教学内容转化为可操作的教学项目，即完成具体的学习任务。STEM教育强调学

① 傅骞，刘鹏飞. 从验证到创造：中小学STEM教育应用模式研究 [J]. 中国电化教育，2016（4）：71-78+105.
② 秦瑾若，傅钢善. STEM教育：基于真实问题情景的跨学科式教育 [J]. 中国电化教育，2017（4）：67-74.

生对知识的情景化应用，选择的项目或任务应该是基于真实情景的，是学生可以识别并理解的。对于教师来讲，这部分需要结合学生现有的知识水平和学习经验，将教学内容转化为真实的能包含多个知识点的项目或问题，学生带着问题或明确的项目参与学习，通过实践完成任务，掌握知识技能，培养综合素养。在进行具体的任务设计时，需要注意项目要与学生的学习生活密切相关，最好来源于学生的真实生活，还要具有趣味性、挑战性，可以激发学生的学习兴趣和动力，让学生有机会进行协作学习、探究式学习。项目设计要包含必要的环节或核心概念、知识点，同时项目或具体的任务要具备层次性、复杂性，由浅入深、循序渐进地满足学生的学习需求，促进学生个性化学习。除此之外，在制定任务时需要根据任务类型进一步设计具有表现性的任务，明确任务完成过程、结果和具体的考核方式，不仅关注终结性评价，还要重视学生参与任务的学习过程。除了考虑项目本身的需求外，还要考虑可实施性、可测评性，包括如教师能力、软硬件设备、活动场所、学习资源等其他实际条件。

（四）STEM 课程学习活动设计

STEM课程的学习活动作为STEM教育落地实践的重要枢纽，需要教师根据教学内容、目标、项目灵活选择设计学习活动和具体情景，让学生通过解决真实问题，在实际探索实践中进行有意义的学习，真正提高学习效率。STME课程学习活动因不同的教学内容或项目，包含了不同的环节，每种教学模式的应用都有各自的流程和具体步骤要点，具体的模式之间并没有明确的界限，并非绝对的，教师需要围绕目标从学习者特征、学习内容、学习环境等因素出发，进行灵活选择和综合应用。但要注意在设计具体的STEM教学活动时，应遵循美国梅瑞尔教授的首要教学原理，又称五星教学原理。该原理认为，教学活动应以问题解决为中心，只有当学生进行真实问题的解决时，当激活原有知识作为新知识学习的基础时，当把新知识展示给学生时，当学生应用新知识时，当新知识与学生的生活融为一体时，才能促进学习[1]。整个教学活动如图 9.5 所示，即以问题解决为核心，从"激活旧知""展示新知""应用新知"到"融合贯通"四个阶段循环往复的学习阶段，每一个阶段都可以循环嵌入到不同的学习环节中[2]。

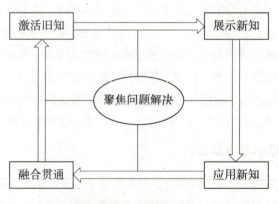

图 9.5　五星教学原理

① MERRILL M. First Principles of Instruction[J]. Educational Technology Research and Development，2002，50（3）：43–59.
② 秦瑾若，傅钢善. STEM教育：基于真实问题情景的跨学科式教育[J]. 中国电化教育，2017（4）：67–74.

STEM课程因为其跨学科特性，在根据教学内容和目标制定教学活动时，通常包括课题导入、科学探究、数学应用、工程设计与技术制作、学习扩展与联系社会等不同类型的活动[①]。每一个环节都需要设计教师指导活动、学生实践活动、学习资源准备等。

（1）课题导入活动设计时，通过阅读材料、观看图片、视频、现场参观、试验测试、问题引导等方式，为学生营造真实的学习情景，激发学生原有的知识，建立新旧知识的联结，调动学生的学习兴趣和学习动机，让学生带着思考的问题进入下一个学习环节。

（2）科学探究活动设计时，要注意主要培养学生的科学精神和科学探究方法，可通过观察现象、举例说明、简单示范、虚拟实验、学习视频等引起学生发现并提出问题，进行深入的分析思考，形成初步的假设和验证方法，有条理地开展探究活动。

（3）在STEM课程的学习活动中，经常会涉及数学知识或建模的应用，如学生设计制作机器人结构或飞机模型时，需要按照一定的比例尺或数学计算知识核算模型或具体结构的尺寸、成本等，数学可以作为数据处理和分析的工具，使得工程设计更加精准。在利用数学知识进行实际应用时，要注意用标准的单位测量并记录，利用图表、公式显示数据，表达变量之间的关系，方便后续的应用和延伸。

（4）在工程设计与技术制作活动中，学生利用科学技术手段设计制作某个作品或完成某个工程项目，通过工程决策、设计、实施、评价、优化等环节了解工程的一般流程，在系统地思考问题、解决问题的过程中形成自我思考、协作探究、风险评估、统筹优化等高阶工程思维[②]。在学习活动中，以解决某个现实问题为基点，首先分析需求、明确任务，通过头脑风暴的形式进行方案策划，团队成员统筹决策；其次确定作品类型和功能，进一步制订详细计划、设计绘图、选择材料；最后制作模型、建造原型、测试效果、优化改良、分享交流。在工程设计过程中，要让学生意识到工程的问题不是一蹴而就的，过程中难免遇到失败或存在误差的情况，要学会测试和改进，找出失败的原因，进一步完善方案。

（5）学习扩展与联系社会活动的设计，是指学生进行了科学探究、工程设计与制作活动后，对主题或项目有了一定的认知和理解，学生可以将学习成果衍生为调查报告、学习日志、项目路演、竞赛展演等形式，走出校园进入真实的社会生活环境中，能与专家或一线群体、同伴交流、分享、访问、调研等，加深学生对项目或问题的认知，进一步拓展学习机会和学习兴趣。例如，VEX机器人工程挑战赛活动不仅是学生根据不同的主题设计能执行任务的机器人，该项目每年还会围绕当年的主题开展不同范围、不同层次的赛事交流活动，为学生提供广阔的学习交流平台，学习者有机会融会贯通多门学科知识去动手实践，解决现实问题，通过与真实社会和不同群体接轨，在领悟、应用、分析、评价、创造中实现知识的迁移和进一步深化。

（五）STEM课程学习支架设计

STEM课程虽然重视学习者的主体地位，但如果缺乏必要的引导，学生可能会因为受挫而失去探究的兴趣，也可能因为错误的方向或线索而偏离预期的方向。当学生遇到问题时，教师应提供有效的学习支持，指导学生开展深入的探究或协作，可以将有效的学习方法迁移到学生

---

① 李克东，李颖. STEM教育与跨学科课程整合[J]. 教育信息技术，2017（10）：3-10+13.
② 贺甜甜. 促进高中生工程思维发展的机器人工程实践活动行动研究：以G中学VEX-EDR机器人为例[D]. 西安：陕西师范大学，2020.

的学习中，养成学会学习的能力。然而在实际的 STEM 学习中，往往是以真实的问题或项目开展的，学生遇到的问题或困难一般会存在差异，教师需要针对不同的情况给予反馈，帮助学生展开独立探索或协作，调动学生学习的主动性。在必要时提供支撑、承载、联结等作用的支架，是确保学生在最近发展区内进行学习并解决问题的关键①。

在 STEM 课程的学习中，学习支架可以展示学习任务的真实情境，让学习者感受、体验、复杂的学习氛围，有助于学生经历有经验的学习者所经历的思维过程，帮助学生对隐性知识的体悟与理解，通过内化支架，获得独立完成任务的技能②。一般常见的学习支架包括范例、问题、建议、向导、图表等，另外还有更随机的支架形式，如解释、对话、合作等。在提供学习支架时要注意适时性、动态性、个性化、引导性、多元性、渐退性原则。典型的支架包括情境型支架，通过设计情景帮助学生进入学习状态；问题型支架，创设问题情景，引发学生思考；实验型支架，包括演示实验、学生实验、家庭实验、师生协作实验、课外实验等；信息型支架，包括教师已有知识、网络信息、材料等；程序型支架，是指做事的顺序；范例型支架，主要指典型事例和范例；训练型支架，指通过指导和练习强化学生的认知理解，提升学生的学习能力。学习支架的形式和方法有多种，在 STEM 课程学习中，教师需要根据学生的认知特点和学习状态，给学生提供适合的学习支架，进行适当的个性化引导；当学生可以独立完成任务时，就要遵守渐退性原则，给学生更多的意义建构空间。

（六）STEM 课程学习评价设计

学习评价是 STEM 课程活动的重要环节，好的学习评价在检验学习者是否达到课程目标、达成效果如何的同时，可以为改进课程或教学提供依据。STEM 课程的核心目标，是培养学生的创新意识、协作探究和问题解决能力。由于 STEM 教学活动的复杂性，在设计学习评价时除了关注学习成果外，还要注重学生的学习过程，采用多元的评价方式，邀请师生、家长、社会人士、专家学者参与评价活动，将过程性评价、总结性评价相结合，利用表现性评价方式开展评价，达到以评促教、以评促学的效果。

在过程性评价中，可以针对学生在 STEM 学习过程中的具体表现进行测评，如学生的合作情况、探究意识、实践能力、创新想法、自主学习、个人反思等过程，具体可以采用视频采集、学习过程记录、学习行为观察、情景化测验、能力量表等方式③。在开展同伴互评时，可以从小组协作的表现、参与度、积极性等方面进行互相评价、互相激励。学生自评主要是针对自己在学习过程中的表现进行反思。结果性评价主要是针对学生的学习成果进行测评，查看是否达到了预期的目标，在项目结束时可以进行适当的教学总结，可以由教师独立进行，也可以由学生以小组为单位进行汇报。完成总结评价后，教师可以根据学生在整个学习过程中的表现和成就，为学生提供一套有针对性的补充学习资料或强化练习。在 STEM 的评价活动中，评价不是目的，只是一种手段，不能只看重最终成果，而是要关注学生在学习过程中的表现并给予一定的反馈，要让学生在 STEM 学习和探索的过程中体验知识和技能的乐趣，从而热爱

---

① 余胜泉，胡翔. STEM 教育理念与跨学科整合模式 [J]. 开放教育研究，2015，21（4）：13-22.
② 闫寒冰. 信息化教学的学习支架研究 [J]. 中国电化教育，2003（11）：18-21.
③ 李王伟，徐晓东. 指向创新力培养的 STEAM 学习评价体系的设计与实施 [J]. 现代基础教育研究，2019，35（3）：149-156.

学习、热爱生活[①]。

（七）STEM 课程教学工具与资源的准备

STEM教育因具备技术增强型特点，在开展实施工程项目或解决问题过程中，往往需要更多的教学工具和教学资源的支持。一般的教学工具可以分为硬件工具和软件工具，硬件工具包括计算机设备、实验仪器、日常五金、数字电路板、电子元器件、传感器、3D 打印机、激光切割、铣床、木工车床等；软件工具包括与STEM项目学习相关的文字视频资料、可视化编程工具、概念图工具、可视化图谱、3D建模工具等。教学资源除了网络平台、微视频、实验材料、图书报刊、学生活动手册外，还包括校内外教师、各行各业的专家和一线工作者等资源。

在设计教学工具和资源时，教师需要注意符合学生的已有认知和能力水平，不能为了使用高大上的工具而选择远超学生实际学习或执行能力的工具和资源。应确保所选的工具和资源与项目紧密相关，可以帮助学生完成项目任务，当学生遇到问题时应给予一定的技术支持服务。例如，在VEX机器人工程挑战赛中，学生前期采用手动设计绘制结构图，如果设计不够精准，可能导致预期效果和实际制作出的效果存在偏差，这时可以使用solidworks建模软件设计机器人的底盘结构，通过 3D 建模可以提前得出机器人的重心或机械臂的高度等，可以避免走很多弯路和做重复性工作，也可以提升学生的设计与建模能力，加深学生对知识的理解和应用。

二、STEM 课程教学实践

STEM教育把人的发展置于核心位置，让学生在STEM学习过程中，体会科学、技术、工程、数学之间的相互依赖、相互支撑、相互补充的意义，实现深层次学习和理解性学习。课程体系、教学活动是STEM教育在课堂落地的最终表现形式。STEM课程在中小学以不同的形式展开，常见的课程类型包含工程设计流程在STEM课程开发的应用；小学科学教育中的STEM课程体系构建；分年段构建与实施小学STEM课程；以项目为载体推进学校STEM课程体系[②]。在STEM课程中，学生通过"学"和"做"培养解决问题的能力和创新精神，下面以两个案例来分析STEM课程在学校教学中的具体落地形式。

（一）小学科学教育中的 STEM 课程体系建构

北京市中关村第一小学地处中关村高科技核心地带，其结合地理优势和学生样态，立足学生整体发展的课程观，寻找STEM课程体系构建的方法与策略，整合各方资源构建了基于STEM理念的科学实验室，打造了以小学科学为载体的STEM课程体系。在重视学生技能素养落地的同时，抓紧科学知识学习的落实，用更生动、更深入、更灵活的方式帮助学生通过参与科学探究获取直接经验，增强对各领域知识的深层次理解。

北京市中关村第一小学基于科学的STEM课程体系的育人目标为学科学、用科学、玩科学、爱科学。让好奇心唤醒学生真实的内心，让探究成为学生学习的习惯，让学生学会独立思考，

① 李克东，李颖. STEM教育与跨学科课程整合 [J]. 教育信息技术，2017（10）：3–10+13.
② 王素，李正福. STEM教育这样做 [M]. 北京：教育科学出版社，2019.

像科学家一样探索未来，像工程师一样改造世界。STEM 课程愿景为让科学回归数学、工程、技术的沃土，从此科学有了生长的根基。让学生成为课堂的中心，构建出自身独特、完整的知识体系。STEM 课程学段梯度具有连惯性、系统性、整体性，北京市中关村第一小学基于学生不同年龄的身心发展特点与认知能力的发展特征，结合小学科学课程标准，对课程整体建构进行定位。具体的 STEM 课程学段梯度如图 9.6 所示，低年级学生主要以"玩"为主，形象思维十分活跃；中年级学生集中注意力的能力逐渐变强；高年级学生的思维由形象思维向抽象思维过渡。

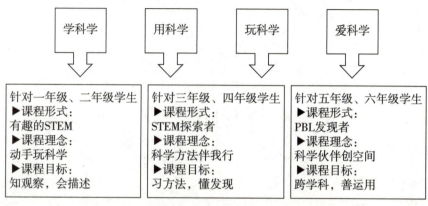

图 9.6　北京市中关村第一小学 STEM 课程学段梯度

"形状与结构—小小建筑师"为中关村小学 STEM 课程的典型案例，主要是结合科学"搭高塔"课程，将 STEM 理念融入教学进行工程设计，涉及数学、科学、工程、技术学科领域。该课以高塔如何稳定不倒为起点问题，引导学生从真实世界中的高塔图片出发，像工程师一样用代币计算造价，经历"找出问题—将问题可视化—设计方案—调试改进—解决问题"的过程，在培养学生工程思维的同时贯穿探究性学习过程，落实科学知识的学习[1]。

（二）基于地方传统文化的 STEM 课程培育

西安航天城第一小学以"秉承传统、筑梦航天、走向国际、追求卓越"为办学理念，着力构建适宜学生发展的文化体系和课程体系，立足"三大习惯"，以中华传统教育培养学生行为礼仪、阅读素养和书写习惯的养成，为孩子成长积淀，以传统文化节日为教育元素，开展系列"传统民俗体验"活动，提升学生人文素养。其中，有代表性的为基于 STEM 教育理念与传统文化融合的"走马观花"案例。该课程以"走马灯"为载体展开项目式学习，围绕走马灯的历史起源，融合科学现象"热空气上升""空气流动形成风"等，通过延伸教学内容中转轴材料选择、叶轮大小、叶轮数量、叶轮角度等工程技术问题，基于学生的认知特点，通过动手实践拆解设备、完成任务单、画三视图、头脑风暴等活动展开走马灯的产品设计与制作，随时记录测量数据，并检测调试，迭代优化，让学生体验项目实施过程的所有环节，逐步形成工程思维模式[2]。

走马灯是一种历史悠久、流行极广的具有独特观赏效果的传统彩灯样式。如图 9.7 走马灯转动原理和 STEM 领域的融合图所示，该项目融合了科学、技术、工程、数学等领域，通过"走

① 邓翼涛，朴蕾.基于 STEM 理念的科学课教学 [J].中小学数字化教学，2019（3）：57-60.
② 杨海军，芦焰.STEM 教育理念与优秀传统文化融合的实践案例探究：以人教版科学六年级上册第三章第 3 课《热空气的特点》内容为例 [J].现代教育，2019（10）：34-36.

马观花"这一课，使学生可以了解走马灯的基本结构，认识叶轮的功能，知道走马灯的起源与用途，感受中国传统文化的魅力，能够规范设计工程草图，对探究过程、方法、结果进行反思、评价与调整，让学生在学习中获得自我认同感。

图 9.7　走马灯转动原理与 STEM 教育融合图

整个项目的学习过程可以分解为三个阶段，分别为项目立项（项目介绍，确定目标；研究历史，了解文化；拆解原件，探究原理）、项目实施（设计方案，绘制草图；模型设计，制作走马灯；检测调试，迭代优化）、项目测试（展示交流；成效与反思）。

在走马灯项目设计实施过程中，学生需要完成如表 9.3 所示的学习任务单，对走马灯的拆解以及参数测量、实验数据的统计，都在潜移默化地培养学生的科学素养，加深学生对科学概念"热空气向上流动"的理解，加强学生解决问题的能力。在制作走马灯模型的过程中，设计图纸是非常重要的环节，要考虑到材质、尺寸、叶片的数量及制造精度等内容。活动过程中，学生不仅是走马灯的制作者，更是作品的设计者。每当检测调试后发现问题时，就应当思考如何对设计图中存在的问题进行必要的优化，并在作品优化过程中体现出设计思维。在反复迭代的过程中，学生亲身经历了科学探究的"复杂"过程，对中国传统工艺品走马灯的相关文化与制作工艺有更多的了解，思维和技术能力不断提升。教师通过如表 9.4 所示的评价量规，对学生在整个项目学习过程的综合表现给予评价。

表 9.3　"走马观花"学习任务单

提出问题	走马灯内部有什么装置使它可以不停地转动？	
分解图	零部件名称	功能/作用
	叶轮	
	火焰笼	
	支架	
	蜡烛	

续表

设计图	重要参数	数据记录
	叶轮直径（mm）	
	叶片宽度（mm）	
	叶片数量（个）	
	叶轮距火焰的距离（mm）	
自我评价		
我的反思		

表 9.4 "走马观花"评价量规

项目	1分	2分	3分
分解活动	由部分成员参与活动，材料摆放凌乱，零件有丢失，分解图不规范	由全体成员参与活动，分解的思路较为清晰，分解图较为规范	由全体成员参与活动，分解思路清晰，零件摆放整齐，分解图绘制规范合理
组内合作	由部分成员完成制作工作，没有明确的分工	所有成员参与任务，但分工不明确也不合理	分工清晰明确、科学合理，合作顺畅，高效完成制作任务
任务完成	走马灯虽制作完成，但是不能转动，需继续调试	走马灯能够转动，但设计过于简单，不够美观	走马灯能够转动，设计精美
任务单	书写简略，设计图不完整	任务单书写详细，设计图比较完整，没有创意	任务单书写工整，内容充实，设计图富有创意和亮点

　　该STEM课程以"走马灯"这一传统工艺品所涉及的历史价值、科学原理、制作过程为教学内容，运用项目式学习开展科学探究活动，并延伸到走马灯的制作来锻炼学生的工程思维，体现 STEM 教育理念与传统文化的传承与创新，带领学生感受传统文化的魅力与古代劳动人民的智慧，培养学生的科学素养与实践能力。

　　基于STEM教育项目活动开发的STEM教育课程，是推动STEM教育生态可持续发展的重要因素[1]。在实际的STEM跨学科整合课程开发中，需要打破学科界限，加强各科教师之间密切协商与交流，目前常见的跨学科整合方式有三种取向：学科知识整合取向、生活经验整合取向、学习者中心整合取向。这三种课程整合取向代表了课程的知识属性、社会属性与人本属性的不同侧面，它们相互联系、相互补充，没有绝对的优劣，在课程跨学科整合的实践中应该配合使用多种取向[2]。由于STEM课程没有相对权威和统一的课程标准和教材，在开发STEM课程时如果不能直面原有知识体系劣构化的问题，容易造成学生学习知识结构的不均衡，基础教育领域知识的结构性缺失，会严重影响儿童创新精神和实践能力的持续性培养。因此，在STEM的跨学科整合中，不仅要将分科的知识按照问题逻辑或项目逻辑进行跨学科重组，还要确保项目或

① 蒋家傅，张嘉敏，孔晶. 我国STEM教育生态系统与发展路径研究：基于美国开展STEM教育经验的启示[J].现代教育技术，2017，27（12）：31-37.
② 余胜泉，胡翔.STEM教育理念与跨学科整合模式[J].开放教育研究，2015，21（4）：13-22.

问题对各个学科基础性知识结构的全面均衡覆盖，使得问题和学习项目之间包含的学习内容或专业概念、原理多次交互。可以通过知识地图技术对课程的核心知识及其关系予以可视化的展示和管理，设计任务和问题时要涵盖学习内容和核心知识，通过结构化的知识地图展示跨学科知识之间的关联，使师生可以清晰地了解STEM课程的学习体系。

问题讨论

1. 请谈一谈在设计STEM课程时需注意哪些事项。
2. 你知道常见的STEM课程包含哪些类型吗？

本章小结

STEM教育作为一种全新的教育范式，颠覆了传统的教与学方式，将推动整个教育体系的发展与变革，具有广阔的应用前景。STEM课程是实现STEM教育理念和教育目标的主要载体，开发STEM教育课程，要明确课程目标，开发课程资源，组织课程内容，设计评价方案。本章主要介绍了STEM教育的起源与发展、内涵与特征、常见的教学模式和STEM跨学科整合课程的设计步骤和关键要点，以两个真实的案例说明STEM课程在一线的落实情况。STEM课程目标的提出要基于STEM教育理念，体现核心素养和跨学科素养，课程资源的开发要多渠道、多种类型，重视实践资源的开发，最好体现出时代性、地区特色。STEM课程在中小学实施还存在很多挑战，需要广大学者和一线教师、社会人士进行更深入的研究、实践、探索，从而开创STEM教育的新时代。

推荐阅读

1. 王素，李正福. STEM教育这样做[M]. 北京：教育科学出版社，2019.

2. 826全美. 基于课程标准的STEM教学设计[M]. 林悦，译. 北京：中国青年出版社，2018.

3. 李艳燕，黄志南. STEM创新教学模式与实践[M]. 北京：电子工业出版社，2019.

第十章　如何进行劳动教育

　　劳动是促进人类社会发展的动力，也是人全面成长所需的课程之一。在我国古代，既有"一屋不扫，何以扫天下"之问，也有"一室之不治，何以天下家国为"之训。毫不夸张地说，热爱劳动、尊崇劳动是中华民族的优良传统。正是在一代代华夏儿女的共同努力下，我们才创造了中华民族辉煌灿烂的历史，书写了伟大祖国锦绣壮美的篇章。

第一节　我国劳动教育的发展历程

学习提要

　　1.了解和掌握我国劳动教育发展的历史进程。

　　2.了解我国劳动教育发展中的重要事件。

　　纵观我国劳动教育几百年的历史，其目的通常有两个：一是促进人的全面发展，二是职业训练。起初这两者是统一的，到后期则形成不同形式的劳动教育，即一般学校实施的促进人全面发展的劳动教育，职业学校实施的为职业做准备的劳动教育。

　　从最初的职业准备的功用，到后来真正成为促进人全面发展的教育，其中有着时代的发展、社会的进步和众多思想家的智慧结晶。后来，普通的劳动教育与职业教育被完整地区分开，劳动教育的地位才最终被确立。各个国家都非常重视劳动教育，把劳动教育纳入人才培养全过程，贯穿家庭、学校、社会各方面，正式开启劳动教育蓬勃发展的全新时期。

　　新中国成立以来，伴随我国教育事业的发展，劳动教育经历了不同的历史阶段，正是在这一发展历程中，我国的劳动教育事业得以不断完善和科学化。

一、探索与学习：劳动教育发展的第一阶段（1949—1956 年）

　　在新中国成立初期，我国的教育方针是"为工农业服务，为生产建设服务"。此时劳动教育注重体力劳动，没有与德育、智育、体育、美育配合，因此没有发挥出劳动教育的多重育人功能。1951 年，我国经济学家钱俊瑞在第一次全国中等教育会议上提出，全面发展的教育要从国情出发，实行教育与生产劳动密切结合的工艺教育，着重培养体力与智力均衡发展的热爱劳动生产的新社会的自觉和积极的建设者。1954 年，党中央、政务院和教育部曾提出在学校里独立开设生产劳动课程，将其作为政治思想教育的重要内容。

　　这一时期，我国教育还处于旧教育整顿和新教育改革阶段，劳动教育并未成为独立科目。

各地中小学和各级师范学校普遍存在忽视劳动教育的偏向。为了纠正这一问题，1955 年教育部颁布《小学教学计划》，明确规定小学一至六年级均独立开设"手工劳动"课（农村小学在五年级、六年级专设农业常识课），每周 1 课时。第一次明确将手工劳动纳入小学教学科目，并指出它是实施基本生产技术教育的主要学科之一。

自 1954 年起，部分学校虽然开设了劳动教育课程，但实际的课堂教学并未与劳动教育结合，且普遍存在注重劳动思想理论教育而轻视基本生产技术教育的现象。为此，1956 年党和国家着重进行教学改革，不断优化教学方法，在学校、工矿企业、农村中，全面开展多种形式的劳动教育实践。部分青年学生在参加劳动教育、从事生产劳动的过程中思想发生了很大转变。社会上轻视体力劳动的现象有所减轻，劳动教育得以初步发展。这一时期，我国建立了劳动教育的课程制度，劳动课成为必修课程，并有课外劳动活动与之配合。

二、兴盛与发展：劳动教育发展的第二阶段（1957—1962 年）

1957 年初，教育部印发《关于加强中学思想政治教育的几个问题的通知》，再次强调劳动教育作为共产主义道德教育的重要性。针对部分地区和学校对劳动教育有所忽视，教育部提出应将劳动教育同爱国主义教育、集体主义教育等结合起来，阐明从事各种生产劳动都是光荣的，都是有光明前途的。1958 年，教育部规定从秋季起在初、高中和师范学校普遍开设生产劳动课，要求各科教学和课外活动都应注意结合教学内容适当进行劳动生产教育。除生产劳动课外，学生参加体力劳动的时间也被正式列入教学计划。教育部规定：全日制小学的学生从 9 岁开始，参加一些力所能及的劳动，一般规定每周劳动时间为 4 个小时，最多不得超过 6 个小时，每次劳动不得超过 2 个小时。这一时期，毛泽东提出教育必须为无产阶级政治服务，教育同生产劳动相结合，劳动人民要知识化，知识分子要劳动化。同时期，陆定一把劳动与教育相结合界定为区分资产阶级和无产阶级全面发展教育方针的唯一标准。这些论断为劳动教育在整个教育领域中的重要地位，促进劳动教育在我国的兴盛发展奠定了总体基调。

1958 年开始"大跃进"运动，全民大炼钢铁和"三秋"运动占用了学生的大量课时，致使他们参加劳动过多，正常的教学秩序被打乱，极大地削弱了劳动教育的质量。这一时期，劳动教育的地位得到空前提高，被列为教育方针的重要组成部分，探索并初步建立了中国社会主义中小学劳动教育制度，试办了半工（农）半读学校，中小学生普遍受到了一次劳动教育的洗礼，对他们的健康成长产生了积极的影响。

三、调整与偏离：劳动教育发展的第三阶段（1963—1976 年）

1963 年，中共中央明确指出"教劳结合方针"为确立马列主义教育方向和改变我国教育性质做出了重要贡献，但由于经验不足和思想上的片面性，也产生一些缺点和错误。在党中央指示下，教育部将劳动教育方针和政策在学校工作中进一步具体化，拟定了大中小学校工作条例和若干重要规章，并指出劳动教育必须适应以农业为基础、以工业为主导的总方针，进一步树立从事社会主义农业建设是光荣事业的思想，并制定了参加生产劳动时间的适当性要求、明确劳动不是惩罚学生的手段、不组织劳动竞赛等新规定。在课程设置和教学要求上，学校必须加强生产知识的衔接教学。这些举措在短期内从政策上扶正了劳动教育的方位。

1964 年，教育部提出了七年内加快城乡职业教育发展规划要点，以便有计划地输送学生下乡支援农业生产。各级各类学校组织参加城乡社会主义教育运动，学生的生产劳动和实习时间明显增多，特别是从 1968 年底开始，全国还掀起了"知识青年上山下乡"的热潮，劳动教育"左"的错误倾向仍然继续。

这一特殊经历对当时青少年的影响深远，使他们获得了诸如善于独立生活、深入接触社会和了解民众、勇于克服困难、更加热爱集体和热爱劳动等品质和能力，但同时使一代人错失了正常教育，对教育事业的发展造成了一定破坏。教劳结合的制度探索偏离了主线，破坏了上一个阶段形成的健康、规范、有序发展的劳动教育格局。

四、恢复与重建：劳动教育发展的第四阶段（1977—2011 年）

教育战线的恢复、调整、整顿工作率先取得成效，劳动教育工作在徘徊中曲折前进。邓小平高度重视教育工作，他指出现代经济和技术的迅速进步要求我们在教育与生产劳动结合的内容上、方法上不断有新的发展。这一论断体现了实事求是的原则，深刻揭示了社会主义劳动教育的实质。1981 年，教育部颁布《全日制五年制小学教学计划（修订草案）》，规定低年级可在课外安排一些自我服务性劳动；高年级每周安排劳动 1 课时，以公益劳动和简易生产劳动为主，劳动教育的技术技能作用得到重新提升。1985 年国家教委组建后，明确提出教育的培养目标是促进学生德智体美劳全面发展。这是新中国成立后国家教育行政部门第一次提出把"劳"与德、智、体、美并列为五育的全面发展的培养目标。

为了确保中小学上好劳动课和劳动技术课，1987 年国家教委颁布中小学劳动课和劳动技术课教学大纲。到 1990 年底，多数中小学校建立起比较稳定的生产劳动基地，全国共计有学农基地 45.2 万个。党的十三大以后，为克服劳动教育脱离实际的问题，使教育工作转变到提高劳动者素质和培养"四有"人才上来，国家教委先后颁布劳动课教学大纲和器材配备目录，将劳动教育作为必修课列入全面素质教育人才培养和考核体系，"教劳结合"被确立为建设中国特色社会主义教育体系的主要原则之一。

从 1997 年开始，教育界大力提倡全面实施素质教育，国务院要求社会各方面为学校开展生产劳动、科技劳动和其他社会实践劳动提供必要的条件，劳动教育被广泛提及。2000 年 1 月，教育部在《全日制普通高级中学课程计划（试验修订稿）》中取消了必修课中劳动技术课的单独设置，改为包括四部分内容（研究性学习、劳动技术教育、社区服务、社会实践）的综合实践活动课，以培养学生的创新意识和社会责任感。由于没有具体的课程计划和大纲标准，劳动课程被弱化，劳动教育成为非显性的教育工作，并逐渐变为技艺学习和休闲娱乐活动。

五、深化与创新：劳动教育发展的第五阶段（2012 至今）

党的十八大以来，中国特色社会主义进入新的发展阶段，劳动教育也迎来了新的发展契机。为深入贯彻落实立德树人根本任务，2013 年 9 月，教育部要求全国各级各类学校开展"爱学习、爱劳动、爱祖国"教育活动，提出把"三爱"教育贯穿于社会实践活动中，各地各类学校要组织学生走出校园，走向工厂和田间地头，积极参加劳动体验活动。习近平总书记在全国劳动模范代表座谈会上提到，劳动是推动人类社会进步的根本力量。实现我们的奋斗目标，开创我们的美好未来，必须紧紧依靠人民、始终为了人民，必须依靠辛勤劳动、诚实劳动、创造性劳动。

2015 年 4 月，国务院决定将每年 5 月的第二周设立为"职业教育活动周"，规定职业学校要结合本校特点向中小学生及家长开放,通过"大国工匠""劳模""技能大师""技术能手进校园"等活动,让中小学生感受到现代职业教育的特色与魅力,发现职业乐趣,为未来职业启智启蒙。2015年7月,教育部、共青团中央、全国少工委出台的《关于加强中小学劳动教育的意见》提出,要充分发挥劳育在德、智、体、美、创新教育中的综合育人功能,在各学科教学中有机融入劳动教育内容,加强劳动观念和态度、动手操作和劳动技能、职业技能的培养,用3～5年时间,构建劳动教育体系,形成全社会普遍重视劳动教育的有利氛围。

2018年,习近平总书记在全国教育大会上强调,要在学生中弘扬劳动精神,教育引导学生崇尚劳动、尊重劳动,懂得劳动最光荣、劳动最崇高、劳动最伟大、劳动最美丽的道理,长大后能够辛勤劳动、诚实劳动、创造性劳动。从国家战略方针的高度对劳动教育育人铸魂的重要作用给予肯定,是新时代党和国家优先发展教育的理性自觉,也是对劳动教育自身价值新的诠释。2020年3月20日,中共中央、国务院印发《关于全面加强新时代大中小学劳动教育的意见》提出,把劳动教育纳入人才培养全过程,贯通大中小各学段,贯穿家庭、学校、社会各方面,以期尽快构建德智体美劳全面培养的育人体系。至此,新的劳动教育思想逐步确立,新的劳动教育机制不断健全,劳动教育作为新时代中国特色社会主义教育制度重要内容的地位得以最终确立。

这一时期,劳动教育将"有教育的劳动"和"有劳动的教育"两个理念进行融合,不仅强调工具理性的需求,更强调学生主体通过劳动实践来实现人的自由发展和全面素质的提升,通过回归家庭和日常生活,凸显劳动体验性、成就感和满足感,培养学生的劳动情感和劳动价值观,彰显了劳动教育的价值理性需求。中国劳动教育百年发展的历史图景展现了中国教育发展的基本脉络及相应的文化记忆。我们有理由相信,经过百年风雨洗礼的劳动教育将不断助益中国特色教育现代化之路的探索与最终确立。

问题讨论

1. 我国劳动教育发展历史中的重大事件有哪些?
2. 我国新时期劳动教育的发展方针是什么? 我们应该如何贯彻执行?

第二节 劳动教育的性质与目标

学习提要

1. 理解并熟练掌握劳动教育的性质、基本理念与目标。
2. 深刻体会和理解劳动教育的意义。

一、劳动教育的性质

劳动是推动人类社会进步的根本力量，是实现人健康成长的重要基础，直接决定社会主义建设者和接班人的劳动精神面貌、劳动价值取向和劳动技能水平，是人类特有的基本社会实践活动。通过劳动，人类创造了物质财富和精神财富。劳动教育是新时代党对教育的新要求[①]，是中国特色社会主义教育制度的重要内容，是全面发展教育体系的重要组成部分，是大中小学必须开展的教育活动。劳动教育是学生德智体美劳全面发展的主要内容之一。劳动教育就是发挥劳动的育人功能，对学生进行热爱劳动、热爱劳动人民的教育活动，是使学生树立正确的劳动观点和劳动态度，养成劳动习惯的教育。在系统的文化知识学习之外，有效实施劳动教育的重点是有目的、有计划地组织学生参加日常生活劳动、生产劳动和服务性劳动，让学生在参加劳动的过程中培养正确的劳动观念，弘扬积极的劳动精神，掌握基本的劳动技能，形成良好的劳动品质。

（1）劳动教育具有鲜明的思想性，它要求贯彻马克思主义劳动观，强调劳动是一切财富、价值的源泉，劳动者是国家的主人，一切劳动和劳动者都应该得到鼓励和尊重；倡导通过诚实劳动创造美好生活、实现人生梦想，反对一切不劳而获、崇尚暴富、贪图享乐的错误思想。

（2）劳动教育具有突出的社会性，必须加强学校教育与社会生活、生产实践的直接联系，发挥劳动在个人与社会之间的纽带作用，引导学生认识社会，增强社会责任感；同时注重让学生学会分工合作，体会社会主义社会平等、和谐的新型劳动关系。

（3）劳动教育具有显著的实践性，必须面向真实的生活世界和职业世界，引导学生以动手实践为主要方式，在认识世界的基础上获得有积极意义的价值体验，学会建设世界、塑造自己，实现树德、增智、强体、育美的目的。从实施方式上看，劳动教育尤其强调学生"动"起来，在出力流汗中成长，这与智育有着较大的差异。

二、劳动教育的基本理念

劳动教育可以培养学生的动手能力和吃苦耐劳的精神，让学生珍惜劳动成果，体会劳动创造世界的含义，从而促进其良好个性、道德品质的发展。劳动教育的基本理念主要表现为以下四个方面[②]。

（1）强化劳动观念，弘扬劳动精神。将劳动观念和劳动精神的教育贯穿人才培养全过程，贯穿家庭、学校、社会各方面。注重让学生在学习和掌握基本劳动知识技能的过程中，领悟劳动的意义与价值，形成勤俭、奋斗、创新、奉献的劳动精神。

（2）强调身心参与，注重手脑并用。把握劳动教育的根本特征，让学生面对真实的个人生活、生产和社会性服务任务情境，亲历实际的劳动过程，善于观察思考，注重运用所学知识解决实际问题，提高劳动质量和效率。

（3）继承优良传统，彰显时代特征。在充分发挥传统劳动、传统工艺项目育人功能的同时，

① 中华人民共和国教育部.教育部关于印发《大中小学劳动教育指导纲要（试行）》的通知 [EB/OL].中华人民共和国教育部网.[2020-7-9].
② 中华人民共和国教育部.教育部关于印发《大中小学劳动教育指导纲要（试行）》的通知 [EB/OL].中华人民共和国教育部网.[2020-7-9].

紧跟科技发展和产业变革，准确把握新时代劳动工具、劳动技术、劳动形态的新变化，创新劳动教育内容、途径、方式，增强劳动教育的时代性。

（4）发挥主体作用，激发创新创造。关注学生劳动过程中的体验和感悟，引导学生感受劳动的艰辛和收获的快乐，增强获得感、成就感和荣誉感。鼓励学生在学习和借鉴他人丰富经验、技艺的基础上，尝试新方法、探索新技术，打破僵化的思维方式，推陈出新。

因此，开展劳动教育不能只是在讲台上"讲"劳动、在黑板上"写"劳动，而是给学生提供真正的劳动机会，让学生在实际生活中、特定岗位上经历劳动过程，感受不同劳动的艰辛，思考不同职业岗位上的人是如何通过劳动推动社会的进步和发展，从而更加深刻地体会到"人类是劳动创造的，社会是劳动创造的。劳动没有高低贵贱之分，任何一份职业都很光荣"。

三、劳动教育的意义

劳动教育是提高中小学生综合素质、成就幸福圆满人生的有效途径。习近平总书记说："生活靠劳动创造，人生也靠劳动创造。"苏联教育家马卡连柯也指出，劳动永远是人类生活的基础，是实现人类文化幸福的基础。

劳动教育通过以劳树德、以劳增智、以劳强体、以劳育美，为成就青少年学生的幸福人生奠定坚实基础。劳动教育是培养德、智、体、美、劳全面发展的社会主义建设者和接班人的重要环节。

（1）以劳树德。劳动教育以"树德"为首要价值，在立德树人、促进学生全面发展方面发挥着关键作用。劳动教育可以促进学生形成勤俭节约、踏实肯干、意志坚定、团结协作的优良品质，使之成为有大爱、大德、大情怀的人。劳动教育对于青少年践行社会主义核心价值观，传承中华优秀传统文化，实现中华民族伟大复兴的中国梦具有重要意义。从劳动教育的过程来看，学生是劳动教育的主体，因此应在劳动教育中，重视学生主体的自主选择、自主活动和自主体验等，在体验中反思，在反思中提升，焕发劳动教育的独特魅力。

（2）以劳增智。劳动教育不仅能培养学生的生活技能，而且能促进人的体力发展和智力发展，培养学生的创新精神和实践能力，养成尊重劳动的思想品德。通过劳动实践可以帮助学生拓宽视野、增长见识、优化知识结构。如芬兰非常重视学生的劳动教育，让孩子做成一件产品，如小板凳、小书架，自己设计、自己制作，在教师的帮助下克服制作中的困难。这样通过劳动促进大脑的发育，提高神经系统的反应能力，改善脑力。劳动是走向创新的重要途径，让学生将所学知识在劳动中运用，将简单的脑力劳动转化为体脑并用的综合性思考和劳动，从而提高其发现问题的敏锐度，增强其敢于提出问题的勇气，激发其创新创造能力。

（3）以劳强体。劳动自古以来就是实现人的身心健康发展的根本途径。要做出劳动成果，需要有顽强的意志和毅力，因而可以培养学生的自信心、责任心、情感和意志等品质。过去的家训里有"黎明即起，洒扫庭院"，就是培养学生自己动手的习惯，养成"我能做、我会做"的自信心、自强心。毛泽东曾指出，对小学生而言，"身体第一，学习第二"。要让学生在劳动过程中强肌健体、增强体魄。既让学生在劳动中增强免疫力，又让学生在劳动中塑造良好的心理品质，培养其持之以恒、不畏困苦、艰苦奋斗的进取向上精神和人定胜天、自我振奋的积极乐观心态。

（4）以劳育美。劳动创造了人，劳动创造了美。劳动教育有利于加强和改进学校美育，形成以劳育美、以美育人、以文化人的育人模式，促进学生树立"劳动最光荣、劳动最崇高、劳动最伟大、劳动最美丽"的劳动审美观。要引导学生参与审美劳动实践，让学生从劳动中感受人与人之间和谐相处的劳动氛围，经历有序组织劳动、共同遵守劳动秩序、合作使用劳动工具等过程，形成发现美、体验美、鉴赏美、创造美的意识和能力，进而提高学生的审美能力和人文素养。

四、劳动教育的总体目标

要准确把握社会主义建设者和接班人的劳动精神面貌、劳动价值取向和劳动技能水平的培养要求，全面提高学生的劳动素养，使学生树立正确的劳动观念，具备必备的劳动能力，培育积极的劳动精神，养成良好的劳动习惯和品质[①]。

（1）树立正确的劳动观念。通过劳动，学生容易产生对劳动、科学和技术的兴趣爱好，并能激发出巨大的热情和力量。因此，劳动教育要使学生正确理解劳动是人类发展和社会进步的根本力量，认识劳动创造人、劳动创造价值、劳动创造财富、劳动创造美好生活的道理，尊重劳动、尊重普通劳动者，牢固树立劳动最光荣、劳动最崇高、劳动最伟大、劳动最美丽的思想观念，使学生增强做有益于社会、国家的劳动者的自信心和自豪感，努力践行靠双手实现梦想、用劳动创造价值的人生观和价值观，通过个人的辛勤劳动服务国家、服务社会。

（2）具有必备的劳动能力。受到家庭结构改变等因素的影响，当代的学生绝大多数没有艰难困苦的磨砺，以至于很多学生没有掌握最基本的劳动技能。因此，劳动教育要使学生掌握基本的劳动知识和技能，正确使用常见的劳动工具，增强其体力、智力和创造力。劳动教育需要不断探索新规律和丰富新内涵，不断激发学生的创造性思维和创新能力，使其具备完成一定劳动任务所需要的设计、操作能力及团队合作能力。

（3）培育积极的劳动精神。领会"幸福是奋斗出来的"内涵与意义，继承中华民族勤俭节约、敬业奉献的优良传统，弘扬开拓创新、砥砺奋进的时代精神。学生在劳动中不仅能够愉悦身心、强健体魄、增强意志力、涵养吃苦耐劳精神，还能够激发学习兴趣，提高欣赏美和鉴赏美的能力。

（4）养成良好的劳动习惯和品质。培养学生能够自觉自愿、认真负责、安全规范、坚持不懈地参与劳动，形成诚实守信、吃苦耐劳的品质。珍惜劳动成果，养成良好的消费习惯，杜绝浪费。幸福不会从天而降，梦想也不会自动成真。青少年是祖国的未来和希望，要成长为堪当民族复兴重任的时代新人，就要从小事做起、从身边事做起。要引导他们在劳动中体验劳动的艰辛、感受劳动的喜悦、培养吃苦耐劳的意志，在劳动中丰富知识、丰厚阅历、锻炼品质，树立正确的劳动价值观。

五、劳动教育的主要内容

劳动教育的内容主要包括日常生活劳动、生产劳动和服务性劳动中的知识、技能与价值观。

（1）日常生活劳动教育立足个人生活事务处理和家务劳动，涉及日常的衣、食、住、用、

---

① 中华人民共和国教育部.教育部关于印发《大中小学劳动教育指导纲要（试行）》的通知[EB/OL].中华人民共和国教育部网.[2020-07-09].

行等。要让学生参加家务、校务劳动，承担劳动岗位职责，提升自理能力，完成如扫地、洗碗、洗衣服、买菜、做饭等活动，培养劳动意识和劳动习惯。开展新时代校园爱国卫生运动，注重学生生活能力和良好卫生习惯的培养，树立自理自立自强意识。

（2）生产劳动教育要让学生通过参加工农业生产，如农业生产中的松土、施肥、育种、作物及果树的栽培、家禽家畜饲养等活动，直接经历物质财富的创造过程，体验从简单劳动、原始劳动到复杂劳动、创造性劳动的发展过程，学会使用工具并掌握相关技术，感受劳动创造价值，增强产品质量意识，培育工匠精神，体认生产劳动的价值和文化。

（3）服务性劳动教育要让学生利用知识、技能等为他人和社会提供服务，通过参加生活性、素质性、社会性服务劳动、公益劳动和志愿服务等活动，强化社会责任感。通过体验现代物流、文化创意等新型服务性劳动，树立服务意识，形成社会服务的系统认知和职业认同。

（4）学校作为劳动教育的实施主体，必须将劳动教育纳入学校教育的整体计划中，应结合办学理念、特色、可利用的资源等，依据学生发展状况，对日常生活劳动、生产劳动、服务性劳动的内容进行整体规划，对各学段、各年级学生的家务劳动、校园劳动和社区劳动进行系统安排，对劳动实践与学科学习、跨学科主题教育等进行综合设计，以整合方式推动学生的劳动价值观、劳动能力的培养，落实劳动教育的目标要求。

六、劳动教育的义务教育学段要求

劳动教育要注重课内外相结合，在开设劳动教育必修课的同时，还要在课外、校外活动中安排劳动实践。中小学每周课外活动和家庭生活中的劳动时间，小学 1～2 年级不少于 2 小时，其他年级不少于 3 小时[①]。

中小学每学年设立劳动周，采用专题讲座、主题演讲、劳动技能竞赛、劳动成果展示、劳动项目实践等形式进行。小学以校内为主，小学高年级可适当安排部分校外劳动；为确保劳动教育有效实施，应按学段要求统筹安排教学内容。

（一）低年级

以日常生活劳动为主要内容，注重培养学生的劳动意识，感知劳动乐趣，爱惜劳动成果：①完成个人物品的日常整理与清洁，能够对家庭环境进行简单清扫并能正确进行垃圾分类等，树立"自己的事情自己做"的意识，提高生活自理能力；②积极参与班级集体劳动，主动维护教室内外环境卫生等，树立较强的集体荣誉感；③体验简单生活用品的设计，进行简单手工制作，科学合理地照顾身边的动植物，了解动植物生长的一般知识，关爱生命，热爱自然。

（二）中高年级

以家庭劳动、农业种植、传统工艺与手工制作和服务性劳动为主要内容，培养学生热爱劳动、热爱生活的态度，学会与他人合作劳动。指导学生：①参与家居清洁、收纳整理，开展烹饪、常见家用器具使用、购物等活动，每年学会 1～2 项生活技能，增强生活自理能力和勤俭节约

---

① 中华人民共和国教育部.教育部关于印发《大中小学劳动教育指导纲要（试行）》的通知[EB/OL].中华人民共和国教育部网.[2020-07-09].

意识，培养家庭责任感；②参加校园卫生保洁与绿化美化、垃圾分类处理等劳动，适当参加社区环保、公共卫生等力所能及的公益劳动，体验图书馆管理等社会性服务劳动，增强公共服务意识；③初步体验种植、养殖的规划与实践，纸工、编织以及简单的木工和电子等项目的设计与制作，运用一定的设计思维应对劳动中遇到的困难，尝试通过技术手段解决问题，初步建立团队合作意识，懂得生活用品、食品来之不易，珍惜劳动成果。

问题讨论

1. 为什么国家要注重五育融合，把劳动教育提高到与德育、智育、体育、美育同等重要，甚至更高的地位？
2. 小学的劳动教育包含哪些内容，具体要求是什么？

第三节　劳动教育课程标准与实施策略

学习提要

1. 了解劳动教育课程标准中的三大任务和 10 个任务群。
2. 理解并能灵活应用劳动教育的实施策略。

一、义务教育阶段劳动课程标准

自 2022 年秋季开学起，劳动课正式成为中小学的一门独立课程。根据《义务教育劳动课程标准（2022 年版）》[1]要求，普通中小学学生参加的劳动课程平均每周不少于 1 课时，具体内容有活动策划、技能指导、练习实践、总结交流等。同时，这门课程注重评价内容多维、评价方法多样、评价主体多元。

义务教育劳动课程以培养学生的核心素养为导向，围绕日常生活劳动、生产劳动和服务性劳动，以任务群为基本单元构建内容结构。课程内容共设置共 10 个任务群，结构如图 10.1 所示。日常生活劳动包括清洁与卫生、整理与收纳、烹饪与营养、家用器具使用与维护 4 个任务群；生产劳动包括农业生产劳动、传统工艺制作、工业生产劳动、新技术体验与应用 4 个任务群；服务性劳动包括现代服务业劳动、公益劳动与志愿服务 2 个任务群。学校可结合实际，在不同学段自主选择任务群确定学习数量。

---

① 中华人民共和国教育部. 义务教育劳动课程标准：2022 年版 [M]. 北京：北京师范大学出版社，2022：11-33.

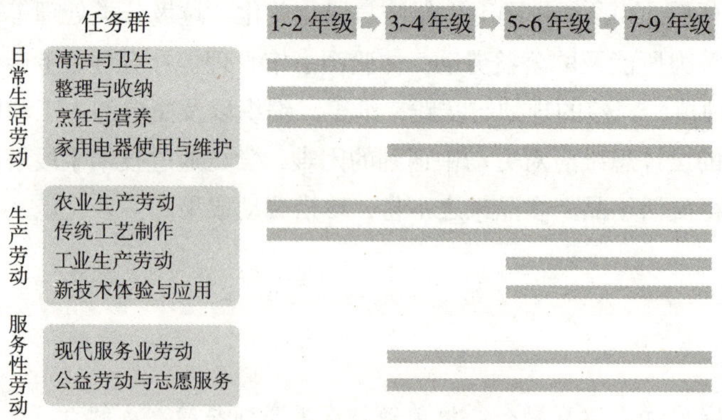

图 10.1 义务教育劳动课程任务群分学段要求

二、劳动教育的实施策略

劳动课程要培养学生的劳动观念、劳动能力、劳动习惯和品质以及劳动精神，聚焦劳动核心素养的养成，开展有效的劳动教育。首先，要切实提高教师、家长和孩子对劳动教育的正确认识，加强劳动教育的专业化研究和建设。例如，引导教师、家长、孩子充分认识到劳动教育对于个人和社会发展具有不可或缺的重要价值；加强课程与教材开发，精选对孩子终身发展有价值的劳动课程内容；开展师资培养与培训，多渠道建设劳动课程师资队伍；创新评价方式，建立学生劳动素养发展监测制度，构建发展性、多元化的综合评价体系，既要重视劳动过程又要关注劳动成果，既要重视教师评价又要重视自我评价和同学评价。其次，要加强劳动教育教学规律的研究，提供丰富多样的实践方式。例如，劳动教育的内容和方式要符合孩子的年龄特征，设定孩子经过努力可以完成的劳动任务；课程内容设置与教学方式要因地制宜，宜农则农、宜工则工；要体现区域产业发展特色，既要满足社会对多样化人才的需要，又要满足国家对拔尖创新人才的需要；创新多样化的教育方式，让孩子直接体验、亲身参与，在"做中学、学中做"，自主研究、学创融通，体验劳动的情趣，享受劳动的快乐和幸福，回归劳动教育的本真旨趣。最后，学校应致力于形成有效的系统性、综合性、实践性、开放性、针对性的劳动课程。一方面结合不同学段学生的经验基础和发展需要以及区域特点、学校劳动教育环境等，合理选择和确定任务群，整体安排每个学段的劳动课程，体现劳动课程在不同学段的纵向衔接与递进关系，因地制宜地开展家务劳动、校园劳动、校外劳动、志愿服务等形式多样的劳动。另一方面，根据其他课程的学科、专业特点，注重与其他课程的紧密结合，有机融入劳动教育内容，加强学科间的相互关联，带动课程综合化实施，实现德智体美劳"五育"有机融合，让劳动教育成为激发孩子学习动机、巩固学习成果的重要渠道。

（一）劳动教育的内容和形式要简单易行，操作性强

学校应因地制宜构建适合实际情况的劳动课程，应从学生的真实生活和发展需要出发，把在生活情境中发现的问题转化为活动主题，通过亲身经历实践活动，综合应用已有的学科知识去认识、分析和解决问题，提高学生的动手实践能力，培养学生的综合素质和团队意识，形成积极的劳动观念和态度，塑造学生自理、自律、自信、自强的良好品格。结合学生的年龄特点

开展劳动活动，注重学生日常生活劳动和良好卫生习惯的养成，树立自理、自立、自强意识，引导学生体会父母及长辈工作的艰辛和不易。低年级以日常生活劳动为主要内容，培养自理能力；中年级以家务为主，适当参加社区环保等力所能及的公益劳动；高年级开展有一定技巧的劳动，学会与他人合作劳动。

（二）劳动过程要让学生出力流汗，磨炼意志

劳动教育既要有质的要求，也要有量的标准，要让学生真劳动，在参与过程中有真正的劳动体验，只有坚持真劳动才能磨炼意志。劳动教育不是在课堂里"讲"出来的，而是组织学生在真实的劳动中"干"出来的。在劳动实践中要给每个学生分配一定的任务量，将任务完成的情况纳入综合考评。要让学生多在劳动中出力流汗，学习本领、体悟精神、涵养同理心，体会到劳动成果的来之不易，懂得珍惜他人的劳动成果。

从校园资源入手，以日常管理为切入点，按班级制定学生校内劳动清单，组织学生参加校园环境卫生打扫，还可以安排学生不定期参加校园绿化美化、食堂劳作、班务整理、公物维修、厕所清洁、勤工俭学等劳动，让孩子们感受到劳动的乐趣，懂得劳动的辛苦，更加明白尊重劳动成果、保护环境的重要性。同时，强化综合实施和政府统筹，拓宽劳动教育的途径，整合家庭、学校、社会各方面的力量，发挥重大节日的涵育功能，比如在雷锋月、妇女节、世界读书日、母亲节、端午节、重阳节等，有针对性地制定年度计划，组织学生到城乡社区、福利院、养老院等场所参加志愿活动、公益劳动服务，感受自己劳动的价值，树立热爱劳动、尊重劳动者的良好品质。每学年定期开展劳动技能大赛，以此锻炼和培养学生的动手实践和创新思维能力。以赛促学、以练促劳，有效促进学生劳动意识的树立、劳动技能的熟练、自理自立能力的提高。加强家、校互动，有效形成家庭、学校、社会协同育人的格局。

（三）劳动教育要融入学校教育的全过程

要把劳动教育融入学校教育的全过程，提升学科整合意识，实现劳动教育与德、智、体、美教育充分融合的教育目标，以学校为主阵地，统筹协调家庭和社会各方资源，全面落实，做到协同推进。

学校要将劳动教育纳入教学计划，遵循学生成长规律，秉持科学性、连续性原则，既重视纵向衔接，又关照横向贯通，同时加强综合实施，构建可持续的一体化教育体系，做到劳动教育与德、智、体、美教育同步规划、同步实施，对全学期的劳动实践做出具体安排。利用黑板报、升旗仪式、学校公众号等各种平台，采用劳动社团活动等形式，经常有针对性地开展劳动教育的宣传，注重课上课下联动，校内校外联通，结合校情编撰适合学生的劳动教育读本。例如，绍兴市某小学开设"优雅农趣园"，聘请12位有丰富农事经验的农民当老师，为学生讲解农事知识，掌握农作物的栽种技术。在他们的指导下，学生能更好地学到技能、磨砺性格，进而在劳动中成长成才。因此，学校要将劳动教育融入课程体系、学科研究、社会实践中，要培育壮大劳动教育的师资力量，进一步提高劳动教育的"存在感"，而且劳动教育的重要意义，就在于让学生用劳动实践探索和认知更加立体的世界。

综合学校各类场所资源、校外农场、农家乐等资源，多途径拓展劳动实践基地，为学生搭建好劳动实践平台。例如，组织学生到农业生产基地开展生产劳动，总结、交流劳动感想，展

示、分享劳动成果。体会劳动成果的丰富性和多样性，养成吃苦耐劳、安全劳动、规范操作的劳动习惯和品质。

（四）劳动教育的评价要注重多元化、多样化

劳动教育的评价要注重多元化、多样化，用评价促进劳动教育走深走实，推动劳动教育有效实施，更好地实现育人目标。构建科学合理的课程评价体系，做到学生学习过程有监测、学习结果有鉴定。围绕劳动教育目标，既要重视体验式、感悟式隐性评价，又要注重显性评价。强化平时表现评价和阶段综合评价相结合，组织开展劳动技能、劳动成果的展示和劳动竞赛，评选"劳动之星、劳动能手"等。

学校还要注重劳动的过程性评价，通过学生自评、同伴互评、教师评价和家长评价等形式，客观准确地评价教育成效。引导学生将参与劳动过程、体验和评价及时进行记录，家、校共建，确保记录真实可靠。举办全校性的劳动活动，由教师、家长和同伴等多主体共同参与评价。

（五）营造热爱劳动的校园学习氛围

在教学活动的组织上要为学生营造良好的劳动氛围，秉持以学生为本的理念，让学生在潜移默化中对劳动教育形成正确的认识。努力探索有效的课程实施路径，持续促进学生劳动素养的提升，让学生积极自觉地配合教师的各项教学计划。在校园范围内做好劳动教育宣传工作，不定期组织各班级学生了解、学习劳动模范事迹等，以此形成校园文化氛围；让学生在日常学习生活中感受到劳动教育的力量，争做懂劳动、会劳动、爱劳动的时代新人，鼓舞学生养成积极进取、不惧艰难的品质。

教师可根据不同的教学内容为学生设计不同的实践活动，并组织学生进行集体交流，及思想及经验方面的互动，明确自身不足。除此之外，组织学生设计关于劳动教育的板报，将劳动教育与学校特色活动，如与艺术节相结合，推进劳动实践进校园。

（六）以身作则，树立劳动榜样

由于在实际教学过程中会受到各方面因素的影响，学生的劳动思想观念不同，教师要正确看待学生个体的差异性，根据学生的具体能力布置相关的劳动作业。在教学过程中，教师要对近期劳动学习中表现优异的学生进行表彰鼓励，规范学生的劳动行为。在布置劳动作业时，要结合学生的心理特点，打造因时、因地、因校、因人制宜的综合性、实用性、实践性的个性化劳动教育课程。在平时的教学引导中，教师要以身作则，应以自身的实际行动帮助学生形成正确的劳动意识，结合劳动教学理念，采取最具科学性和高效性的方式让学生学会如何正确地劳动，带动学生积极参与到劳动教学活动中，促进他们全面、健康成长。

问题讨论

1. 劳动课程培养的核心素养有哪些？它们在课程标准中是如何落实的？

2. 实施劳动教育的核心策略有哪些？我们要注意哪些细节，才能把劳动教育落到实处？

第四节 劳动教育途径、关键环节和评价

学习提要

1. 了解并掌握劳动教育的途径和关键环节。
2. 理解并能熟练运用劳动教育的评价手段。

一、劳动教育的途径

为实现劳动教育全面育人的价值功能，劳动教育应纳入人才培养的全过程，从文化氛围、课程、活动、评价等多方面综合考虑，充分调动政府、学校、家庭、社会四方参与劳动教育的积极性，并加大对劳动教育的监督与评价，真正丰富、拓展劳动教育的有效实施途径[1]。

（一）独立开设劳动教育必修课

为了落实劳动教育要求，需要把劳动教育切实纳入学校课程体系之中。加强课程建设，具体形式包括活动策划、技能指导、练习实践、总结交流等，并开展多样化劳动实践活动。建立和健全省、市、县、校四级教研体系，打造劳动教育精品课例，围绕劳动教育课程建设、教学创新、教师专业能力提升等，开展劳动教育精品课程评选、公开课观摩、示范课培训、优秀实践成果展示等活动，形成一批高质量的大中小学劳动教育精品示范课例。

学校应统筹通用技术、地方课程与校本课程等资源，开展一批如农业、传统工艺、非物质文化遗产等领域的劳动教育地方及校本课程，具体课程内容可以包括种植花草、养殖小动物、工艺设计、电仪器维修等。组织开展多样化劳动实践，如校园卫生清洁、家政服务、农耕体验、农场劳动等，也可以兴趣小组、社团活动等形式开展一些劳动实践。

（二）在学科专业中有机渗透劳动教育

挖掘国家课程中的"劳动教育"元素，加强劳动教育的学科渗透。积极开展学科课程与劳动教育元素整合、劳动教育跨学科融合专项研究，着力探索劳动教育元素渗透于学科课程的内容及形式。在道德与法治、语文、历史、艺术等学科中融入对学生劳动观念、态度的培养，重点纳入劳动创造人本身、劳动创造历史、劳动创造世界、劳动不分贵贱等马克思主义劳动观的课程内容，选取歌颂劳模、歌颂普通劳动者、阐释勤劳节俭、艰苦奋斗等中华民族优秀传统的文本材料。在数学、科学、地理、技术、体育与健康等学科中加强对学生动手操作、劳动技能和创新精神的培养，帮助学生形成正确的劳动态度、规范意识和效率观念。

只有将劳动教育渗透于学校日常运行的方方面面，并与各个学科交叉融合，才能切实培养学生的劳动意识、劳动能力和劳动精神。

---

[1] 中华人民共和国教育部.教育部关于印发《大中小学劳动教育指导纲要（试行）》的通知[EB/OL].中华人民共和国教育部网.[2020-07-09].

（三）在课外校外活动中安排劳动实践

学校应充分利用周边的综合实践基地、研学基地、工厂、商店、田园及其他社会资源，为学生提供多样化的劳动场地，开展丰富多彩的课外劳动实践活动。小学低年级以校内为主，小学高年级可适当安排部分校外劳动，保证中小学每周课外活动和家庭生活的劳动时间，真正将劳动教育与学生的个人生活、校园生活和社会生活有机结合起来，丰富劳动体验，提高劳动能力，深化学生对劳动价值的理解。

组织学生在家长陪同下，以义工、志愿者的形式参加一些志愿服务活动、公益事业，开展"大手拉小手"活动，促进家长和学生共同成长；鼓励企业以多种方式融资参与劳动教育项目建设，着力打造学校、企业互利双赢的局面。每年定期设立学校"劳动周"，安排专题讲座、主题演讲、劳动技能竞赛、劳动成果展示、劳动项目实践等。

（四）在校园文化建设中强化劳动文化

学校应将劳动习惯、劳动品质的养成教育融入校园文化建设之中，科学设计校内劳动项目，组织开展形式多样的校内劳动实践活动。通过制定劳动公约、每日劳动常规任务单、学期劳动任务清单，让学生自觉参与校园卫生保洁、垃圾分类处理、绿化美化和管理服务等力所能及的劳动。成立与劳动教育有关的兴趣小组、社团等，形成集体优势与群体效应。结合植树节、学雷锋纪念日、五一劳动节、农民丰收节、志愿者日等，开展丰富的大型劳动主题教育活动，发挥节日的涵育功能，营造劳动光荣、劳动伟大的校园文化。

发挥榜样育人的示范引领作用，举办优秀毕业生报告会，开展劳动模范进校园活动等。开展多样化的劳动教育文化活动，如组织劳动技能和劳动成果展示、举办劳动相关演讲比赛、微视频征集活动。综合运用讲座、宣传栏、新媒体等，广泛宣传劳动榜样人物事迹，特别是身边的普通劳动者事迹，培养青少年的社会责任感，引导学生形成正确的劳动价值观和奋斗精神。邀请相关专家对家长、教师进行劳动教育专题讲座和培训等，提升教师和家长的劳动观念及劳动教育观念，使教师和家长认同并能有效践行劳动教育。保持良好的劳动教育网络氛围，如通过QQ、微信等社交平台向家长、学生推送崇尚劳动的学习材料。

二、劳动教育的关键环节

各地和学校应注重围绕劳动教育的目标和内容要求，从提高劳动教育的效果出发，基于学校的校情、学情来构建劳动教育的课程内容体系；把握劳动教育任务的特点，抓住关键环节，因地制宜，选择科学合理的劳动教育实施方式，体现出时代性与先进性[①]。

（一）讲解说明

教师讲解与启发思考、示范、练习等形式结合起来，重点讲解什么是劳动、为什么劳动，让学生懂得劳动的意义和价值；善于将讲解的内容与学生既有的劳动经验联系起来，明确二者之间的联系和区别，帮助学生进行经验建构。加强劳动观念、劳动纪律、劳动相关法律法规的

---

① 中华人民共和国教育部.教育部关于印发《大中小学劳动教育指导纲要（试行）》的通知 [EB/OL].中华人民共和国教育部网.[2020-07-09].

正面引导，指明轻视劳动，特别是轻视普通劳动的危害，让学生明辨是非。加强劳动知识技能的讲解，善于运用多样化的资源启发学生从不同视角对劳动内容进行观察与思考。强化劳动示范，为学生展示清晰的劳动操作方法和过程，让学生在实际演练和操作之前明确劳动内容的关键要点、关键步骤、关键环节和注意事项，做到心中有数，掌握实践操作的基本原理、程序、规则和使用工具的正确方法。

（二）淬炼操作

教师围绕如何做的问题，指导学生对讲解说明的劳动内容进行实际操作演练。强化规范意识，将劳动操作的基本流程、基本规范和重要事项，以学生可接受和喜欢的方式组织和呈现，要求学生从最基本的程序学起，严守规则，避免主观随意。强化质量意识，关注细节，争取每个步骤精准到位，以精细的劳动过程实现高质量的劳动成果。专注品质，注重引导学生对操作行为的评估与监控，做到眼到、手到、心到，对自己当前从事和负责的劳作项目与内容一以贯之，有始有终。

（三）项目实践

教师先行示范，与学生共同劳动，围绕劳动能力的培养，积极参与和指导学生进行项目实践。注重劳动价值体认，引导学生有目的地对家庭生活、社区生活和学习生活环境进行观察、调查和考察，明确现实生活中存在的问题或劳动需求，进而确立劳动实践项目。强化规划设计意识，充分发挥学生的主动性、积极性、创造性，引导学生根据调查研究结果，拟定劳动实践项目实施的整体方案，并综合运用所学知识、技术不断优化行动方案。强化身体力行，锤炼意志品质，能够持续反思项目实践进度和阶段性成果，用自己的劳动满足需求，进而在困难与挑战中完成行动任务。

（四）反思交流

教师围绕劳动价值意义的建构，引导学生总结、交流，促进学生形成反思交流习惯。组织学生交流分享劳动的体验和收获，分析和把握学生所谈体验和收获的思想内涵，及时肯定其中表现出的具有积极意义的认识，纠正观念上的偏差，指导学生思考劳动过程和结果与社会进步、个体成长的关联，避免停留在简单的苦乐体验上。将反思交流与改进结合起来，引导学生关注自身劳动素养的发展，及时查漏补缺，使学生在劳动中获得成长。教师的及时反馈往往会对学生的反思起到画龙点睛的作用，对学生劳动体验的深化和劳动价值的内化起着重要的促进作用。

（五）榜样激励

教师围绕劳动的精神追求树立典型，激发学生的劳动热情。劳动者榜样包括个体劳动榜样和群体劳动榜样两种。榜样激励要注意遴选、树立多类型榜样，不仅要有大国工匠、劳动模范，还要有身边劳动表现优异的普通劳动者和同学。选择切实可行的各种层次、各种类型的先进典型，不能一味追求令人望而生畏的"高、大、全"的典型，要让学生感受到榜样的可达性、可学习性。学习榜样的过程中，教师要指导学生从榜样的具体事迹中领悟他们的高尚精神和优良品质，体验榜样的心灵转化和实践历程，感受到榜样的真实性、生活性，避免大而空、华而虚的道德说教。教师自身应知行合一，成为榜样学习的实施者和榜样高尚精神与优良品质的践行者。

三、劳动教育的评价

将劳动素养纳入学生综合素质评价体系，会使学生从思想上高度重视劳动教育，能够更好地激发学生参加劳动教育的积极性和主动性。通过督导和评价的引导，可以推动教育者有目的地进行劳动教育，使劳动教育朝着积极的方向发展。加强劳动教育督导与评价，以劳动教育目标、内容要求为依据，将过程性评价和结果性评价结合起来，健全和完善学生劳动素养评价标准、程序和方法，把劳动教育课程及实践活动开展情况作为学生综合素质评价的重要内容，纳入学生劳动教育档案、综合素质档案、成长档案，建立中小学劳动活动及课程的反馈改进机制。

把劳动素养评价结果作为衡量学生全面发展情况的重要内容，作为评优评先的重要参考或依据，作为高一级学校录取的重要参考或依据。建立公示、审核制度，确保记录真实可靠。鼓励、支持各地利用大数据、云平台、物联网等现代信息技术手段将劳动课程及活动实践情况，包括课程开设、活动开展及实施效果，纳入中小学课程实施监测。制定学生劳动教育课程评价标准，建立劳动教育教师评价机制，明确劳动教育教师考核要求和办法，将教师指导学生劳动的工作业绩作为晋升和聘任的重要依据，对有显著成效的指导教师给予奖励，发挥示范引领作用。

（一）平时表现评价

应及时对劳动教育实践活动中学生的平时表现进行评价，强化过程评价、多元评价，关注学生成长过程，通过评价促进学生发展。关注学生在劳动教育活动中的实际表现，覆盖各类型劳动教育活动，包括日常生活劳动、生产劳动和服务性劳动等。全面客观记录学生课内外劳动过程，明确学年劳动实践类型、次数、时间等考核要求。关注真实过程，避免弄虚作假，过于繁杂，注重从行为表现中分析和把握学生劳动观念的形成情况。

评价内容多维度，评价方式、参与主体多元化。以自我评价为主，教师、同伴、家长等他评方式为辅，指导学生反思改进。注重评价结果的科学应用，充分发挥评价的引导、诊断、改进与激励等功能，将学校劳动教育结果纳入绩效考核，促进劳动教育目标有效达成。要指导学生如实记录劳动教育活动情况，收集整理相关作品等。学生参加家务劳动和掌握生活技能的情况要按年度纳入综合素质档案，作为学生学年评优评先的重要参考。

（二）学段综合评价

学段结束时，应依据学段目标和内容、学生综合素质档案情况，兼顾必修课学习和课外劳动实践，对学生的劳动观念、劳动能力、劳动精神、劳动习惯和品质等劳动素养发展状况进行综合评定。建立诚信机制，严格规范评价方法和程序，实行写实记录抽查制度。充分运用信息技术推进"互联网+劳动教育"评价模式，促进评价的大数据应用、智能化管理与常态化实施，对弄虚作假者在评优评先方面实行一票否决，性质严重的应依法依规严肃处理。

（三）开展学生劳动素养监测

将学生劳动素养监测纳入基础教育质量监测，由有关专业机构定期组织调查学生劳动素养的状况，监测学生劳动观念、劳动能力、劳动精神、劳动习惯和品质的发展状况，确保劳动教育评价结果的客观精准，发挥监测结果的示范引导、反馈改进等功能。

四、学校劳动教育的规划与实施

（一）整体规划劳动教育

学校是劳动教育的实施主体，应根据国家相关规定，结合当地和本校实际情况，独立开设劳动教育必修课，自主选择和确定各年级任务群学习数量。有条件的学校应在整个义务教育阶段的课程内容中涵盖 10 个任务群，形成具有综合性、实践性、时代性的劳动教育课程体系。学校对劳动教育进行整体设计、系统规划，形成劳动教育总体实施方案。该方案要明确劳动教育的目标内容、课时安排、主要劳动实践活动安排、劳动教育过程组织与指导及考核评价办法等。组织教师广泛开发日常生活、手工制作等校本课程，积极实施创新创客教育、科技创新实践、STEAM 教育等项目，推进劳动教育与地方课程、校本课程的融合实施。构建特色劳动教育实践活动项目，每学年设立学校劳动周，可在教学期间或寒暑假等自主安排，以集体劳动为主。学校在制定劳动教育规划时，应注意处理理论学习和实践锻炼的关系、劳动教育与其他教育活动的关系，以及劳动的传统形态与新形态的关系。

1.理论学习和实践锻炼的关系

劳动教育包括理论学习和实践锻炼两部分内容。理论学习重在让学生理解和掌握"劳动创造了人本身""劳动创造世界"等历史唯物主义基本理论，学习劳动相关法律、法规和政策，使之成为行动的指南。实践锻炼重在将所学知识转化为真正有用的实际本领，形成良好的劳动习惯，弘扬劳动精神。规划劳动教育时，需要理论学习和实践锻炼两者兼顾，以实践锻炼为主，理论学习为辅，开展丰富多彩的课内外劳动教育实践活动，为学生提供了解和参与劳动实践的机会，切实保证每一个学生都有必要的劳动实践经历，不能"纸上谈兵"，停留在口头上喊劳动、课堂上讲劳动地坐而论"劳"。教师应组织学生进行计划构想，在实践中观察思考，在实践后集中反思交流，加深对有关劳动思想理论、法规政策的理解，实现理论学习和实践锻炼的统一。

2.劳动教育与其他教育活动的关系

学校应保障开足专门的劳动教育必修课，在综合实践活动的社会服务、设计制作、职业体验部分也可以融入劳动教育内容，整合实施劳动教育。

3.劳动的传统形态与新形态的关系

应将日常生活劳动教育贯穿大中小学教育始终，涵盖个人生活起居、校园劳动和家庭劳动等过程。在安排生产劳动和服务性劳动项目时，中小学要以使用传统工具、传统工艺的劳动为主，积极引导学生深入社区、福利院和公共场所参加各种公益劳动、志愿服务、社区治理等，体会劳动人民的艰辛与智慧，传承中华优秀传统文化。全力打造"科技+""生态+"等多种行业劳动教育基地，带领学生参观、实践，体验使用新知识、新技术、新工艺、新方法的劳动，感受现代劳动的科技化。

（二）劳动教育的组织实施

1.实施机构和人员

学校要建立和健全劳动教育组织实施的工作机制，整体设计劳动教育的内容和实践路径，明确主管校领导，设置机构或明确相关部门负责系统规划、合理布局、组织协调、资源整合、师资培训、过程管理、总结评价等，落实学校劳动教育的新内涵、新使命，促进学生全面发展、健康成长。根据学校劳动教育需要，明确劳动教育责任人，进行劳动教育规划、组织实施、评价等工作，多措并举建立专兼职结合的劳动教育师资队伍，配齐劳动教育必修课教师，保持教师队伍的相对稳定性。要积极引进专职教师，培养具有学科背景的兼职指导教师。积极参与劳动教育学科共同体的构建，唯有所有学科教师都有渗透劳动教育的意识，才会带来劳动教育的有效实施与实践创新。

学校要将常态化的劳动教育内容进行系统梳理，以学生为中心，合力构建起浸润式学习场域。要充分发挥各类教师特别是班主任、辅导员、导师的作用，利用少先队、共青团、党组织以及学生社团等各方面力量，合力开展劳动教育实践活动。同时，充分调动社会力量，聘请家长、非物质文化遗产传承人等作为特聘教师。在学校设立劳模工作室、技能大师工作室等，聘请相关行业专业人士担任劳动实践指导教师。学校还要立足本校实际，建设劳动课程教研组，开展校本教研活动，探讨劳动实践的指导方法，反思教学得失，提升劳动教育的实施能力。

2.劳动安全风险防范与管理

学校要加强劳动安全教育与管理，做好安全风险防控工作，构建完善的劳动安全保障机制。在劳动教育中，强化师生的安全意识，时刻关注师生的身体健康以及生命安全。要依据学生身心发育情况，适度安排劳动强度、时长，切实关注劳动任务及场所设施的适宜性。劳动活动的开展程序必须规范，强化规则、纪律意识，注重引导学生关注细节，要求每个环节、操作精准到位。要注重与学生之间的情感交流及互动，了解学生的心理状态以及在劳动教育中的真实情况，分析学生的心路历程。主动调整安全风险防控机制，更好地促进安全教育工作落实到位，保障学生既能够主动地接受劳动教育，又能够拥有一个更加积极向上的心理状态。

构建完善的保障制度，科学评估劳动实践活动的安全风险，认真排查、清除学生在劳动实践中的各种隐患。在场所设施选择、材料选用、工具设备和防护用品使用、活动流程等方面制定安全、科学的操作规范，强化劳动过程中每个岗位的管理，明确各方责任，防患于未然。完善应急与事故处理机制。学生在参与各类文体活动或劳动活动的过程中，会出现许多突发事件，这些事件会产生一定的蝴蝶效应，进而导致校园危机的产生。因此，学校必须要构建完善的防范机制以及应对体系，明确各个阶段的劳动教育工作要求，分析其中的风险，以此更好地实现对症下药，有效避免各种安全隐患，及时处理突发情况。学科教师、班主任和学校负责人也应加强联系和有效沟通。劳动环境一般比较复杂，环境状况不易管控，要特别关注劳动过程中的卫生隐患，按照疾控、卫生健康部门及行业有关规定和指导意见采取相应措施，准备急救医疗用品，切实保护学生的身心健康。鼓励购买劳动教育相关保险，维护学生权益。

3.建立协同实施机制

劳动教育实践活动需要一定的平台、载体，学校的地理环境、校园环境、家庭和社会环境都能成为劳动教育的资源。学校要为学生参与各类劳动实践搭建平台，推动建立以学校为主导、家庭为基础、社区为依托的协同实施机制，形成共育合力。学校可以协调校友、社区、政府、高校、企事业单位等社会资源，多渠道拓展劳动实践场所，共建共享稳定的劳动实践基地、校外实习实训基地和各类型创新创业孵化平台，同时与相关社会实践基地共同开发并实施劳动教育课程。

组织开办家长学校，通过家长会、社区宣讲、网络媒体等方式，引导家长树立正确的劳动观，让家长承担起劳动教育的责任，主动指导和督促孩子完成家庭、社区劳动任务。统整学校文化、校风班风、空间环境，利用家长资源开展志愿服务体验、职业体验，组织研学实践，构建家长、学校、社会协同育人的劳动教育格局。

问题讨论

1. 小学劳动教育的主要途径有哪些？我们应当如何评价劳动教育？
2. 学校应如何规划实施劳动教育？作为教师，应当如何高效地实施劳动教育？

本章小结

劳动教育是提高小学生综合素质、成就幸福圆满的人生的有效途径。学校开展的劳动课程内容必须为学生量身设计，着重强调学生亲身实践、亲历情境、亲手操作，为学生提供多样化的劳动实践活动。为了避免劳动教育仅停留在"拍照打卡"阶段，学校应发挥主导作用，家庭应发挥基础作用，学校与家庭、社会协同推进，共同努力实现开展劳动课程的教育价值。唯此，才能真正实现通过日常生活劳动培养学生的家庭责任感，进而培养其正确的劳动观念、良好的劳动习惯和意志品质等。

推荐阅读

1.汪永智，郭宏才，荣爱珍.劳动教育 [M].北京：北京理工大学出版社，2021.
2.王开淮，郭杨波，李文晋，等.劳动教育 [M].北京：清华大学出版社，2021.
3.中华人民共和国教育部.义务教育劳动课程标准：2022 年版 [M].北京：北京师范大学出版社，2022.
4.刘向兵，等.新时代高校劳动教育论纲 [M].北京：社会科学文献出版社，2019.
5.中国劳动关系学院劳动教育中心.劳动教育评论 [G].北京：社会科学文献出版社，2020.
6.李珂.嬗变与审视劳动教育的历史逻辑与现实重构 [M].北京：社会科学文献出版社，2019.

第十一章　如何设计综合实践活动

20 世纪 90 年代以来，世界各国纷纷推出课程改革措施，共同点是提倡课程向儿童经验和生活回归，推崇课程综合化。2017 年，我国教育部颁布了《中小学综合实践活动课程指导纲要》，指出"综合实践活动课程是从学生的真实生活和发展需要出发，从生活情境中发现问题，转化为活动主题，通过探究、服务、制作、体验等方式，培养学生综合素质的跨学科实践性课程"。若以学生的直接经验与生活为基础，研究的问题本身就具有跨学科性，因此要探索各学科交叉与融合的途径，弥补在基础教育课程体系中出现的短板，设置以培养综合素质为导向的实践活动课程很重要[①]。

第一节　综合实践活动的发展

学习提要

1. 理解综合实践活动课程及其与跨学科的区别。
2. 了解国内外综合实践活动跨学科现状及发展历程。
3. 分析综合实践跨学科案例，知道如何撰写该领域教学设计。

一、综合实践活动的国内外研究现状

（一）综合实践活动课程国外研究现状

在美国，各州中小学开设的综合实践活动课程名称并不相同，主要可以分为四类：自然与社会研究类、设计学习类、社会参与学习类以及服务性学习类。各州按学区独立开发课程内容，各学区会在课程开展时开发系列的主题活动，让学生能够按照自己的意愿和兴趣选择主题。同时，为保证能够常态化开设此类课程，美国全力推进了国家、州地各层面的计划，并建立了对应的组织机构，出台了相关的政策支持《全美服务希望法案》（1933 年），为综合实践活动课程在学校的顺利开展提供一定的法律保障。[②]

在日本，1993 年颁布的文件《学习指导纲要》中增加了"综合学习时间"的规定。在《学习指导纲要》中，没有设置具体的课程内容与编制统一的教材，只规定了课程开展的课时和涉及

---

① 李娜，王雪菲. 跨学科整合背景下小学综合实践活动课程初探 [J]. 品位·经典，2022（4）：166.
② 李海莹. 小学综合实践活动课程活动设计研究 [D]. 锦州：渤海大学，2017.

的主要领域，主要包括现代化的社会课题，课程的活动形式主要有自然体验和社会体验，课题开展的过程中可以进行调查、讨论、参观、实验、观察，以及制作等体验性或者问题解决等学习形式。设定"综合学习时间"是为了能够让学生更好地适应社会发展，培养学生与人、社会与自然等现实世界和谐共处，在参与社会活动的过程中培养社会责任与意识。①

在法国，20 世纪末为适应时代发展，教育部在教学内容以及教学方式上做出了相对的课程体系改变。一方面，进行个别化教学以保证所有个体都能有所成就；另一方面，设置研究性学习课程以培养学生具备适应时代发展的综合能力。1998 年，将"研究性学习"更改为"有指导的学生个人实践活动"（TPE），主要面向高中学段学生。在选择项目主题及制定活动目标时要紧扣课程特点、接近学生真实的生活经验以及符合学生的认知水平，不要跳出学生的教育规律及成长规律，也可以结合各地方特色开展。在小学课标中，"综合学习"课程主要以"动手做"和"技术实践"等方式呈现。课程学习要求主要体现在两个基本方面：一是综合学习课程需要跨两门及以上学习领域，具备综合应用多学科的知识与技能；二是综合活动方式丰富多样，包含考察、探究、实践、应用等基本学习活动形式。

（二）综合实践活动课程的国内研究现状

在我国，综合实践活动课程的发展大致可以概括以下四个阶段。

1. 探索创建阶段（1949—1991 年）

1981 年，教育部出台的《全日制五年制小学教学计划（修订草案）》中第一次出现了"课外活动"，此前没有相关的纲要或课标指导实施该课程。"课外活动"是相较于其他课程而言的，有很多学者也称它为"第二课堂"，认为这是学生利用课余时间进行的可以开拓视野、培养兴趣、有益身心发展的业余活动。但由于当时数学、语文等学科为教育主流课程，甚至学校教师与家长都认为课外活动很浪费时间且与学习无关，对于课程不重视，因此课程的实施热度也不高。

2. 初步发展阶段（1992—2000 年）

1992 年 11 月，教育部颁布的《九年义务教育全日制小学、初级中学课程计划（试行）》中规定，学校课程既包括学科课程，也包括活动课程，还规定了活动课程每学年的课时总数，以及具体内容和形式。之后颁布的《九年义务教育活动课程指导纲要》更是全面介绍了活动课程的地位、培养目标、组织内容形式与基本方法、实施原则、管理与评估策略。从此，活动课程与学科课程并列为学校课程。在课程实际落地的过程中，出现了很多优秀的教学案例，但仍有学校将活动课程安排成学生的自由活动，甚至有不开设此课程的现象存在。

3. 正式确立阶段（2000—2017 年）

2001 年，教育部在出台的《基础教育课程改革纲要（试行）》中增设了一门必修综合课程——综合实践活动，从小学三年级开始设置该课程，平均周课时为 3 节。随后颁布的纲要详细规定了其背景理念、性质、目标、内容、实施、管理及评价。此后，实施课改的地区都设置了综合实践活动课程，并从 2005 年开始在全国全面推广。

---

① 李海莹.小学综合实践活动课程活动设计研究 [D].锦州：渤海大学，2017.

4. 综合发展阶段（2017 至今）

教育部在 2017 年 9 月发布的《中小学综合实践活动课程指导纲要》中提出，综合实践活动课程由各地统筹管理，具体主题内容以学校开发为主，从小学一年级开始全面实施直至高中三年级，让学生从中培养能够适应社会快速发展变化，具备个人职业与自主发展的核心素养、社会责任担当以及能够解决真实情境问题的生活实践能力与创新精神。[①]

伴随社会经济与教育的快速发展，小学综合实践活动课程从课外活动到活动课程，再到综合实践活动课，与语文、数学、英语等其他课程并列，成为一门正式的学科。授课对象也从小学三年级下调至一年级。纲要中分为四类活动目标：价值体认、责任担当、问题解决与创意物化，给课程的内容设计拓展了新的方向，内容上愈加关注各学科知识的综合运用、社会活动的实践以及创新能力的发展。

该纲要指出，综合实践活动课程区别于传统的学科课程，是一门具有跨学科性质的国家必修课程。课程强调要让学生结合现有的经验水平真实地参与社会生活，并运用跨学科知识解决现实问题，在实践解决问题的过程中培养学生的责任担当与社会意识，提升创新实践的能力。作为一门新型课程，国家层面只给出了课程开展纲领，以及部分参考主题，而没有给出课标、授课形式和统一的教材，更多的探索空间依靠教师与学校开展实施。

二、综合实践活动课程概述

（一）综合实践活动课程性质与基本理念

1.综合实践活动课程的性质

综合实践活动课程是从学生的真实生活和发展需要出发，从生活情境中发现问题，转化为活动主题，通过探究、服务、制作、体验等方式，培养学生综合素质的跨学科实践性课程。作为国家义务教育规定的必修课程，并列于学科课程，由地方统管，具体开发以学校为主，自小学一年级至高中三年级全面实施。其中，小学一到二年级平均每周不少于 1 课时，三到六年级每周不少于 2 课时。学校可以有机结合活动的需要，在开足规定课时总数的前提下，灵活安排、自由选择集中或分教地有效使用综合实践活动时间，保证学生活动的连续性和长期性，能够根据活动主题的特点拓展学生的活动空间与学习场所。

2.综合实践活动课程的基本理念

（1）以培养学生综合素质为导向的课程目标。强调学生对各学科知识的综合运用，对真实情境现实问题的认识、分析和解决，综合素质的提升，核心素养的发展，尤其是适应快速变化的社会生活、职业世界和个人自主发展的需要，迎接信息时代和知识社会挑战的社会责任感、创新精神和实践能力。

（2）面向学生的个体生活和社会生活的课程开发。引导学生从与人、社会或大自然的探索中寻找具有教育意义的活动主题，避免从单一的学科知识体系设计活动，让学生结合学习与生活经验，获得真实的劳动体验。

---

① 阮琼弘.活动理论视野下的小学综合实践活动设计研究 [D].上海：上海师范大学，2019.

（3）注重学生主动实践和开放生成的课程实施。鼓励学生在选择活动主题时，从自身的成长需要出发，主动参与并亲身经历实践过程，体验并践行价值信念。伴随活动的开展，学生可以根据实际需要，对活动的目标与内容、组织与方法、过程与步骤等做出动态调整，不断深化活动。

（4）主张多元评价和综合考察的课程评价。在分析考察课程实施状况与学生发展状况时，多采用质性评价方式，将学生的各种表现和活动成果作为重要的依据，对学生的活动过程和成果进行综合评价。避免将评价简化为分数或等级，突出评价对学生的发展价值，充分肯定学生的活动方式和问题解决策略的多样性，鼓励学生自我评价与同伴间的合作交流和经验分享。[①]

（二）综合实践活动课程的课程目标

总目标和分目标强调了从小学到高中各学段学生的价值体认、问题解决、责任担当、创意物化四个方面的意识和能力，该课程比分科教学更强调实践育人，让学生在亲身体验与自主探究中培养对知识的综合运用能力以及创新能力，以期使学生在自我认知中、在社会与自然中，能够不断完善，和谐发展。

1. 总目标

学生能从个体生活、社会生活及与大自然的接触中获得丰富的实践经验，形成并逐步提升对自然、社会和自我之间内在联系的整体认识，具有价值体认、责任担当、问题解决、创意物化等方面的意识和能力。

2. 小学阶段具体目标

（1）价值体认。让学生亲身经历主题教育、少先队与场馆活动，参观爱国主义教育基地等，能够从这些活动中收获有意义的价值体验，形成集体思想与组织观念，培养对中国共产党的朴素感情，为自己是中国人感到自豪

（2）责任担当。让学生围绕日常学习生活开展服务活动，能独立处理生活中的基本事务，初步养成自理能力、自立精神、热爱生活的态度，具有积极参与学校和社区生活的意愿。

（3）问题解决。让学生能在教师的引导下，结合学校、家庭生活中的现象，发现并提出自己感兴趣的问题，能将问题转化为研究小课题，体验课题研究的过程与方法，提出自己的想法，形成对问题的初步解释。

（4）创意物化。让学生通过动手操作实践，初步掌握手工设计与制作的基本技能，学会运用信息技术解决实际问题，服务于学习和生活，设计并制作有一定创意的数字作品。[②]

（三）综合实践活动课程内容与活动方式

1.内容选择与组织原则

综合实践活动课程的内容选择与组织应遵循如下原则。

（1）自主性。在选择主题及内容时，重视学生自身发展需求，尊重学生的选择。教师应引导学生围绕活动主题，从特定的角度切入，选择具体的活动内容，并自行确定活动目标任务，提升自主规划和管理能力。

① 中华人民共和国教育部.中小学综合实践活动课程指导纲要[M].北京：北京师范大学出版社，2017.
② 中华人民共和国教育部.中小学综合实践活动课程指导纲要[M].北京：北京师范大学出版社，2017.

（2）实践性。在动手做、实验、探究、设计、创作、反思的过程中进行体验、体悟、体认，发现、分析和解决问题，体验和感受生活，发展实践创新能力。

（3）开放性。教师要基于学生个人兴趣、专长以及已有生活经验，引导学生将身边环境作为学习场所，不断开拓活动的场域和内容，选择综合性较强的活动内容，鼓励学生跨学科学习，使学生的个性、特长、实践能力、服务精神和社会责任感不断获得发展。

（4）整合性。要结合学生认知发展水平与个性特点，以促进学生的综合素质发展为核心，均衡考虑学生与自然的关系、学生与他人和社会的关系、学生与自我的关系三方面的内容对活动主题的探究和体验，要体现个人、社会、自然的内在联系，强化科技、艺术、道德等方面的内在整合。

（5）连续性。应基于学生可持续发展的要求，设计长期与短期相结合的主题活动，使活动内容具有递进性。要促使活动内容由简单走向复杂，使活动主题向纵深发展，不断丰富活动内容、拓展活动范围，促进学生综合素质的持续发展。要处理好学期之间、学年之间、学段之间活动内容的有机衔接与联系，构建科学合理的活动主题序列。

2.课程形式

综合实践活动的主要课程形式有四类：考察探究类、社会服务类、设计制作类与职业体验类。考察探究类如野外考察、社会调查、研学旅行等，是教师基于学生的兴趣，从自然、社会和学生生活中选择主题，开展研究性学习，让学生通过观察、记录和思考，主动获取知识，分析并解决问题的过程。社会服务类如公益活动、志愿服务、勤工俭学等，让学生走出教室，在教师指导下参与社会活动，满足社会组织或他人的需要，让学生在满足被服务者需要的过程中获得自身发展，提升实践能力，成为履职尽责有担当的人。设计制作类如动漫制作、编程、陶艺创作等，是指学生运用各种工具、工艺（包括信息技术）进行设计，并动手操作，将想法创意、方案转化为物品或作品的过程。在此过程中发展学生的技术水平、融会贯通的工程思维、手脑并用的操作能力等。职业体验类如军训、学工、学农等，让学生通过实际岗位的见习、实习，体验职业角色的工作生活，从中获得对职业生活的真实理解，挖掘专长，形成正确的劳动观念和人生志向。[①]

（1）考察探究的关键要素包括：发现并提出问题；提出假设，选择方法，研制工具；获取证据；提出解释或观念；交流、评价探究成果；反思和改进。

（2）社会服务的关键要素包括：明确服务对象与需要；制订服务活动计划；开展服务行动；反思服务经历；分享活动经验。

（3）设计制作的关键要素包括：创意设计；选择活动材料或工具；动手制作；交流展示物品或作品；反思与改进。

（4）职业体验的关键要素包括：选择或设计职业情境；实际岗位演练；总结、反思和交流经历过程；概括提炼经验，行动应用。

除上述活动外，综合实践活动还有博物馆参观、党团队教育活动等。在设计综合实践活动时可以有所侧重，以一种方式为主，其他方式为辅，也可以整合几种方式一起实施，彼此融合

---

① 中华人民共和国教育部.中小学综合实践活动课程指导纲要 [M].北京：北京师范大学出版社，2017.

渗透。同时，要充分运用信息技术，有效支持解决问题与成果分享等。

（四）综合实践活动课程的评价

坚持以学生成长为导向，在实践过程中引导学生自我反思各项表现，强调师生之间、同学之间对彼此个性化的表现进行评定、鉴赏。课程要强调评价主体与评价价值取向的多元化，教师、家长、同伴及学生自身要关注活动成果如研究报告、作品等，更要注重在活动过程中的各项表现，如解决了哪些问题，参与活动的积极性等。教师要指导学生对活动情况进行客观的记录，为学生建立综合素质档案，为评价提供事实依据。

> **问题讨论**
>
> 1. 对比国内和国外综合实践活动课程，说出其相似及不同之处。
> 2. 说出见习中常见的小学综合实践活动有哪些，都属于什么活动形式？

第二节　综合实践活动的设计路径

> **学习提要**
>
> 1. 了解综合实践活动课程与传统分科课程的区别。
> 2. 掌握综合实践活动跨学科课程设计的基本步骤。
> 3. 理解不同类型的综合实践活动课程设计原则与方式。

一、综合实践活动课程与传统分科课程的区别

在我国的基础教育课程体系中，综合实践活动课程与各学科课程有着本质的区别。它是从学生的已有经验出发，结合学生自身及社会生活实际，实现对各科知识的综合运用，具有独立的功能与价值。随着课程改革的不断推进，各地中小学结合社团活动、STEAM课程、科技教育等，开设了个性化、形式多样的综合实践活动课程。要达到综合育人的目的，综合实践活动课就需要打破单一学科的界限，重新界定课程目标及内容。与传统的分学科教学相比，综合实践活动课程从目标制定、活动形式、知识体系、课程评价方面明显区别于分科课程。

传统的分科课程严格按照国家的统一规定，强调学科知识体系的逻辑性与完备性；综合实践活动课程跨越单一学科领域，与各学科领域形成有机整体，二者有着密切联系。综合实践活动课程是对学科领域知识的综合与延伸，某些时候可以与某些学科的教学联合进行，处理好综合实践活动课程与各学科领域的关系是十分重要的，在此基础上以活动为载体，重新整合各学

科知识以探究课题、解决问题。

传统的分科课程中的活动多以提问、讨论为主，根据不同学科的学习特点，以实验、操作等形式为辅，活动场地一般局限于教室，主要的学习材料为教科书；而综合实践活动课的内容是由每一所学校自主发挥创造性制定的，更加关注儿童的兴趣、爱好，发展学校或地区的特色。活动的主题来源于日常生活，将学科知识与实际生活相联系。活动的设计以"发现问题—提出问题—分析问题—解决问题"为主线，以"亲身体验，深度研究"的形式引导学生亲身实践，参加真实情境，解决真实问题，培养学生的研究能力与创新能力，同时活动领域不断向生活、社会、自然扩展。

新世纪需要具有综合素质的人才，综合素质的人才不仅应该具有扎实的科学和人文基础知识，同时应该具有较高的人生格局和较宽的观察视野，善于综合运用知识，全方位审视事物并妥善处理问题。当然，搜集信息的能力、将信息创新为知识的能力、将知识创新为技术的能力、参与社会实践的能力、与他人合作的能力，以及健全的价值观、健康负责任的生活方式也是新世纪综合型人才应具备的能力和素质。因此，强调基础教育课程综合性的改革，就是强调制定综合性的课程目标、综合的课程内容、综合的课程实施场所，以及综合的教学方法和手段，让学生在综合性的课程学习中，找到适合施展自己个性的舞台，在深度体验的基础上获得全面的发展，为适应未来社会生活做好知识和技能的储备。

二、综合实践活动课程的设计过程

区别于传统的学科课程，综合实践活动课程在组织上强调实践性，在实践中突破学科知识界限，打破学科框架，与学科课程互补。如何能够更好地对综合实践活动课程进行设计，突破现实教学实践中的桎梏，发挥课程最大价值显得尤为重要。综合实践活动课程是基于学生的直接经验、密切联系学生自身生活和社会生活、体现对知识的综合运用的课程形态。这是一种以学生经验和生活实际为核心的实践性课程，注重对知识技能的综合运用，体现经验和生活对学生发展的价值。综合实践活动课程开展的基本步骤为：确定活动主题、制定活动方案流程、组织实施活动、总结反思评价。

（一）确定活动主题

综合实践活动的主题选择首先要遵循一般原则，然后考虑其易于与探究、体验相结合。主题类型主要有课题探究类、设计制作类、劳动服务类和考察体验类。课题探究类以认识和解决某一问题为主要目的，主要包括调查研究、实验研究、文献研究、走访研究等。设计制作类以解决比较复杂的操作问题为主要目的，主要包括社会性活动项目设计，作品、产品类项目设计制作两种。劳动服务类以培养社会服务意识、增强公民责任感、提升劳动技能为主要目的，主要包括社区服务活动、公益活动、生产劳动等。考察体验类以获得对社会现实的真实体验、养成合作分享的良好品质、强化社会责任感为主要目的，主要包括参观活动、考察活动、访问活动、宣传活动等。[①]

活动主题的拟定是任何综合实践活动的首要环节，活动主题一定要精炼而富有内涵，主题

---

① 孙其鑫. 小学项目式综合实践活动设计研究 [D]. 杭州：浙江师范大学.2020.

设计得醒目、清晰，能引起活动对象的注意和喜爱，给人眼前一亮、耳目一新的感觉。活动主题的产生可以是来自教材、可以来自班级活动的启发，也可以来自学生从个体的学习生活、家庭生活、社会生活或自然生活中提炼出来的。主题的确定一定要经过班级师生共同协商确定，教师则要做好提炼引导作用。

（二）制定活动方案流程

活动方案是开展活动的必要前提，是实施活动的蓝图。活动主题确定后，教师引导学生根据要探究的问题设计探究方案。一个完整的综合实践活动方案包括活动名称、活动实施者、活动指导者、活动时间、组织形式、具体任务和分工、活动目标、研究方法、具体实施步骤、预期成果及展现形式、活动总结评价等内容。制定活动方案时要注意：第一，活动方案要具体细致。活动时间的安排、组织形式、人员的分工合作、活动内容、活动总目标，以及阶段性目标等都要一一细化，便于在活动中有的放矢。第二，活动方案要切实可行。第三，要关注小组成员的特点，根据每个学生的优势、特长分配相应的活动任务。

（三）组织实施活动

相对于基础课程，综合实践活动的开展具有较大的自由度。综合实践活动课程是师生合作开发、共同设计与互动实施的课程，实施过程是课程开设的关键。它不仅是对活动方案的落实，更是该课程开发、设计、实施、评价的整体过程。它不仅具有与其他学科课程实施的不同特点，也有自己的实施模式和活动方式。根据活动领域、主题、目的和方式等的不同，在综合实践活动实施过程中会有多种具体形式。其中，师生互动合作和学生自主探究是两种主要的活动形式。互动合作形式要求师生双向沟通与合作参与，鼓励学生积极参与、主动反应及大胆创造。教师在活动中是引导者、帮助者、合作者和参与者。自主探究形式是指学生基于自身兴趣，在教师指导下，从自然、社会和学生自身生活中选择和确定研究主题，主动地获取知识、应用知识、解决问题的学习活动。[1]

（四）总结反思评价

（1）评价标准要有利于评价的可行性，尽可能地将标准量化，如果不能具体量化，也应该采用明确的词语来界定。比如在参与活动时，用"被动""缺乏兴趣""主动参与""积极活跃"等进行划分，明确的标准更有利于评价主体开展评价。

（2）评价内容要区别于传统学科的评价内容，要充分考虑学生的过程参与、兴趣动机、与他人的合作沟通，不能单一地以知识为本位，要多维度考察。例如，学生能否在参与综合实践活动的过程中自主完成资料搜集与整理，能否主动参与活动并发现解决问题，能否很好地与小组成员协作沟通交流，能否学以致用，灵活运用各学科知识到实践活动中。

（3）评价主体要多元化，教师评价以引导激励为主，帮助学生树立自信心；学生自评要侧重反思与赏识，既要看到自己的不足，也要找到自己的进步，让学生对自己的表现能有清醒的认识，不断完善自身；学生互评要懂得欣赏与收获，让评价起到团结合作，取长补短的作用；家长的评价要以了解与监督为主，树立科学的教育观，与学校、教师一起及时掌握学生心理，

① 张传燧.论综合实践活动的实施［J］.课程.教材.教法，2002（7）：16-20.

督促学生健康成长。

（4）评价方式要综合采用过程性评价，关注学生在综合实践活动实施过程中的表现。如学生的参与性、合作性、态度等，多样的评价内容使得过程性评价更加真实；反思性评价，学生可根据自己的表现作出客观、公正的评价，进行全方位的自我反思；动态发展评价，学生在自我评价和互相评价的过程中，学会采用批判性思维进行反思性思考，对学生进行动态发展评价。

三、综合实践活动课程的设计原则

（一）研究类综合实践活动

研究类综合实践活动是在教师指导下，学生个体或小组围绕同一个课题或问题开展研究活动，多方位培养学生解决问题的能力。

1.研究类活动的类型

（1）课堂活动包括：课堂提问、小组讨论、集体辩论、才艺表演、绘画制作、游戏比赛等。学校是研究性活动的重要场所，而课堂又是学校最主要的学习地点，以课堂活动为主、课外活动为辅，因此课堂是学生开展研究性活动最主要的场所。在课堂活动的过程中，要鼓励学生发现并提出问题，师生共同确定研究的问题，随后以小组进行讨论。比如，在果蔬饮料制作课中，先由学生提出所需制作的原料有什么，然后以小组形式或教师与学生之间根据已有经验进行讨论。将贴合学生实际生活的问题引入课堂进行讨论，比如保护生态环境、尊老爱幼等，都可以在师生以及学生之间讨论研究。

（2）课外活动包括：参与人文科技活动和作品创作、纪念日活动等。学生在真实的社会背景下能够更好地培养独立解决现实问题的实践能力。

2.研究类活动的设计原则

（1）寓教于乐原则。贴近学生已有经验和实际生活，从主题、内容、研究方法及时间地点方面都要充分考虑渗透教育意义。活动的设计要充分考虑学生的认知发展需要，活动形式要丰富生动，活动内容要有趣味性，要能够吸引和感染学生。

（2）融合自主与指导原则。在设计活动中应遵循自主原则，充分调动学生的积极性，使学生能够通过活动展现自我，实现自我价值。教师不要在活动过程中指挥学生实施完成任务，应当发挥指导、顾问等作用，从而紧密联系教师的悉心指导与学生的自主参与。[①]

（3）协调创造与传承原则。活动设计既要顺应社会发展，也要符合新时代学生的特点，活动主题与研究方法要新颖独特，能够培养学生的创新实践能力。同时，让学生在实践过程中将保护生态环境等优良传统意识在日常生活中传承下去。

（二）社区服务与社会实践类综合实践活动

社区服务与社会实践类综合实践活动是让学生在实际社区或社会情境中真实参与并获得活动体验的实践活动。

---

① 李海莹.小学综合实践活动课程活动设计研究［D］.锦州：渤海大学，2017.

1.社区服务与社会实践活动的类型

（1）社会调查包括：走访、访谈调查、上网查阅相关资料等。学生通过在实际的社会实践中访问调查，自主研究提出的相关社会问题。

（2）社会考察包括：社区历史文化、生产技术，以及未来发展趋势等考察。通过师生共同组织的参观、调查研究提出问题的社会活动。

（3）社区公益服务包括：导盲、养老院等为他人服务的志愿活动，学校或社区展馆、公共设施、人文景观等管理服务活动。活动一般以小组形式开展，定期交换服务对象，培养学生互帮互助意识，增强社会责任感。

（4）社会实践包括：敬老院帮助老人、卖报赚零用钱、参观纪念馆等进行爱国、集体以及社会主义核心价值观教育的活动。学生在社会活动中发展解决社会实际问题的能力与增强爱国精神。

2.社区服务与社会实践活动的设计原则

（1）本土性原则。各地都有自己的特色，应当充分体现当地的特点，发挥本地区的优势，发掘本地区的活动资源，既能激发学生的兴趣，又能使学校有特色地发展。

（2）亲历性原则。学生走出教室，走进大自然与社会生活中去体验和感知，通过亲身经历发现并解决实际存在的问题，从中积累解决问题、与人交往的经验。

（3）生活性原则。从学生身边熟悉的学习生活中选择研究的课题，紧密联系学生已有经验与社会生活。

（4）社区服务性原则。课程的内容应联系学生身边的人和事，渗透当地的地方特色，让学生参与其中更具有真实性，能丰富学生的感性认识，从小培养学生的公民道德认识，养成自主观察和自觉思考问题的习惯。

（三）劳动与技术教育类综合实践活动设计

劳动与技术教育类综合实践活动是学生在从事学习活动过程中手脑并用，着重培养学生运用所学知识，在相关设备工具的载体下，最大限度地发展相关劳动技能的活动。

1.劳动与技术教育活动的类型

（1）劳动实践。劳动实践可以开展在教室外，甚至是学校外的场所，范围并不限制在校园的手工制作、家庭或社会实际劳作等。有机结合社区服务与社会实践、研究性学习、信息技术教育到劳动实践过程中展开切合学生实际的活动。通过实践的过程，使学生切身体会劳动带来的收获。

（2）技能实践包括：剪纸、绘图设计、编制作品、模型创造等。通过让学生运用相关技术工具，在劳动实践中提高劳动技术素质与技能。

2.劳动与技术教育活动的设计原则

（1）操作性原则。由学生根据实际情况自主选择课题、活动设计，便于操作。注重学生通过生生合作、师生互助形式从事操作性学习，重视学生在劳动技术操作过程中形成创新思维与技能素养。

（2）灵活性原则。学生在实践中手脑并用，亲身积累实践经验，教师根据学生的需要进行指导。活动不是以一堂课的时间为单位，而是完全由活动内容和方法决定。

（3）自主性原则。以学生为中心，满足学生的个性发展要求，让学生在实际操作过程中自主完成，充分展现学生在实践过程中的自主性与创新性。

（4）创新性原则。每个学生都有不同的兴趣、性格特点，教师根据学生自身兴趣让其制作感兴趣的作品是综合实践活动设计的关键所在。让学生通过多种途径认识劳动的乐趣，培养学生的兴趣，在感兴趣的基础上进行作品的制作和创新。[1]

（四）小学信息技术教育类综合实践活动

小学信息技术教育类综合实践活动是利用信息技术的特点结合活动的内容，使其在活动中起到了实践工具作用的活动。

1.信息技术教育活动的类型

（1）技术实践。学生在完成演示操作和知识讲解时，形象化的技术操作及具象化的内容呈现，可以使学生在掌握知识的同时学习到相应的技术实践技能。将学生的信息技术穿插应用到实际活动中，主要体现在语言讲授与多媒体演示的结合，以达到将理论知识应用到实际操作上。

（2）信息实践。多媒体课件能使学生身临其境地感受活动的乐趣，以互联网形式沟通学习不仅为学生带来信息的风暴，更提供了随时随地交流的平台，通过查阅资料以信息技术的方式制作活动成果展示图表进行数据分析等。

2.信息技术教育活动设计原则

（1）协作性原则。主要体现在学生之间、师生之间，以及班级与班级之间通过相互协作、小组讨论方式，共同探讨需要研究的选题，在团结协作的氛围中集体完成任务实践。

（2）开放性原则。活动设计应基于学习者的需求，不受教材束缚，鼓励学生运用开放性思维设计活动，在活动中体验书本上学习不到的知识，体会团结协作与创新创造，收获成果，学会用批判性思维看待自己。

（3）可行性原则。选择的活动主题应符合学生的认知水平，保证学生可以理解接受。同时，需要考虑家庭、学校、社会等客观条件，在满足这些条件的情况下选择相应的可行性主题。

> **问题讨论**
>
> 1.综合实践活动的设计路径有哪几个方面？
> 2.根据综合实践活动的分类对比其不同类型的活动设计异同。

---

[1] 李海莹.小学综合实践活动课程活动设计研究[D].锦州：渤海大学，2017.

本章小结

本章第一节介绍了国内外综合实践活动课程的起源，借助教育部于 2017 年发布的《中小学综合实践活动课程指导纲要》帮助学生理解综合实践活动课程性质、基本理念、课程目标等，让学生能够更好地跨学科与综合实践活动课程联系。本章第二节着重介绍综合实践活动的设计路径，让学生能够通过案例熟悉如何设计好综合实践活动课程。

推荐阅读

1. 孙华飞. 浅谈综合实践活动课程中的"跨学科"设计 [J]. 教育现代化（电子版），2020，7（5）.

2. 王重. 综合实践活动"我爱家乡文化"主题教学跨学科整合的实践探索 [J]. 辽宁教育，2021（2）：66–68.

3. 何瑞. 基于STEAM教育理念的小学综合实践活动教学设计与实践研究：以银川 H 小学为例 [D]. 银川：宁夏大学，2019.

4. 中华人民共和国教育部. 中小学综合实践活动课程指导纲要 [M]. 北京：北京师范大学出版社.2017.

第三部分

跨学科教育实践

跨学科教育的理念和方法是开展跨学科教育实践的必要条件。通过真实的项目、问题、现象打破各个学科壁垒，开展跨学科教与学，培养学生综合能力和核心素养。在充分认识跨学科教育的起源与发展、教学模式与方法后，本部分引入人文与艺术、自然与科学、生活与健康等不同领域或类型的跨学科设计案例，同时系统阐述跨学科教与学的评价导向与方法。教师可结合课程性质和团队特色，开展符合学生学习兴趣和社会发展需求的跨学科教育实践。

第十二章　人文与艺术领域跨学科案例

　　人文艺术学科与生俱来的整合性明显强于其他学科，是建立在整合思维之上的，可以跨越学科知识体系的差异而被迁移到其他学科或跨学科间的融通中。人文艺术可以直接作用于人的表现和表达行为中，构成了其他学科表现交流的基础，对其他学科开展交流呈现出无可替代的支撑作用。本章通过"一砖一份爱·守护古城墙""粽享端午行"两个跨学科案例来阐释人文艺术如何在跨学科教学中培养学生的人文积淀、人文情怀、审美情趣等核心素养。

第一节　一砖一份爱·守护古城墙

设计概述

　　"一砖一份爱·守护古城墙"的主题源自西安的文物保护月活动。2020 年 9 月，西安城墙保护基金会联合中国文物保护基金会、腾讯公益向全社会发起"城墙守护人"公募项目，号召更多社会力量参与古城墙的保护，将城墙文化发扬光大。该主题聚焦本土文化以及西安的地标性建筑进行了课程设计，旨在培养学生的人文情怀，积淀人文素养，树立信息意识，锻炼解决实际问题的能力。

　　任务一：认识古城墙。通过回忆"城"字的演变过程，了解古城墙的历史，通过实地考察交流探讨古城墙的结构，亲身感受家乡的名胜古迹，了解文物的重要价值和影响力。

　　任务二：探索古城墙。师生通过分享在实地考察城墙过程中发现的奇闻趣事，针对城墙破损现象提出修复方案，能通过数据搜集、整理、动手操作等，学习面积计算并估算城墙破损面积，利用修护材料对破损城墙进行修补，初步形成爱护文物的意识。

　　任务三：守护古城墙。学生结合已学的知识设计出西安建筑邮票、西安城墙建筑文玩、保护城墙的警示标语牌等，对自己设计的作品进行展示讲解，树立保护城墙一草一木，守护古城墙的意识。

　　【课程名称】一砖一份爱·守护古城墙

　　【学时规划】4 课时/180 分钟

　　【适用学生】四年级

　　【涉及学科及领域】

学科	学段	课程标准描述
语文	第二学段 （3～4年级）	1.热爱国家通用语言文字，感受语言文字及作品的独特价值，认识中华文化的丰厚伟大，汲取智慧，弘扬社会主义先进文化、革命文化、中华优秀传统文化，建立文化自信 2.围绕创造性转化和创新性发展要求，确定中华优秀传统文化内容主题，弘扬有利于促进社会和谐、鼓励人们向上向善的中华人文精神。主要载体为历史故事、建筑结构等方面的内容
道德与法治	第二学段 （3～4年级）	1.了解祖国的名胜古迹，为生活在中国感到自豪；感受身边的变化，了解家乡的发展，对祖国的未来充满信心 2.爱护家庭、学校和公共环境卫生，爱护公物，自觉遵守公共秩序
数学	第二学段 （3～4年级）	1.认识常见的平面图形，通过平面图形的周长和面积的测量过程，探索长方形周长和面积的计算方法
美术	第二学段 （3～4年级）	1.能使用不同的工具、材料和媒介，按照自己的想法，以平面、立体或动态等表现形式表达所见所闻、所思所想 2.学会从外观和使用功能等方面了解物品的特点，能针对某件物品的设计提出自己的改进意见，进行装饰和美化，初步形成设计意识

学情分析

1.学习者分析：四年级在小学阶段是过渡年级，是孩子跨入中高年级的起始年级，语文、数学、美术、道德和法治等各门学科均有了很多新的要求。同时，四年级是孩子学习习惯、学习态度从可塑性强转向逐渐定型的重要过渡阶段。处在这一时期的孩子更需要教师和家长关切的眼神、真诚的鼓励和热情的帮助，只要能够正确引导，孩子就会顺利度过这一时期。

2.学习内容分析：本课程设计基于学生已有知识经验，通过与阅读课文《西安这座城》相结合，学习西安古城墙历史，建筑结构等方面知识，了解城墙的历史文脉（包括历史演变和建筑结构），知道西安城墙以独特的魅力向世人绽放着它的恢宏、壮丽和博大，向世界展示着古都的深邃、智慧和兼容并蓄。同时，学生能通过探索、测量、记录相关数据完成对古城墙破损面积的估算，并能够针对破损墙面的现象设计并制作警示标语牌，提醒游客爱护历史古建筑。

课程目标

学科目标

1.知识与技能：了解邮票的组成部分以及在生活中的运用（美术）；了解"城"这个字的演变历史（语文）；能够掌握长方形、正方形面积的计算方法，会计算长方形、正方形的面积（数学）；了解城墙的历史演变和结构，知道其重要价值和影响力（道德和法治）。

2.过程与方法：能结合已学的知识设计出西安建筑邮票、西安城墙建筑文玩等作品，并能够设计出保护城墙的警示标语牌（美术）；梳理出城墙历史演变的思维导图、时间轴等不限形式的作品（语文）；能通过数据搜集、整理、动手操作等，学习面积计算方法并估算破损墙面的面积，明确城墙的破损程度（数学），对破损城墙进行修补（形式不限）；并能够通过小组讨论，明确城墙的重要价值和影响（道德和法治），能将自己设计的作品进行展示讲解。

3.情感、态度价值观：通过对邮票的欣赏、了解及创作，培养集邮的兴趣（美术）；在梳理西安城墙历史演变中，激发了解古城墙的兴趣（语文）；在数据搜集、整理过程中，体会长方形、正方形面积计算的直观性（数学）；树立保护城墙一草一木，守护古城墙的意识（道德和法治）。

跨学科目标

1.人文积淀：初步培养学生对文字、历史的感悟能力，激发其对传统文化的热爱。

2.信息意识：培养数据搜集、整理、分析的能力，能够用信息化手段解决实际问题。

3.技术应用：培养动手设计的能力，将创意和方案物化成具体的作品，并对其进行改进与优化。

4.人文情怀：尊重文化历史，树立保护文物、保护文化遗产的意识。

课程难重点

重点

能结合已学的知识设计出西安建筑邮票、西安城墙建筑文玩等作品，并能够设计出保护城墙的警示标语牌（美术）；梳理出城墙历史演变的思维导图、时间轴等不限形式的作品（语文）；能通过数据搜集、整理、动手操作等，学习面积计算方法并估算破损墙面的面积，明确城墙的破损程度（数学），对破损城墙进行修补（形式不限）；能够通过小组讨论，明确城墙的重要价值和影响（道德和法治），能将自己设计的作品进行展示讲解。

难点

通过对邮票的欣赏、了解及创作，培养集邮的兴趣（美术）；在梳理西安城墙历史演变中，激发了解古城墙的兴趣（语文）；在数据搜集、整理过程中，体会长方形、正方形面积计算的直观性，（数学）；树立保护城墙一草一木、守护古城墙的意识（道德和法治）。

可用材料、设备或资源

1.教师教学资源：

（1）相关课程课件。

（2）长方形卡片。

（3）空白邮票、T恤、玩具、扇子等材料。

（4）警示标语牌。

2.学生学习资源：

（1）搜集西安城墙的资料。

（2）绘画工具。

（3）闲置、可重复绘画、剪裁、手工的材料。

（4）准备不同主题的邮票。

教学过程

一、课程导入

1.教师提问并引导学生观察："同学们，请看老师屏幕上的这几张图片，你们发现了什么？同学们也可以借助自己准备的邮票进行仔细观察。"

学生预期：观察照片，回答图片是邮票并可以回答出邮票上的相关内容。

教师反馈并总结："对了，这些邮票上虽展示了不同主题的内容，但大多数仍是建筑。那为什么建筑类主题邮票居多呢？原来啊，一个城市的建筑最能体现一个城市的特色，所以这些邮票中大多以建筑类为主。"

2.教师提问："在观察完邮票后，同学们还发现了什么？老师这里给大家一点小小的提示：邮票和一般的画有什么不同？邮票上除了这些图案还有什么？请大家以小组为单位，讨论老师刚刚提出的问题。"

学生预期：以小组为单位讨论问题，填写学生活动手册并回答教师的提问。

在小组讨论过程中，教师进行巡视，指导学习有困惑的小组或学生。

3.教师随机挑选每个组的学生回答问题并进行总结。

学生预期：小组代表分享内容。

教师反馈、总结并板书："从刚刚几位同学的回答中，我们发现了邮票的一些特点：①图案；②面值；③发行国家；④发行时间；⑤邮票的边缘边上有均匀的齿纹。大家观察得真仔细！邮票的这些特点与中间的图案一同构成了邮票的基本要素。"

4.教师提问："那同学们，你们能用属于西安的一些地标性建筑设计一张邮票吗？先请同学们好好想一想，设计时需要用到哪些元素呢？你们想怎样设计自己的邮票呢？"

学生预期：思考要设计的元素并在学生活动手册上完成设计环节。

教师进行巡视，及时发现学生无法顺利开展的设计，引导学生进一步了解并学习关于西安古城墙的知识。

二、认识古城墙

（一）历史演变

导入新课，初步感知。

1.教师播放音频《大西安》并提问："同学们，我们如果想看5000年前的中国要去哪个城市呢？"

学生回答。

教师反馈并总结："是的，西安曾是十三朝古都，它见证过汉唐盛世的辉煌，目睹过国破城荒的悲凉；它有过商贾云集、宫阙万幢的盛况，也有过荆棘成林、户不满百的颓废。"

2.教师播放课件并引导学生学习："在新的一节课开始之前，我们先学习一下'城'这个字的演变历史吧。"

教师讲授："城"的本义指城墙，即古代为防御或划分区域而筑的高墙，如万里长城、城下之盟中的"城"，都是指这种高墙。城分内外城：内城叫城，外城叫郭。城墙通常是沿人类聚居地的四周而建，把聚居地围在其中，故城又指城墙内的地方、如城区、东城、西城等。由此引申，城又专指城市，与乡村相对，如城乡差别、满城风雨、不夜之城中的"城"，其意思都是相对于乡村而言的。

教师补充：中国历史上修筑有各种各样的城，多属于防御工事，如万里长城。修筑城墙的目的虽然主要是守备，但城的主要作用还是方便人们的生活。随着市场经济的发展，城的含义也在不断丰富。在现代，为了体现某种规模或气派，人们也常常把某些大型的专业市场称为城，如商城、美食城、图书城。

3.教师提问并引导："在了解'城'这个字的演变之后，我们知道了一个都城的安全必然离不开城墙建筑，那同学们能不能利用我们刚刚学习的关于'城'字的演变内容，梳理西安古城墙的演变历史呢？在上课之前同学们已经完成了自学单，接下来以小组为单位讨论一下你们梳理的城墙演变历史的相关内容，5分钟后进行分享。"

学生预期：小组分享时间轴、思维导图等，该部分内容均在学生活动手册上体现完成，学生可加附页。

教师反馈并总结："同学们，我们现在已经对西安城墙的演变历史有了一定的了解，那么接下来就让我们一起走进西安城墙，进行一场不一样的旅行吧！"

(二)古城墙结构

1.教师引导学生思考："现在，我们来到了西安的城墙所在地。同学们，你们知道西安的古城墙有哪些组成部分吗？"

2.教师带领学生在古城墙参观和学习，与学生针对古城墙结构进行交流和探讨。

学生预期：城门、城楼、登城马道、敌台和敌楼、海墁和流水槽、箭楼、角台与角楼、魁星楼、月城和闸楼、女墙和垛口、瓮城。

学生对该部分内容的搜集讨论均需在学生活动手册上体现。

三、探索古城墙

1.教师出示破损城墙模型并引导学生思考："同学们，在我们刚刚参观古城墙的过程中你们有什么发现吗？"

学生预期：发现城墙有破损现象。

教师肯定学生的发现并提出问题："那么对于城墙破损这一现象，我们能否运用所学的知识对于修复古城墙的工作提供一些帮助呢？"

学生预期：思考解决问题的方法——可以测量周长和计算墙砖块数等。

2.教师针对学生的争议，引导学生用自己的方法进行计算。

学生预期：运用自己的方法去探索修复古城墙的方法。学生需要在活动手册上记录自己的思考过程和结果。

(1)计算块数。说出城墙破损的墙砖块数。

(2)测量周长。运用已学习的周长知识，计算每块破损墙面的周长。

教师反馈："刚刚，几位同学说出了自己的计算方法，到底可以实施吗？请大家好好思考一下这个问题。"

学生预期：思考教师提出的问题：城墙太大了，一块一块地数，太难了，数不清楚；计算城墙的周长，每个人计算的长度不一样，不能准确说出该如何修复。

3.教师引导学生思考："刚刚几种计算方法，都不能解决城墙破损修护的问题。现在该怎么办呢？"

学生预期：小组讨论其他办法。

教师反馈："在同学们刚刚的讨论中，老师听到了一个不错的解决办法，是运用面积进行估算，先判断其破损面积大小，再进行修复。"

4.教师出示一块破损的墙面（近似长方形），引导学生思考。

教师提问并引导学生思考："如果我们想知道如何计算长方形的面积，就应该知道面积与什么有关，请同学们大胆猜测，长方形的面积会和什么有关系呢？"

学生预期：以小组为单位，进行讨论并动手实践。

小组合作利用1cm小正方形，根据摆放方式测量①②③长方形面积（均为已准备的长方形模具），通过不同长方形面积与长和宽的关系探究长方形面积计算方法，并将数据填写到记录表里。

长方形模具	长/cm	宽/cm	面积/cm²
图①			
图②			
图③			

小组讨论结束后，派代表进行分享，并交流大家通过这些数据都观察到什么信息。

长方形模具	长/cm	宽/cm	面积/cm²
图①	3	2	6
图②	5	2	10
图③	4	3	12

学生预期：我们组实验的结果是第一个长方形的长是3cm、宽是2cm，面积是6cm²；第二个长方形的长是5cm、宽是2cm，面积是10cm²；第三个长方形的长是4cm。宽是3cm，面积是12cm²。通过三次实验，我们发现长方形的面积等于长乘以宽。

教师课件再次展示验证过程，通过直观演示验证学生的猜想是正确的，帮助有质疑的学生突破难关。（板书：长方形的面积＝长×宽）

5.教师引导学生思考："同学们表现得非常好，我们刚才借助动手操作、观察发现，准确地找到了长方形面积的计算公式。那么，老师这里还有一个问题：怎样计算正方形的面积呢？"

学生预期：思考并寻找解决问题的方法。

学生通过摆小正方形的方式发现，正方形是特殊的长方形，正方形的边长可以看作长方形的长，也可以看作长方形的宽，所以可以推出正方形的面积＝边长×边长。

教师辅助教学课件，帮助学生理解正方形面积。（板书：正方形面积＝边长×边长）

6.教师引导学生结合所学面积知识，对古城墙表面破损部分进行面积估算测量。

学生预期：运用所学知识，对破损墙面的面积进行估算测量。

教师反馈并总结："测量古城墙破损面积相当于测量其表面近似长方形或正方形的面积，运用长方形面积公式长方形面积＝长×宽和正方形面积＝边长×边长，将砖块破损部分长和宽的估算数据代入进行计算。在大家的估算过程中，我们发现古城墙有很多破损，那我们应该怎么做呢？"

学生预期：在准备好的破损城墙模型上，使用教师提供的城墙修护材料（青砖粉、模具、小木棍、烧杯、量杯、水）进行修护。

四、守护古城墙

教师提问并引导学生思考："刚刚有同学问，我们为什么要保护古城墙？有没有同学知道答案的？请大家以小组为单位讨论一下为什么要保护古城墙。"

学生预期：以小组为单位思考答案。

（1）古城墙是西安的地标性建筑，是西安的明信片；

（2）古城墙在古时候承担起了保卫城池的责任，在当今也具有重要价值；

（3）古城墙见证了众多王朝的兴衰更替，是西安的重要文物；

……

这一思考过程，需要学生记录在活动手册中。

教师反馈并总结："刚刚同学们的回答都非常棒，从同学们的回答中我们知道了西安古城墙的功能和影响。老师把大家的答案再汇总一下。"

建筑与军事：

西安古城墙完全围绕"防御"战略体系建筑，城墙的厚度大于高度，稳固如山。城墙包括护城河、吊桥、闸楼、箭楼、正楼、角楼、敌楼、女儿墙、垛口等一系列军事设施。城墙每隔120米修敌台一座，突出在城墙之外，顶与城墙面平。这是专为射杀爬城的敌人设置的。敌台之间距离的一半，恰好在弓箭的有效射程之内，便于从侧面射杀攻城的敌人。

西安古城墙的防御性很强，城外的护城河为第一道防线。河上设有吊桥，是进出的唯一通道。吊桥白天降落在护城河两岸，供人出入城。晚上升在空中，就断绝了进出城的道路。城门外有闸楼（也叫谯楼），用以打更和报警，为第二道防线。闸楼后边是箭楼，高30余米，外面墙体笔直，箭孔密布，便于瞭望和射击，这是第三道防线。箭楼和正楼之间是瓮城，面积9348平方米，它的作用是：若敌人攻进此处，即形成"瓮中捉鳖"之势，这是第四道防线。

历史与文化：

第一，西安古城墙是一本无字的史书。

西安是世界四大古都之一，在中国历史上建都的朝代最多、时间最长。隋唐时的长安是当时世界上唯一人口超过百万的国际化大都市。直到唐朝末年，随着李氏王朝的衰落，长安城才在改建时放弃了外郭城和宫城，只把皇城加以修改，规模明显缩小。

第二，西安古城墙是古老城市的醒目标志。

城市和人一样，都必须有自己的鲜明个性，作为历史文化名城的西安，其鲜明的城市个性在很大程度上需要通过城市建筑来体现。在城市发展的进程中，要对有价值的旧建筑精心保护。西安在这方面的作为虽非尽善尽美，但毕竟历尽艰难保存了完整的明城墙，使之成为古老西安的醒目标志。

第三，西安古城墙的存废之争是考量现代文明水平的试金石。

发生在半个多世纪以前的西安古城墙存废之争，其实是在展示持不同主张的两类人的境界和修养。1959年9月29日，西安市收到了《国务院关于保护西安城墙》的通知，挽救了命悬一线的古城墙，使西安古城墙终于被国务院公布为第一批全国重点文物保护单位。

第四，西安古城墙是凝聚市民城市记忆的具象物。

在漫长的历史长河中，西安古城墙历经二虎守长安时的惨烈搏杀，抗日战争时期日寇飞机的轰炸，"大跃进"时期古城墙满目疮痍的惨景，20世纪80年代市民义务整修城墙的热烈场面，以及如今的城墙国际马拉松比赛、全国汉服婚礼，号称"天下第一礼"的《醉长安——大唐迎宾盛礼》……这些城市记忆同作为物质文化遗产的城墙紧紧地黏合在一起，成为富有历史价值的人文财富。

我们从不同角度感受到古城墙在军事、建筑、历史、文化等方面的价值，以及对我们当今的影响。古城墙已经逐步演绎为西安的一张令人骄傲的明信片！正是基于以上的原因，我们更要保护西安古城墙！

1.教师引导学生欣赏城墙变化的照片："同学们，刚刚我们了解了城墙不同方面的价值，老师也深受震撼，找了一些照片，让我们一起来欣赏一下古城墙的照片吧！"

学生预期：欣赏照片，感受古城墙的美。

2.教师引导学生思考："同学们，刚刚我们已经学习了古城墙各方面的价值，那这么美的城墙，我们应该怎样去保护呢？"

学生预期：思考如何保护城墙。

（1）我觉得应该保护城墙环境，不随手乱丢垃圾；

（2）我觉得在日常参观时，不在城墙上乱涂乱画，不损坏城墙的一砖一瓦；

（3）在景区门口，应该树立相关的警示标语牌呼吁大家注意保护；

（4）向参观的游客讲解城墙的历史，呼吁他们保护城墙，不破坏城墙……

教师反馈并总结："同学们的想法可真多，提出了这么多的保护措施！可见啊，大家对城墙的守护意识非常强！那么大家愿不愿意将自己的想法落实呢？让我们一起走进城墙守护计划——我是小小守护人。"

【设计意图】引导学生发现古城墙的变化，欣赏古城墙的美景，体会到古城墙在西安的重要意义，激发学生爱护、保护城墙的情感，同时开展"城墙守护计划——我是小小守护人"活动，让学生把自己所学的知识运用到守护活动中。

3.教师引导学生开展活动，将所学知识融入活动中。

（1）活动一：我口讲城墙。该活动包括多种形式："城墙历史我知道"知识竞赛、"我当城墙小小讲解员""城墙背后的故事"演讲比赛。（针对当下的实际环境，选择合适的活动形式进行。）

（2）活动二：我手画城墙（图 12.1）。该活动包括三个部分：第一，要求学生运用已学的知识画一画自己心中的城墙，形式不限（绘画、文创、手工等）；第二，针对学生的设置警示标语牌的想法，要求学生自己设计警示标语牌；第三，结合所学的城墙知识以及自己准备的可利用材料，设计心中的城墙模型，包括城墙的城门、内部结构等，形式不限。

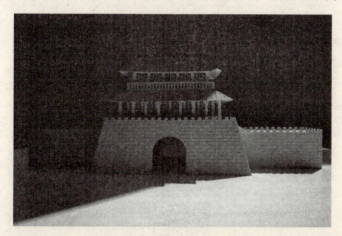

图 12.1　城墙作品展示

【设计意图】在学生完成相关作品后，举办一场"线上＋线下"的展示活动，邀请相关专家、教师、家长参观，并记录相关的建议做进一步的修改完善。在这个过程中，要求作品的制作者能够准确、流利地介绍自己的作品以及背后的故事。学生在制作的过程中可能会忽视一些细节，只有当真正处于介绍的环境中，才能不断地发现问题，从而不断地反思，进一步修改并理解此次制作过程对自己的意义，能够有效培育学生的语言表达、自我反思、动手实践等综合能力。

教师引导学生动手操作并思考："每位同学的手绘城墙作品都很不错。对于这么美的城墙，有的同学建议在景区门口树立警示标语牌。那么警示标语牌应该怎样设计呢？同学们能不能利用我们在美术、语文或者其他学科方面学习的知识设计一个警示标语牌呢？"

教师播放课件展示一些警示标语牌，为学生的设计做铺垫。

学生预期：思考设计的内容和主题，并在活动手册上设计自己的警示标语。

在学生设计警示标语牌过程中，教师巡视，针对有困难的学生提供帮助和指导。

教师反馈并总结："同学们设计的警示标语牌都很有特色和新意，看来每位同学都能当一名优秀的设计师。我们设计警示标语牌，是为了提醒越来越多的人保护我们的古城墙，守护好我们的文化遗迹。"

（3）活动三：我脚丈城墙。该活动包括两个部分：第一，让学生用脚测量城墙某一部分的长度，使学生体会到劳动人民的智慧，同时也能体会到古城墙作为西安文化遗址的重要性；第二，邀请相关的城墙修复工作人员，引导学生体验城墙修复的过程，运用所学的数学知识体验城砖的铺设工作，并为学生讲解城砖的奥秘。

教师引导学生设计邮票："在城墙守护计划——我是小小守护人的活动中，大家表现得都非常棒！现在大家对邮票的设计有思路了吗？请把自己的设计思路和设计元素写下来，并在自己的邮票中体现出来。在后面展示的环节，别忘了讲出你的故事哦！"

学生预期：在活动手册上完成西安建筑邮票的设计。

教师反馈并总结："大家的邮票设计得都非常好看，也有不一样的故事。我们不仅要在精神上守护城墙，更重要的是能够通过实际行动，呼吁更多的人参与到守护城墙的活动中！让每一个人都成为西安古城墙的守护者！"

学生学习成果描述

1. 制作西安古城墙的演变历史的思维导图或时间轴，或其他形式的作品。
2. 设计"心中城墙"的作品：绘画、文玩、手工等。
3. 设计警示标语牌。
4. 设计西安建筑邮票。

思维导图

实施过程

学习手册制作过程　　城墙故事讲解　　城门故事讲解　　邮票的制作

城墙知识我知道　　课程整体说课　　活动现场视频
知识卡片制作

第二节 "粽"享端午行

设计概述

　　课程聚焦中国传统节日——端午节，以"粽享端午行"为主题，开展跨学科学习活动。学习内容涉及端午节的起源、文化、民俗活动等，紧密联系小学生的日常生活和节日习俗，通过多样化的游戏活动来引导小学生体会传统节日背后的文化内涵。利用不同学科知识与技能开展设计、实践操作，引导学生动手制作龙舟模型、包粽子、商品买卖、端午纪念册等实践，最终解决实际问题，展示并分享学习成果。通过课程活动，引导学生了解端午节的历史与文化，从而理解、尊重、践行、传播、弘扬端午文化。

　　任务一：才华出"粽"。

　　以游戏导入，利用课前学习单和端午大富翁游戏，串联关于端午节的知识内容，"寓学于乐"，充分激发学生的学习兴趣。

　　任务二：重中之"粽"。

　　带领学生回溯端午节的发展历史，举办端午集市买卖，并以小组为单位购买材料包粽子，最后小组成员一起模拟龙舟竞渡比赛，通过衔接紧凑的端午节活动，引导学生体验端午习俗，感受端午精神，增强集体凝聚力。

　　任务三：你最"粽"要。

　　通过小组合作方式制作个性化"端午纪念册"，进行"粽"享端午行活动总结，升华活动主题，感受传统文化的魅力。

　　【课程名称】"粽"享端午行

　　【学时规划】4课时/180分钟

　　【适用学生】四年级

　　【涉及学科及领域】

学科	学段	课程标准描述
语文	第二学段（3～4年级）	1.能在教师的指导下组织有趣味的语文学习活动，在活动中学习应用语言文字或技能，学会合作 2.能提出并准确描述学习和生活中的问题，有目的地搜索资料，并共同讨论
数学	第二学段（3～4年级）	1.经历从实际生活中发现问题、提出问题、解决问题的过程，体会数学在日常生活中的作用，初步形成综合运用数学知识解决问题的能力 2.体会学习数学的乐趣，提高学习数学的兴趣，建立学好数学的信心
体育	第二学段（3～4年级）	1.培养运动的兴趣和爱好，形成坚持锻炼的习惯，具有良好的心理素质，表现出人际交往的能力与合作精神 2.形成克服困难的坚强意志品质，建立和谐的人际关系，具有良好的合作精神和体育道德

学科	学段	课程标准描述
道德与法制	第二学段 （3～4年级）	1.初步了解中华优秀传统文化的主要代表性成果，感受中华优秀传统文化的魅力 2.初步认识和体验人的生命是可贵的，应珍惜生命

学情分析

教学内容分析：

本次跨学科学习活动参考端午节相关的学习内容，要求学生能利用不同的信息检索手段查找端午节的相关信息，下载并保存资料，对其进行分类。教师在教学过程中应侧重对学生良好学习习惯和学习品质的培养，使整个学习过程主题明确、步骤清晰、节奏井然有序。使用情景、故事导入等形式自然引入端午节内容，让学生从了解端午节的起源出发，学习相关文化习俗。通过制作龙舟、粽子等，锻炼学生动手能力，充分调动小组合作学习的积极性。

学习者分析：

四年级学生有强烈的好奇心与动手操作能力，他们喜欢在探索中获取知识；有良好的观察习惯，能较好地对搜集的信息进行加工处理。该学段学生可以按照教师的指导进行分组和探究活动，发挥想象力和创造力，能尝试通过小组分工协作和信息成果共享建立合作关系。由于大部分学生对端午节背后的传统文化了解较少，教师可通过沉浸式龙舟竞赛、包粽子、制作端午纪念册等活动让学生体验传统文化的魅力，从而达到德育渗透，立德树人的目标。

课程目标

学科目标

1.语文：了解端午节的历史和来源，阅读并吟唱与端午节相关的诗歌或故事。

2.数学：会利用数学知识和方法进行合理的购物预算，并计算买卖过程中产生的收益率。

3.劳动：初步体验手工制作，了解常见的材料作用与特征，锻炼动手操作能力，对劳动过程中遇到的问题具有好奇心和探索欲望。

4.道德与法制：初步认识和体验人的生命是可贵的，应珍惜生命；感受端午节相关的传统文化成果和魅力；具有规则意识并学会遵守规则。

跨学科目标

1.理性思维：提高解决问题能力，树立劳动意识和信息意识。

2.审美情趣：知道端午节是中国的传统节日，激发学生的爱国热情以及责任担当。

3.文化传承：理解端午节历史与文化，自觉践行与弘扬端午文化。

课程难重点

重点

1.学生在教师辅助下完成动手制作龙舟和包粽子。

2.了解不同朝代的端午节习俗。

难点

1.激发学生对中国传统节日的喜爱之情。

2.带领学生梳理端午节的历史，引导学生自觉认同并弘扬端午文化。

可用材料、设备或资源

1.教师教学资源：教学课件、白板、教学方案、演示教具等。

2.学生学习资源：

（1）学生活动手册。

（2）美术材料包：卡纸、儿童剪刀、木棒等。

（3）食材：粽叶、糯米、筷子、棉线等。

（4）辅助资源：学校食堂、水、锅等。

教学过程

课前指南

教师活动：教师提前为学生提供自主学习单，引导学生通过上网查找、访谈调研等形式回答相关问题。

学生自主学习：学生通过查阅、回忆、联想等方式回答下列问题。

（1）端午节有哪些习俗呢（至少举出3例）？请围绕某一习俗，谈谈它的起源和历史背景。

（2）端午节有哪些历史典故？至少举出3例，并选择其中一例展开具体描述。

（3）在古代许多文人墨客对端午节有过描述，你能找出几首描写端午节的古诗吗，并尝试朗诵吗？

（4）端午节有"南龙舟，北踏青"之说，试着上网查资料，找一找南北方庆祝端午节的差异，想一想是什么原因导致这样的差异？

一、才华出"粽"（10分钟）

教学活动：通过小组合作开展"端午大富翁"游戏引入"粽享端午"主题活动，激发学生参与跨学科学习的兴趣，通过回答问题了解端午节相关的知识和传统文化。

（1）教师分组：教师把全班学生按照每组4～6个人进行分组。

公布游戏规则：小组通过回答问题进行闯关，游戏结束时最先到达终点的小组获胜，全员可获得五彩绳一根。（课前已经让学生完成学习单中的问题）

（2）教师拿出"端午大富翁"游戏地图，每个小组选出一名代表掷骰子，根据骰子正上方的数字确定前进的步数，在"大富翁"地图中前进，回答问题正确者可以继续掷骰子，回答错误者倒退骰子点数，先到达终点的小组获胜。

（3）游戏开始，选出优胜小组，教师颁发游戏奖品（每人一根五彩绳）。

二、重中之"粽"（150分钟）

（一）背景介绍（10分钟）

教师陈述：中国是十分重视传统节日的国家，也是文化底蕴极为深厚的国家。在中华民族的观念当中，每一个传统节日的背后都有特有的意义以及丰富的历史故事和民间传说。

教师提问：刚才通过大富翁游戏，相信善于思考的同学应该知道今天课程的主题就是关于端午节的。你们知道如今的端午节习俗和以前的端午节习俗一样吗？

学生思考并尝试回答具体的习俗差异。

教师讲解：虽然许多人都知道农历五月初五是端午节，但不知端午节背后蕴含的历史价值，尤其是它在不同朝代的传承与发展。其实，历史上真正的端午节经历了漫长的发展，才演变成如今的模样。

教师陈述：那么就让我们走进历史长河，开启今天的端午节之行吧！

教师板书：春秋战国时期的端午（公元前770—前221年）。

教师提问：端午节是我国古老的传统节日，始于春秋战国时期，至今已有2000多年历史。大家知道端午节是为了纪念谁吗？

学生思考并结合课前查阅到的相关内容回答。

教师讲解关于屈原的历史传说，说明端午节的由来。

学生活动：思考并记录和端午节习俗相关的关键词。

教师提问：大家想不想亲手包粽子呢？接下来有一个有趣的"包粽子"环节，但是在包粽子之前我们要准备很多材料，你们知道需要采购什么吗？让我们带着问题，一起去端午集市采购吧！

（二）端午集市（25分钟）

教师活动：教师提前将包粽子所需材料准备好，协助学生通过抽签决定由谁担任买家或卖家，游戏进行两轮，确保每组都能采购到原材料。（所需的食材由教师制定价格区间，卖家制定的价格需在价格区间内。）

学生活动：使用教师提前准备的虚拟纸币进行交易。以小组为单位自愿采买，并记录所采买的包粽子的物品名称及其价格，或售卖商品的名称及其价格，进行简单计算并书写计算过程。在购买结束后需将涉及的数学知识记录在学习任务单中作为活动材料。

（三）情有独"粽"（45分钟）

教师讲述：经过上一个环节，各小组已经筹备了包粽子所需要的材料。接下来各组需要利用手中的材料包粽子，可以参考如下制作步骤，也可以小组自由发挥，最终各组将包好的粽子进行售卖，探究成本和收入之间的差值。

制作步骤：

（1）将粽叶折成漏斗形。

（2）在漏斗形的粽叶里放入适量的糯米、去皮绿豆以及肉末等馅料。

（3）用大拇指和食指按住粽叶的两边把较长的粽叶向糯米一边压成一个三角。

（4）将粽叶包好后用准备的绳子绑紧。

（5）制作完成后蒸煮。（注意安全使用厨具，如不具备蒸煮条件可集中处理。）

（6）以小组为单位进行售卖，计算收益率。

学生活动：以小组为单位包粽子、售卖粽子，并写出在整个过程中遇到的困难或趣事，与同伴分享。

（四）"粽"情摇摆（45分钟）

教师提问：除了包粽子的习俗，你们还知道其他端午节的习俗吗？

学生思考并回答。

教师引导学生梳理关于端午节的习俗，并重点陈述赛龙舟的由来。引导学生以小组为单位，动手制作会动的龙舟，并评选出最具特色的龙舟。

教师演示：教师通过 PPT 展示如下制作步骤，并鼓励学生进行二次创作。

制作步骤：

（1）拿出材料包：硬纸板、彩纸、木棒、剪刀、胶棒。

（2）将龙舟首尾剪裁好备用。

（3）剪下相应彩纸做龙舟身体，折叠彩纸。

（4）将龙舟身体和首尾连接起来。

教师活动：学生在动手操作过程中，教师巡视，针对存在困难的小组提供适当的指导和学习支撑。

学生活动：各小组制作完成后，共同协商制定评价细则，进行组间评比，选出最具特色的作品进行展示。

（五）回溯端午（25分钟）

教师提问：同学们，你们知不知道端午还有其他的名称和很多习俗，接下来跟着老师一起回溯一下端午吧，在回溯过程中大家要记录你印象最深刻的端午习俗关键词，至少三个。

教师板书：晋朝时期的端午（266—420年）

教师讲解：晋朝时新兴的端午习俗有"采艾悬户上，踏百草"等。悬艾是为了禳毒，踏百草后来成为"斗百草"的游戏。

教师板书：南北朝时期的端午（420—589年）

教师讲授：南北朝时，端午又称为"浴兰节"，荆楚一带有采艾的习俗。采艾要在鸡未鸣以前就出发，挑选最具人形的艾草带回去挂在门上，或是用来艾灸。

学生活动：认真聆听并思考记录。

教师板书：唐朝时期的端午（618—907年）

教师讲述：唐朝时，端午已成了重要的节日，宫廷中也有各种庆祝活动。唐朝的皇帝多在端午节赏赐臣下。《中华古今注》就有记载，端午赐文官黑玳瑁腰带、武官黑银腰带。唐朝新兴的端午习俗还有"五时图"，就是在纸上画蛇、蝎、蟾蜍、蜥蜴、蜈蚣，也称"五毒符"。据说这五种有毒的生物只有同时存在时，才不敢互相争斗，得以和平共处。后来，民间就认为挂五时图可以防止这些毒虫作怪。

教师板书：宋朝时期的端午（960—1279年）

教师讲授：宋朝的端午节比起历代，更见精致。既有端午节的各种小吃，又有各种习俗，如戴彩囊、蚌粉铃、铜钱等，后发展成装有香料的香囊，制作也日趋精致，成为端午节特有的民间工艺品。

学生活动：认真聆听并思考记录端午节的不同习俗。

教师讲解：香包、五彩绳只是众多习俗中的一种，宋人的巧思还不仅限于此。同样是禳毒的菖蒲及艾草，他们会使它的外形更加艺术化。有人用泥塑天师像，以艾为头、以蒜为拳，悬在门上辟邪。

教师活动：教师给学生讲述五彩绳、香包的来源后，将游戏环节的五彩绳给学生佩戴，将祝福送给学生，避五邪、保平安，传承中华传统文化。

学生活动：认真聆听并思考记录。

教师板书：明朝时期的端午（1368—1644 年）

教师讲解：明朝以来，原本驱毒用的五毒符，逐渐加入装饰的成分，成为妇女钗头的点缀。靠近江河的地方，则在端午节举行龙舟竞渡。据传竞渡是为了禳灾，因此划龙舟前要举行各种祭祀，还要聘请巫师作法以祈求胜利。划龙舟结束后，居民会舀取龙舟中的水，加入百草洗澡，用意也在于辟虫。另一种民间辟虫的方法则是饮菖蒲、雄黄酒，除了喝以外，还把雄黄酒洒在帐上。

学生活动：学生与同伴或教师一起交流分享关于回溯端午的感受。

三、你最"粽"要（20分钟）

教师活动：教师为每个小组发放一页端午纪念册，并将给每个小组拍摄的活动照片发放给学生，由学生亲手将照片贴在纪念册上并用文字记录当时的心路历程。

学生活动：对整个过程进行复盘，总结小组合作中的问题并提出改进建议。

教师活动：让学生以小组为单位把关于端午的元素画在纪念页上，并写出自己的创作想法。

学生活动：各小组合作完成绘画创作后，以小组为单位上交各组的纪念页。

师生活动：在自己的纪念页中写下活动感受，并把每个小组的纪念页拼在一起制作成一本班级"粽享端午行"纪念册，邀请各小组在全班分享、展示、交流。

学生学习成果描述

1. 龙舟模型。
2. 粽子成果。
3. 端午纪念册。

思维导图

实施过程

学生活动手册

课程介绍视频

学生活动手册介绍视频

第十三章 自然与科学领域跨学科案例

自然科学学科因其探究性、趣味性、实证性等特征，是目前跨学科教学的主要阵地。学生从亲近自然走向亲近科学，在研究自然现象、发现自然规律的基础上利用科学的方法理解科学、技术、社会与环境的关系，形成基本的科学态度和社会责任感。本章通过"神奇的纸"KO"垃圾星球"两个跨学科案例来阐释自然科学如何在跨学科教学中培养学生的科学精神、实践创新、学会学习、问题解决、技术应用等核心素养。

第一节 神奇的纸

设计概述

"神奇的纸"是在核心素养的引领下，跨越单一学科知识，根据学生的年龄特点和认知水平，围绕"纸"的主题设计的跨学科主题教学活动。学生通过完成"小小知识家""小小探究员""小小发明家""小小守护家"等系列主题活动，培养节约用纸的行为习惯，树立保护环境的意识。该教学活动具有综合性、实践性、探究性、开放性等特点，旨在通过整个主题学习过程促进学生的全面发展，形成科学探究精神，习得节约资源、保护环境、健康生活的核心素养。

任务一：小小知识家。通过了解纸的由来，知道纸的不同特征和不同用途，了解造纸的原材料和过程，激发学生研究纸的兴趣。

任务二：小小探究员。通过"蚕宝宝喝水了""热闹的纸桥""拔河比赛"活动，探究纸的不同特性和不同用途，如吸水性、承重性、韧性，培养勇于探究、勤于反思的学习能力。

任务三：小小发明家。通过"制作香皂纸""废纸变宝"活动，让学生从自我做起学会废物利用，锻炼动手实践能力，利用纸张进行艺术创造。

任务四：小小守护家。通过"纸的再生""修补图书""纸的工艺""纸的保护"活动，让学生亲身经历废纸再利用的过程，培养节约用纸的习惯，树立爱惜纸张的环保意识。

【课程名称】神奇的纸

【学时规划】4课时/180分钟

【适用学生】三年级

【涉及学科及领域】

学科	学段	课程标准描述
语文	第二学段（3～4年级）	1.能初步把握文章的主要内容，体会文章表达的思想感情 2.了解造纸术发明以前，使用不同材料记录文字的不足。学习提取信息，概括段意的方法，把握文章整体脉络
美术	第一学段（1～2年级）	1.能运用传统或现代的工具、材料和媒介，创作平面、立体或动态等表现形式的美术作品，表达自己的所见所闻、所感所想，学会以视觉形象的方式与他人交流 2.利用画笔或计算机，运用造型元素和形式元素，为班级或学校的活动设计请柬、贺卡、图表、海报等
科学	第一学段（1～2年级）	1.能使用简单的仪器测量一些物体的长度、质量、体积、温度等常见的特征，并使用恰当的计量单位进行纪录 2.能够从材料的视角看待自然世界和人工世界，利用多种感官或简单的工具研究材料，观察并描述材料的特点，能够辨识生活中常见的材料
道德与法治	第一学段（1～2年级）	1.学习环境保护的基本常识，增强环境保护意识 2.学会调整自己的行为，发自内心地热爱环境和资源，树立初步的环保意识

学情分析

1.学习内容分析：三年级的学生在以往的各个科目中都有涉及与"纸"相关的学习活动。例如，部编版语文教材三年级下册第三单元第二课《纸的发明》，从介绍纸的发明过程中感受中华民族祖先的聪明才智，领略中华优秀传统文化的魅力。人教版美术教材一年级上册第10课《剪剪撕撕贴贴画画》中，旨在通过感受剪纸、撕纸艺术的美，领略多种艺术文化，激发学生对美术造型表现及欣赏活动的兴趣。教科版小学科学二年级上册"材料"单元的第四课《神奇的纸》中，使学生通过理解改变材料的形状可以增加材料的性能，意识到材料会随着人类的需要不断发展。通过人教版小学道德与法治二年级下册第三单元第三课《我是一张纸》了解纸的来源、制作工艺和过程，知道纸张的来之不易，进一步树立节约意识，初步养成节约用纸的习惯。这些课程分布在不同学段的不同学科中，学生缺乏系统地了解纸张和解决实际问题的机会。在通过"神奇的纸"跨学科主题教学活动实施教学时，要注意不同环节任务的层次递进，确保学生学习的难度是螺旋上升的。

2.学习者分析：三年级的学生对日常生活中的纸非常熟悉，把纸和环保这两件事联系在一起是非常有趣的话题。三年级学生参与小组探究活动的意愿和动手能力较强，能按照教师的实验要求和自己的想法进行实验探索。这个年龄阶段的学生不仅喜欢鲜艳的色彩，而且对绘画之外的表现方式充满了好奇，设计丰富的师生交互活动，可以满足学生学习的好奇心和求知欲。色彩、材料、图案的排列都由学生自主选择，给予学生极大的创作空间，满足学生的创作欲望。从皮亚杰的认知发展阶段来看，目前他们处于具体运算阶段，在学习中，教师应多以具体事物的呈现方式进行教学，让学生准备材料，在课堂上动手操作。

课程目标

学科目标

1.知识与技能：会认读新的生字词（语文）；认识纸的吸水性、透光性和承重能力等属性（科学）。

2.过程与方法：通过资料搜集，能够对比各种各样纸的属性（科学）；通过动手操作，实践创作出作品并解释其中的创造缘由（美术）。

3.情感态度价值观：通过主题式活动，意识到珍惜用纸、节约用纸的重要性（道德与法治）。

跨学科目标

1.科学精神：提高学生勇于探究、批判质疑的理性思维水平。

2.健康生活：培养节约用纸的行为习惯，树立保护环境的意识。

3.实践创新：提高学生解决问题的能力。

4.学会学习：养成乐学善学、勤于反思的习惯。

课程难重点

重点

1.能够用流利的语言表述蔡伦造纸（语文）。

2.对比不同纸的属性（科学）。

难点

意识到珍惜用纸、节约用纸的重要性（道德与法治）。

可用材料、设备或资源

1.教师教学资源：PPT、乐学单、各种各样的纸、胶头滴管、颜料、托盘、剪刀、胶水、浆糊、浆糊刷、透明胶带、马克笔、水彩笔、小块香皂、毛笔、一次性纸杯、热水、废纸片、旧报纸。

2.学生学习资源：各种各样的纸、蜡笔、水彩笔等绘画工具。

教学过程

一、我是小小知识家（45分钟）

（一）谜语导入

1.教师提问："正看一大片，侧看一条线，遇火能燃烧，遇水容易烂。（打一物）"引出谜底：纸。导入新课。

2.PPT展示纸的照片，展示生活中常用的纸，并让学生拿出提前准备的纸，介绍各种纸的名称，感受纸的不同用途。

（1）教师提问："你带来的是什么纸？它可以用来做什么？"

学生自由交流。

教师根据学生的回答进行完善和普及，如防蚊纸、防感冒纸、可吃纸、耐久纸……

教师总结：通过对不同纸张的介绍可以发现生活中的纸多种多样，各有各的用途，在用纸的时候需要根据需求选择对应用途的纸张。

（2）教师引导学生观察并记录不同纸的特征。

学生观察：通过触摸探究纸的不同特征。

教师总结：经过探究可以发现，不同的纸有不同的特征：有的纸厚、有的纸薄；有的纸硬、有的纸软；有的纸光滑、有的纸粗糙；有的纸透光性好，有的纸透光性差；有的纸是红色的、有的纸是白色的、有的纸是蓝色的……因此，我们发现纸的厚薄、软硬、颜色、光滑度、透光性都是不同的。

（3）教师普及纸的安全知识，引导学生了解劣质卫生纸对人体的危害。

教师陈述：卫生纸是每个家庭日常不可缺少的物品，它也是与人体肌肤保持紧密关系的"合作伙伴"。你是否想过，每天都在使用的卫生纸真的安全吗？我们都知道，劣质的卫生纸里含有荧光剂、滑石粉、漂白剂等有害物质。这些成分日积月累会对皮肤产生刺激，引起皮肤的红肿、瘙痒、起疹子等症状。如果皮肤上有伤口的话，使用这样的卫生纸很容易造成皮肤感染。长期接触这样的卫生纸，对身体健康造成危害。医学研究证明，长期使用劣质的卫生纸，会使血液、淋巴液和细胞原生质发生改变。有少许儿童会患上白血病，其主要原因就是使用了含有大量有害化学物质的卫生纸！不知道大家有没有这种习惯，当我们在吃完饭的时候，都会拿一张餐巾纸擦嘴巴。但是如果餐巾纸是三无产品，纸巾中的灰分超标，在使用时就容易掉毛，擦嘴的时候很容易把纸中残留的有毒物质和细菌擦到嘴上，再吃进肚子里，还可能引起腹泻或者肠炎。为了大家的身体健康，尽量不要使用劣质的纸巾。

教师提问：如何选择优质的纸巾呢？

学生讨论：围绕如何选择优质的纸巾进行小组讨论。

教师讲解：如何选择优质的纸巾。

①摸手感。好的纸巾木浆含量高，摸上去细腻柔软，不易掉粉、掉毛；不好的纸巾纸质偏硬，比较松散，易掉粉、掉毛。

②比韧度。手里拿一张原木浆纸巾，稍微用力拉扯，纸巾会有褶皱出现，但不会断裂；而不好的纸巾由于木浆含量低、柔韧性差，稍微用力即会出现断裂现象。

③观察燃烧情况。添加过量荧光剂的纸巾燃烧后纸灰呈白色或黑色；而合格的纸巾燃烧后为自然的灰色。

④测试浸泡状态。好纸巾的密度高、韧性大，即使浸泡在水里，也不会变形、松散。

教师总结：经过刚才的学习，大家不仅知道了纸的不同用途和不同特征，还知道了纸的安全知识，了解了劣质纸的危害，那么纸究竟从哪里来？（引出——纸的来源）

（二）纸从哪里来

1.通过学习《纸的发明》课文，引导学生了解造纸术的发明是一个复杂又漫长的过程。

教师导入问题：

（1）我们的祖先都用什么方法写字呢？这些方法有什么缺点？（我们的祖先把字刻在

龟甲或兽骨上，或把字刻在青铜器上。书是用竹片、木片做的，很笨重。后来人们就把字写在帛上，这样虽然轻便了，可是书价太贵，很少有人用，不能被普及。西汉时期，人们懂得了用麻造纸，但是麻纸比较粗糙，不好书写。）

（2）东汉的蔡伦是怎么制造出纸的？（把树皮、麻头、稻草、破布等原料剪碎或切断，浸在水里捣烂成浆，再把浆捞出来晒干，就成了一张既轻便又好用的纸。）

（3）为什么只有蔡伦改进的造纸术被传承了下来？（因为这种纸"既轻便又好用"，造纸的"原料容易得到，可以大量制造，价格又便宜，能满足多数人的需要"。）

（4）蔡伦发明的纸被传播到了哪些地方？对世界产生了什么影响？（我国的造纸术首先传到了邻近的朝鲜半岛和日本，后来又传到阿拉伯世界和欧洲，极大地促进了人类社会的进步和文化的发展。）

学生活动：阅读文章，根据文章内容回答教师提出的问题。

教师根据学生回答进行总结，引导学生知道古代造纸术使用的材料和制造过程。

2. 通过实物图片讲解造纸的原材料及生产过程，进一步加深对纸的制造过程的认识，知道造纸需要砍伐大量树木。

学生活动：通过上述学习，完成纸从哪里来的活动表单。

纸从哪里来	
纸的用途	
纸的特征	
纸的由来	
造纸的原材料	
纸的制作过程	

教师总结："同学们，通过刚才的学习，我们了解了造纸的原料和过程，知道了纸究竟从哪里来。简单了解了纸的不同用途和不同特征，接下来就当一个小小探究员，去探究纸的不同特性吧！"

二、我是小小探究员（45分钟）

教师陈述："经过前期的学习，我们发现纸的厚薄、软硬、颜色、光滑度、透光性是不同的。大家都知道纸的不同用途和不同特征，但是除此之外纸还有什么特性呢？作为一个探究员，接下来一起探究吧。"

（一）活动一：蚕宝宝喝水了——探究纸的吸水性

1. 教师引导学生准备制作材料和工具：卫生纸、宣纸、卡纸、透明塑料杯、颜料、托盘、滴管。

2. 教师示范蚕宝宝的制作方法：先把卫生纸搓成长条，然后拧一拧，用笔在纸条的一端点上眼睛，蚕宝宝就做成了。

3. 教师指导学生自己动手制作蚕宝宝。

4. 教师示范蚕宝宝喝水的方法：将蚕宝宝的一头放在托盘上，用滴管滴上带有颜色的水。

5.教师指导学生自己动手操作，并观察蚕宝宝，说一说发现了什么变化。

学生自由回答。（蚕宝宝喝饱了水，变胖了！蚕宝宝变颜色了、颜色慢慢变多、颜色爬上来了，纸巾能染色、吸水。）

教师总结：蚕宝宝喝水体现了纸的吸水性，而纸吸水的原理就是所谓的毛细现象，是由水的表面张力所产生的。纸是由细小的纤维构成的，纤维是天然有机高分子化合物，纸张中的纤维交错呈网状，其间有很多的空隙，水通过这些空隙可以产生毛细效应，因此能够大幅度吸收水分（因为抽纸上有小缝隙，水可以沿着小缝隙慢慢爬上来）。

6.教师引导学生用宣纸、卡纸制作同样的蚕宝宝，将两只蚕宝宝放在托盘上，用滴管给蚕宝宝们同时滴水，观察记录它们的变化。

学生自由回答。（宣纸制作的蚕宝宝吸水速度要比卡纸制作的蚕宝宝快。）

教师总结：又硬又光滑的卡纸缝隙比较小，所以吸水速度慢。柔软的宣纸缝隙比较大，所以吸水比较快。由此可知，不同的纸吸水性也是不同的。

（二）活动二：热闹的纸桥——探究纸的承重性

1.教师引导学生准备制作材料和工具：两个纸杯、A4纸、相同的乐高小人和小汽车。

2.教师引导学生联系实际生活中的桥，运用现有材料搭一个小桥，想办法让距离相等的小桥可以承受更多的乐高小人和小汽车。要求学生自己动手搭建。

3.教师引导学生用乐高小人和小汽车检测自己搭建的小桥的承重能力，并引导学生观察，说一说通过实践探究发现了什么。

学生活动：小组协作进行实验，理解不同的桥所承受的重量不同。

教师提问：同样的纸、同样的棋子，是什么原因使得桥面承受的棋子数量不同？

学生回答：因为桥面形状不同。

教师提问：桥的承受力大小与什么因素有关？

学生回答：与桥面形状有关系。

教师总结：相比之下，平面纸桥的承受力较弱，无法承受一个乐高小人或小汽车的重量。拱形的纸桥虽然可以承受若干小人和小汽车的重量，但是当达到一定数量时，桥会出现弯曲。折叠纸桥比拱形纸桥容纳的小人和小汽车更多，而且不会弯曲变形。通过实验结果可以发现，平面纸桥承重能力最差，拱形纸桥比平面纸桥承重量大，折叠纸桥的承重能力最大。由此可见，桥的承受力大小与它的形状有关，不同形状的纸桥承受能力不同。

（三）活动三："拔河比赛"——探究纸的韧性

1.教师引导学生准备制作材料和工具：卫生纸、宣纸、A4纸、卡纸。

2.教师引导学生用不同的纸当作绳子，引导两个学生一组，每人双手拿着纸的两端，然后把叠好的纸交叉放着。教师发出"预备"口令，两个学生各自站好拿起纸，将纸拉直做好准备。待教师说完"开始"后，双方各自用力拉纸，看哪个人的纸先断，先断的一方为输。

3.教师分组：学生两两一组，完成活动，说一说在活动中的发现和感受。

学生活动：根据活动选取不同的纸取得不同比赛结果自由回答。

学生总结：卫生纸总是先断掉，稍微一用力就断掉了，宣纸要比卫生纸用力一些，A4纸要比宣纸用力一些，而卡纸的用力最大。由此可见，不同的纸韧性也不同。

教师补充说明：经过刚才的学习，我们了解到纸的不同特性。蚕宝宝吸水活动，知道了不同的纸吸水性不同。热闹的纸桥活动，知道了桥的承受力大小与它的形状有关，不同形状的纸桥承受能力也不同。拔河比赛活动，了解到不同的纸韧性也不同。

三、我是小小发明家（45分钟）

教师讲述：通过上节课的学习，我们探究了纸的特性，那么纸在日常生活中有哪些应用呢？接下来就让我们一起看看吧！

（一）香皂纸的制作

1. 教师引导学生准备制作材料和工具：吸湿性较好的白纸、小块香皂、一支毛笔、一次性纸杯和热水。

2. 教师讲解并示范制作方法：

（1）把香皂切碎后放在纸杯里，盛上适量的热水，搅拌使香皂融化。

（2）将白纸裁成火柴盒大小，用毛笔将纸一张张涂透皂液，再取出阴干就成了香皂纸。

3. 教师引导学生自己动手操作，并进行指导。

4. 学生自己制作，并进行成果展示。

（二）废纸变"宝"

1. 教师引导学生准备材料：可以用于制作手工作品的废旧材料，如废卡纸、旧报纸等。

2. PPT展示相关变废为宝的作品，引导学生欣赏学习。

3. 引导学生运用现有的废旧材料制作一个精美的物品，如手工袋、拼贴画、纸浆画等。

4. 学生在教师引导下动手制作，并进行成果展示。

5. 教师根据学生作品进行点评。

学生通过香皂纸、废纸变"宝"等活动创新纸的用途，并引导学生思考纸还有什么别的用途。

四、我是小小守护家（45分钟）

（一）纸的再生

教师讲述："在前面我们学习了纸的制造过程，通过不同的活动创新了纸的不同用途，像废纸片不仅可以有新的用途还可以制作成新的纸，那么如何进行纸的再生，让我们一起去看看吧！"

1. 教师播放制作再生纸的视频，引导学生了解再生纸的制作过程。

2. 教师出示再生纸制作步骤图，让学生初步了解每个步骤的内容。

3. 教师示范制作再生纸，与学生一起说一说制作流程。

（1）教师将废纸撕碎，放入水盆中浸泡。

（2）将浸泡的废纸放入搅拌机中打碎，做成纸浆。

（3）把纸浆倒入盛有清水的盆中，把模具放入搅匀的纸浆中，轻轻晃动模具直到表面看起来平坦。

（4）将模具平放在毛巾上，把毛巾折叠后用力按压几下，待纸浆中的水被挤出后，轻轻将纸撕下、晒干。

4. 教师播放再生纸压模制作流程视频，让学生动手尝试，教师巡视指导。

5.教师让学生在晒干的再生纸上作画，检测自己制作的再生纸是否可以继续使用。

（二）修补图书

教师讲述：在日常生活中，我们常常遇到书本破损的情况。同学们在遇到图书破损时，都是怎么做的呀？今天我们就一起看看如何修补图书吧！

1.教师引导学生提前准备：白纸、透明胶带、糨糊、剪刀、糨糊刷、书夹子。

2.教师讲解修补图书步骤：

（1）修整卷角、褶皱。先摊平卷角和褶皱，再将书平放在桌面上，压上书籍或砖块一段时间，书就会平展了。

（2）修补页面。要根据书的破损情况裁剪相应的厚纸条进行粘补。对有文字的地方用透明胶带粘贴。

（3）修补书脊。书脊破损的，要用较厚的、有韧性的纸张粘贴。

3.教师讲解图书修补注意事项，在强调安全第一后，引导学生动手试一试。

（1）发放给各小组修补图书的工具。

（2）分发给各小组需要修补的图书。

（3）由组长负责，以小组为单位进行图书修补。

（4）教师及时指导，了解各小组图书修补情况，对发现的问题进行指正。

4.学生进行成果展示，教师点评各小组的图书修补结果是否漂亮、美观同时又节省材料。

（三）纸的工艺

1.教师引导学生观看PPT，展示与纸相关的精美工艺品。

2.教师讲解相关纸质工艺品是如何制作的，并引导学生通过现有的材料制作一个精美的纸质工艺品，如书签或摆件。

3.学生成果展示，教师进行点评指导。

（四）纸的保护

1.通过PPT展示20年的大树可以制作3000张纸，但是由于人们的乱砍滥伐行为，每天有很多树木在消失。引导学生思考：如果我们的大树被砍完了，会有什么后果？

学生自由回答。

教师总结：过度砍伐树木造成的危害有地震、泥石流、沙尘暴等。

教师提问：怎样才能减少这些灾害的发生？

学生回答：节约用纸，避免浪费。

教师提问：我们应该如何节约用纸？

学生自由回答。

2.教师根据学生回答，普及如何节约用纸：

（1）不乱撕本子，一张纸两面用。

（2）过节时，减少使用不可循环的贺卡，可以通过手机发微信，打电话或口头表示祝贺。

（3）在家里或班里放置废纸回收箱，将废纸收集起来送到废品回收站回收再利用。

（4）旧日历、废报纸可用来包书或制作手工。

（5）没用完的本子折分后装订成册可以再使用或做草稿纸。

（6）快递行业应减少纸箱包装，废弃的纸箱可以循环再利用。

（7）在家里擦手可用毛巾，减少使用纸巾。

（8）在家里喝水用茶杯，减少使用一次性纸杯。

教师总结：在日常生活中，我们不要浪费纸张，要节约用纸，要把废纸收集起来回收利用。

学生活动：人人都来争当环保小卫士，运用各种形式呼吁大家节约用纸，例如，唱歌、绘画、手抄报、作文等，并进行成果展示。

3.教师引导学生制作纸重复使用计划表，节约用纸，保护纸资源。

教师总结：通过今天的学习，我们知道了小小一张纸的来之不易，节约用纸就是保护了树木、保护了森林、保护了环境。从我做起、从每一天做起、从点点滴滴做起，让我们一起行动起来，用自己的实际行动节约用纸，为保护环境贡献自己的一份力量吧！

学生学习成果描述

1.学生活动手册。

2.过程性评价量表。

3.终结性评价量表。

思维导图

实施过程

学生活动手册

课程介绍视频　　　　教具介绍　　　　活动手册介绍

第二节　KO "垃圾星球"

设计概述

　　KO "垃圾星球"课程聚焦生活实际问题——垃圾分类，通过主题活动将教学与生活连接起来，以游戏互动作为媒介传播知识，利用积分制激励学生完成基础内容学习，为垃圾分类装置材料的获得做准备；将学生编程教育引入跨学科教学中，在学习材料中加入电子元件，引导学生应用编程技术设计垃圾分类装置。通过不同的任务关卡，掌握垃圾分类的正确方式，加强对自然、社会和自我联系的认识，培养学生的环境保护意识和社会责任感。

　　任务一：探究垃圾星球。通过垃圾污染环境的视频，思考垃圾星球的危害和烦恼，激发学生进行垃圾分类的环保意识和决心。

　　任务二：垃圾分类游戏。通过真实的游戏互动，测试学生是否掌握垃圾分类的来源、基本概念，是否能识别四大类垃圾的标识以及进行正确的分类，为后续垃圾分类装置的设计获取材料。

　　任务三：体验设计师活动。通过 "分类装置设计师"明确垃圾分类装置的设计要求，小组协作设计制作垃圾分类装置，并展示分享评价。

　　任务四：环保宣传能手。通过 "变废为宝"和 "垃圾收集"实践活动，养成不乱丢垃圾的好习惯，通过宣传海报在学校、社区的展示宣传，普及垃圾分类的重要性。

【课程名称】KO "垃圾星球"

【学时规划】4 课时 /180 分钟

【适用学生】五年级

【涉及学科及领域】

学科	学段	课程标准描述
美术	第三学段（5～6 年级）	1.学生以个人或集体合作的方式参与各种美术活动，尝试各种工具、材料和制作过程，学习美术欣赏和评述的方法，丰富视觉、触觉和审美经验，体验美术活动的乐趣，获得对美术学习的持久兴趣 2.了解基本美术语言和表达方式及方法，表达自己的情感和思想，美化环境与生活。在美术学习过程中，激发创造精神，发展美术实践能力，形成基本的美术素养，陶冶高尚的审美情操，完善人格
科学	第三学段（5～6 年级）	1.认识到人与自然环境应该和谐相处，以及保护生物多样性的重要性 2.知道有些材料可以被回收利用，树立节约资源、保护环境的意识
信息技术	第三学段（5～6 年级）	通过过程与控制以及身边的算法跨学科主题，了解以小型系统模拟为主的小型扩音系统、小型开关系统

学情分析

　　该年龄段学生对垃圾分类知识具有一些基础概念，形象思维较为活跃，喜欢动手，但动手操作能力较弱，立体图形的概念不够清晰，设计以平面图形为主。低年级的学生整体学习热情较高，对科学活动的探究兴趣浓厚，思维活跃；在平时的生活中对垃圾有较多的认识，所以联系生活实际调查垃圾分类的积极性比较高。因此，在活动过程中，从现象和事实出发，帮助学生在做中学，发展学生的探究以及动手能力。

课程目标

学科目标

1.知识与技能：

（1）知道垃圾分类与环境保护的关系。（美术、信息技术、科学）

（2）知道分类垃圾桶是由基本形体组合的方法设计与制作的。（美术）

（3）掌握垃圾分类的来源、基本概念、意义，识别四大类垃圾的标识以及对其进行正确的分类。（信息技术）

（4）知道如何进行废物利用，懂得垃圾分类后可以回收再利用。（科学）

2.过程与方法：

（1）通过教师指导以及小组合作，可以设计出简单的宣传海报以及简单的"变废为宝"作品。（科学）

（2）利用垃圾分类的知识，能设计出简单的垃圾分类装置。（美术）

（3）通过宣传海报的展示，能在学校、社区进行宣传，普及垃圾分类的重要性。（科学）

3.情感态度价值观：

（1）在实践过程中，懂得垃圾既有危害又有价值。

（2）认识到合理处理垃圾、保护环境的重要性，增强环境保护意识和社会责任感。

（3）培养审美能力，体会同伴合作的重要性。

跨学科目标

1.社会责任：从自然、社会和自我联系的认识中加强学习与生活的联系，积极履行公民的义务，尊重自然，具备环境保护意识和可持续发展理念。

2.问题解决：能依据特定的情景和具体条件，选择制定合理的方案，善于发现问题，有解决问题的兴趣。

3.技术应用：具备学习掌握技术的兴趣和意愿，能将创意和方案转化为有形的物品，并对其进行改进与优化。

课程难重点

重点

1.懂得垃圾既有危害又有价值。

2.学会垃圾分类。

难点

1.借助垃圾分类的知识制作宣传海报，并进行宣传普及。

2.设计垃圾分类装置。

可用材料、设备或资源

1.教师教学资源:画笔、剪刀、卡纸、胶水、多媒体设备,纸、塑料瓶、易拉罐、电池等常见垃圾的卡片,四个小型垃圾箱,超声波集成配件若干。

2.学生学习资源:塑料瓶、小纸盒、彩笔、颜料、皮筋,预习关于垃圾的分类知识。

教学过程

一、情景导入:垃圾星球的烦恼

1.教师播放垃圾污染环境视频。

2.学生观看视频,思考垃圾污染给我们的生产生活带来的危害。

3.教师提问:垃圾星球遇到了什么危害?垃圾给我们的生产生活带来了哪些危害?

学生回答:水污染、大气污染、土壤污染。

4.垃圾星球的烦恼:

(1)不分类的垃圾,占用了星球非常大的面积,破坏地表植被。

(2)固体垃圾若是处理不合理,会污染土壤和空气。

(3)垃圾中含有的病菌害虫非常多,对人们健康不利。

(4)从垃圾中渗透出的液体,会改变土壤和空间,影响人体健康。

二、科学探究:小小垃圾分类家

1.教师出示图片,引导学生对图片中的垃圾进行分类。

学生对垃圾图片进行分类。

2.教师归纳垃圾分类的基本知识。

(1)厨余垃圾:在食品加工和消费过程中产生的剩菜剩饭、菜梗菜叶、瓜果皮核、废弃食物、废弃食用油脂等易腐垃圾。

(2)有害垃圾:存在对人体健康有害的重金属、有毒的物质,或者对环境造成现实危害或者潜在危害的废弃物。

(3)可回收垃圾:可以再生循环利用的垃圾,主要包括废纸、塑料、玻璃、金属和纺织物五大生活垃圾。废纸包括报纸、杂志、图书等,塑料包括各种塑料袋、塑料包装物、一次性纸盒等,玻璃包括各种玻璃容器,金属包括易拉罐、装饰物等,纺织物包括废弃衣物、毛巾、书包等。

(4)其他垃圾:除可回收物、厨余垃圾、有害垃圾之外的垃圾。

3.教师举例常见的垃圾分类。

(1)可回收物。

纸张:纸板箱、旧书本、打印纸、报纸、信封、广告单等。

塑料:食品与日用品塑料瓶罐及瓶盖、kt板、PE塑料、塑料玩具、pvc亚克力板、塑料泡沫等。

玻璃制品:玻璃杯、窗玻璃、食品及日用品玻璃瓶罐等。

金属:金属瓶罐、金属工具、金属厨具、金属制品等。

织物：旧衣服、棉被、枕头、皮鞋、床单、毛绒玩具等。

其他：插头、电路板、电线、充电宝、木制品等。

（2）有害垃圾。

电池：镉镍电池、充电电池、铅酸电池等。

灯管：荧光灯管、卤素灯等。

药品及其包装物：药物胶囊、过期药物、药片等。

溶剂及其包装物：油漆桶、指甲油、染发剂壳、洗甲水、废矿物油等。

含汞血压计：水银血压计、水银体温计等。

相纸：x光片等感光胶片、相片底片等。

（3）易腐垃圾

食材：谷物及其加工食品、肉蛋及其加工食品、水产及其加工食品、蔬菜、调料、酱料等。

剩菜剩饭：鱼骨、碎骨、火锅汤底、茶叶渣、咖啡渣等。

食品：风干食品、粉末类食品、糕饼、糖果、宠物饲料等。

瓜皮果核：果肉、果皮、茎枝等。

花卉植物：家养绿植、花卉、花瓣等。

（4）其他垃圾。

餐巾纸、卫生间用纸、尿不湿、猫砂、狗尿垫、污损纸张、硬果壳、毛发、灰土、尼龙制品、贝壳、炉渣、橡皮泥、太空沙、编织袋、带胶制品、花盆、毛巾一次性餐具、镜子、陶瓷制品等。

三、知识测验：垃圾分类游戏

1.送垃圾回家：将垃圾卡片正确顺利地放入相应的分类垃圾桶中。

2.垃圾飞行棋：挑战者按照顺序闯关，若挑战成功则会得到小贴画。

【设计意图】检验学生掌握相关知识程度，并通过积分制游戏获取材料，为下一步装置设计做铺垫。

四、合作实践：我是分类装置设计师

1.项目总任务：为垃圾星球设计一款适合的垃圾分类装置。

2.项目前测：本项目正式启动前进行一次课前小调查，调查学生对现有垃圾分类装置的了解。设计了如下三道题目。

（1）你平时是如何扔垃圾的？

（2）你家会不会进行垃圾分类？

（3）你认为家里的垃圾桶好用吗？希望有什么改进吗？

3.项目设计：一个适合垃圾星球的垃圾分类装置应该满足哪些条件？

教师引导学生了解产品设计的基本要求：实用性、美观性、创新性。

4.小组讨论垃圾分类装置如何设计，画出垃圾分类装置的草图。

5.利用通过积分制游戏获得的装置材料，小组合作进行垃圾分类装置的制作。

6.小组分别展示成果，教师给予评价。

五、动手操作：我是变废为宝小能手

1.教师提问：如何把垃圾星球的垃圾变废为宝，如何将废物进行合理利用？

学生回答：可以将垃圾做成对我们有用的东西。

2.教师展示变废为宝的物品：饮料瓶盆栽。

3.学生拿出课前收集的可以变废为宝的垃圾材料，动手制作物品。

六、体验活动：我是环保小卫士

1.体验垃圾收集过程，探讨垃圾处理方式。

通过社会实践体验，教师带领学生在校园收集没有被扔进垃圾桶的垃圾，培养学生不乱丢垃圾的好习惯。

2.学生统计收集的垃圾量，通过所学垃圾分类知识送垃圾"回家"。

3.学生遇到不能确定分类的垃圾，通过信息技术媒介，拍照识别该垃圾属于哪一种分类，将垃圾送"回家"。

4.学生为学校进行垃圾分类设计宣传海报，为"垃圾分类"代言，普及垃圾分类知识。

七、活动总结

教师总结：懂得垃圾既有危害又有价值，有很多垃圾是可以回收再利用的。如果我们把这些可回收的垃圾再利用起来，不仅可以保护环境，还可以节约资源。

学生学习成果描述

1.垃圾分类的宣传海报。

2.制作分类垃圾装置。

3."变废为宝"的小作品。

思维导图

实施过程

学生活动手册　　垃圾分类飞行棋示例　　课程介绍视频　　教具介绍视频

第十四章　生活与健康领域跨学科案例

生活与健康领域对于开展以综合实践活动或劳动教育为导向的跨学科教学活动有很好的促进作用，是实现青少年全面发展的重要途径，具有基础性、健身性、实践性等特点。可以通过了解健康生活方式，积极参与劳动或体育运动，健全人格品质，提升综合素质。本章通过"开间小店——你的食品安全我包啦""特工行动"两个跨学科案例来阐释生活与健康领域如何在跨学科教学中培养学生的社会参与、责任担当、珍爱生命、自我管理等核心素养。

第一节　开间小店——你的食品安全我包啦

设计概述

课程聚焦食品安全进行跨学科设计，内容涉及零食安全、饮食安全、食物存储安全、食品维权途径等，紧密联系小学生的实际生活，为其创设经营一间小店的情境，激发小学生的参与热情，引导小学生关注生活中的食品安全。本课程包括不同的任务关卡，以期实现不同层面的教学意义。

任务一：在日常生活中，学生购买商品时能有意识地辨别食品添加剂、生产日期和保质期等信息，养成注意观察包装的良好习惯。

任务二：学生应当具备批判性思维，合理质疑，科学辨析。通过事实或实验验证信息的真伪，去伪存真。

任务三：通过实验，引导学生认识到食品存储的安全，知道食品储存的重要性。

任务四：通过多种途径的维权选择，引导学生利用合适的渠道正确表达自己的诉求，达到预想的目标。

任务五：通过引导学生参与食品安全宣传行动，影响更多的社会公众关注食品安全，维护自身健康。

【课程名称】开间小店——你的食品安全我包啦

【学时规划】5课时/225分钟

【适用学生】三年级

【涉及学科及领域】

学科	学段	课程标准描述
道德与法治	第一学段（1～2年级）	了解健康生活、卫生习惯的基本常识和要求
	第二学段（3～4年级）	初步理解社会主义核心价值观的要求，在日常生活和集体活动中践行
	第三学段（5～6年级）	懂得自律，诚实守信，能够得体地与人交往。团结互助，能够平等友好地与他人相处，学会合作。知道违法要承担责任，形成守法意识
科学	第二学段（3～4年级）	1.能运用感官和选择恰当的工具、仪器，观察并描述对象的外部形态特征及现象，用较准确的科学词语、统计图表等记录和整理信息，并运用分析、比较、推理、概括等方法分析结果，得出结论 2.能准确讲述并反思自己的探究过程和结果，做出自我评价与调整。初步具有交流、反思以及评价探究过程和结果的意识
艺术（美术）	第一学段（1～2年级）	学生尝试使用不同的工具、材料和媒介，以及线条、形状、色彩、肌理等造型元素和对称、重复等形式原理，按照自己的想法，以平面、立体或动态等形式表达所见所闻、所思所想
语文	第二学段（3～4年级）	表达有条理，语气、语调适当。参与讨论时敢于发表自己的意见，说清自己的观点。能根据对象和场合稍做准备，作出简单的表达
	第三学段（5～6年级）	综合运用语文、道德与法治、科学、劳动等学科多方面的知识和技能，通过小组研讨、集体策划，设计参观考察活动方案，运用跨媒介形式分享研学成果

学情分析

　　三年级是小学教育的重要阶段，该阶段的学生处于具体运算阶段，思维具有较大的变异性。针对不同学科，三年级学生已有的知识水平如下。

　　1.语文：在拼音方面，三年级的学生能正确拼读音节，可以借助拼音读准字音，具有初步的独立识字能力和查字典的能力；在阅读理解方面，三年级的学生不仅可以流利有感情地朗读课文，还可以借助字典、词典和生活积累理解生词的意义；在习作表达方面，三年级的学生乐于与他人分享习作的快乐，能够用简短的书信进行书面交流；在口语交际方面，三年级的学生能够用普通话与他人交流，能倾听别人的发言并发表自己的看法，能够抓住关键词句概括内容。

　　2.科学：三年级的学生能够学会观察、实验等基本的科学方法，具有初级的科学探究意识，有一定的科学观念，乐于动手操作感兴趣的事务。在科学探究的过程中，能够基于一定的事实表达观点，并倾听他人观点。

　　3.道德与法治：三年级是儿童品德和社会性发展的启蒙阶段，是小学生知识、能力、情感价值观形成的关键时期，学生由良好品德和行为习惯养成向良好品德的形成和社会性发展自然衔接。该阶段学生对自我、家庭、班级、社会有了一些浅显的认识，养成了较好的行为习惯。随着他们社会生活范围的不断扩大，认识并了解社会和品德的形成成为该阶段学生发展的迫切需要。

4.美术：一年级、二年级时，学生已经初步认识了美术材料，对不同的材料和工具的使用有所了解，会用简单的线条和色块大胆地、自由地表现他们所见所闻、所思所想的事物，但是动手能力比较差。造型活动较多的是将"看看""画画""做做""玩玩"融为一体，强调体验和游戏性。三年级时，学生在造型方面较低年级有一定的发展，随着知识的增长和认识能力的发展，他们在绘画方面有了初步的写实倾向。同时，造型游戏的活动范围得到进一步的扩展，也增加了包含构成意识的造型游戏。

本课程主要体现国家基础教育课程改革的基本精神，以创新精神和实践能力的培养为重点。聚焦食品安全，通过道德与法治、语文、科学、美术等学科多方面的知识帮助儿童树立诚信意识、责任意识；突出动手、动脑的能力，注意培养和发展学生的好奇心和想象力。课程整体难易程度适合三年级的学生。

课程目标

学科目标

1.语文：

（1）学会有条理地表达，在表达时做到语气、语调适当。

（2）能够参与讨论，并敢于发表自己的意见，说清楚自己的观点。

（3）能根据对象和场合，稍做准备，作出简单的表达。

2.科学：

（1）了解食品安全和饮食安全相关知识。

（2）了解有关食物添加剂方面的常识，知道包装食品中都含有添加剂，明白添加剂的好处和危害。

（3）认识食物中毒特征，提高自我救护意识，以防发生食物中毒。

（4）通过调查、分析、研讨、查阅资料、交流表达完整的活动过程，能够搜集事实、提出问题，科学地处理信息、分析信息，掌握利用网络资源进行学习的方法。

3.道德与法治：

（1）认识到吃营养健康食物的重要性，注重食品安全。

（2）学习并掌握如何辨别安全食品，提高购买食品的常识和基本技巧，懂得购买食品应该注意的事项。

（3）树立一定的法律意识，知道如何运用法律的有效途径维护自身的合法权益。

4.美术：

能够运用造型的技巧设计出商店和小组的logo，体现一定的审美性和原创性，符合小组的经营理念。

跨学科目标

1.沟通与合作：能够通过组队和经营小店的过程与其他学生进行密切合作，锻炼学生间的沟通交往能力和合作解决问题的能力。

2.公民责任与社会参与：通过经营小店，了解食品安全，参与到食品安全的宣传和实践中去，树立良好的社会参与意识。

3.信息素养：通过大量网络资源的获取、甄别、分析与整理，寻找有益于解决问题的有效信息，在信息处理的过程中形成自己对具体事实的独特思考和判断力。

4.批判性思维：在科学探究的过程中运用批判性思维解决问题，养成批判质疑的科学精神。

课程难重点

重点

1.学会有条理地表达，在表达时做到语气、语调适当。

2.能够参与讨论，并敢于发表自己的意见，说清楚自己的观点。

3.认识到要吃营养健康的食物，注重食品安全。

4.通过自学、收集资料、交流所学，能够对信息进行分析、比较、综合概括，最后达到知识的内化。

难点

1.注意合理饮食，养成良好的饮食习惯。

2.培养诚实守信的品质，肩负社会责任担当。

3.养成合作意识，提升实践能力与创新精神。

可用材料、设备或资源

1.教师教学资源：

（1）第一课时（任务一）：学生活动手册、1个有标识的食品袋子（附带知识卡）、1个缺失标识的食品袋子。

（2）第二课时（任务二）：学生活动手册、食品添加剂抽取盒、食品添加剂信息卡、西瓜、带针头的注射器、色素（蓝色/黑色墨水）、蜂蜜。

（3）第三课时（任务三）：学生活动手册、发霉的馒头、实验记录单、经营秘诀、线索锦囊（求助卡）。

（4）第四课时（任务四）：海捕文书、食品安全倡议书。

2.学生学习资源：

（1）第一课时（任务一）：学生活动手册、1个有标识的食品袋子（附带知识卡）、1个缺失标识的食品袋子、经营秘诀、线索锦囊（求助卡）。

（2）第二课时（任务二）：学生活动手册、食品添加剂抽取盒、食品添加剂信息卡、西瓜、带针头的注射器、色素（蓝色/黑色墨水）、蜂蜜、经营秘诀、线索锦囊（求助卡）。

（3）第三课时（任务三）：学生活动手册、发霉的馒头、实验记录单、经营秘诀、线索锦囊（求助卡）。

（4）第四课时（任务四）：海捕文书、食品安全倡议书、经营秘籍、海报（将写好的倡议书贴在关卡五相对应部分）、线索锦囊（求助卡）。

（5）第五课时（任务五）：学生活动手册。

教学过程

一、情境创设（25分钟）

（一）创设游戏情境

教师陈述："同学们好，我们今天的任务是开一家小商店，是什么样的小商店？大家都爱吃的食品商店。大家知道如何开一家食品商店吗？今天我们所有的同学就一起开店吧！商店开得好不好要看我们各位同学能不能通过我们的层层考验了。"（教师板书课题："开间小店——你的食品安全我包啦"）

（二）公布开店准则

教师陈述："在正式活动之前，先进行分组，每组5～6人经营一家小店。为保证商店顺利经营，我们会组织每家商店进行每周一次的食品安全检查。如果检查合格，则允许商店经营下一阶段任务；如果在检查过程中出现食品安全问题，则闭店整改；如果整改不力，则吊销经营许可证。"（学生可通过求助卡求助教师，教师可为小店整改提供建议，学生若拒不整改，则遣散小组，组员划分到其他小组）。

（三）发放新手大礼包

1.学生活动手册。

2.经营许可证标识。

3."任务一""任务二""任务三""任务四"所需道具。

（1）任务一（拒绝"三无"食品）：学生活动手册、1个有标识的食品袋子（附带知识卡）、1个缺失标识的食品袋子、经营秘诀、线索锦囊（求助卡）。

（2）任务二（甄别食品添加剂）：学生活动手册、食品添加剂抽取盒、食品添加剂信息卡、西瓜、带针头的注射器、色素（蓝色/黑色墨水）、蜂蜜、经营秘诀、线索锦囊（求助卡）。

（3）任务三（注重食品储存环境）：学生活动手册、发霉的馒头、实验记录单、经营秘诀、线索锦囊（求助卡）。

（4）任务四（宣传食品安全知识）：海捕文书、食品安全倡议书、经营秘籍、海报（将写好的倡议书贴在关卡五相对应部分）、线索锦囊（求助卡）。

（5）任务五（了解维权途径）：学生活动手册。

4.经营秘籍说明。

5.三张求助卡。

6.活动评价单。

教师陈述："请每个小店的组员为自己的商店设计店名、logo、员工信息表（店长、员工以及对应职责等），并且画出自己心目中的商店。"（该部分为活动开始前的准备工作，命名为"白手起家"。）

学生活动：填写学生活动手册中第一页"白手起家"的部分。

二、活动实施（150分钟）

（一）任务一：拒绝"三无"食品（30分钟）

教师陈述："恭喜大家已经成功创建了自己的小商店，并且拿到了经营许可证，第一次任务马上发布了，你们准备好了吗？"

教师陈述："现在第一次食品安全任务正式发布，希望大家可以顺利通过此次考验！"

教师发布任务：

序号	内容
1	出示本周食品安全检查要求：拒绝"三无"食品，探究食品安全
2	学生依据要求，通过多种途径查询什么是"三无"食品
3	找出自家商店中的"三无"产品并下架
4	教师进行质检，对于临期食品给予提醒

学生活动：通过电子设备进行相关信息的查询，仔细研究教师提供的包装袋上的信息，并填写学生活动手册中关于"三无"食品的内容。

教师提问："各位商家是否了解到'三无'产品指的是哪'三无'？包装袋上能提供给我们的信息除了生产日期、质量合格证、生产厂家以外，还有什么呢？我们作为良心商家，最应该注重什么？哪位商家知道什么样的食品是安全的？"

通过与学生的充分互动，引导学生了解"三无"产品一般是指无生产日期、无质量合格证以及无生产厂家的来路不明的产品。强调食品安全的重要性，经营一家商店对食品的要求是健康、无毒、无害、绿色、环保等，符合应当有的营养要求，对人体健康不造成任何急性、亚急性或者慢性危害。

学生活动：编写经营秘诀第一篇——坚守道德底线，绝不售卖"三无"食品，保证食品安全。

教师陈述："接下来我们要召开关于食品添加剂的座谈会，请各小组派代表到讲台上通过抽签的方式，领取各组所要探究的食品添加剂信息表，判断其是否安全。"

教师发布任务：

种类	名称
色素	红曲、红曲米、胡萝卜素、焦糖色、胭脂红、柠檬黄、亮蓝、苋菜红、日落黄等
香料（香辛料）	香兰素、乙基麦芽酚、香草粉、茴香、花椒等
防腐剂、抗氧化剂	硝酸钠、硝酸钾、亚硝酸钠、山梨酸、山梨酸钾、苯甲酸钠等
甜味剂	安赛蜜、糖精钠、甜蜜素、阿斯巴甜、糖精、甘草等
膨化剂、漂白剂、酶制剂等	

【探究提示】

学生可通过以下步骤进行探究：

（1）食品添加剂有危害吗？

（2）食品添加剂有营养吗？

（3）食品添加剂的作用是什么？

学生活动：学生领取相关任务，回家进行查询并记录。

（二）任务二：甄别食品添加剂（30分钟）

教师陈述："各组商家关于食品添加剂的座谈会都准备好了吗？现在轮流发表自己的观点。"

学生回答：我抽取的食品添加剂是色素类的胡萝卜素，我认为它是有营养的，它的作用是维持正常的视觉功能，适当的食用胡萝卜可以提高视力；维持、增强免疫功能，胡萝卜素在提高机体免疫力方面有较为明显的作用；维持皮肤黏膜的完整性，可避免皮肤黏膜过度角化；可美容养颜，适当吃胡萝卜素具有一定的美容养颜作用。

此外，胡萝卜素是一种生理活性物质，对夜盲症、眼干燥症、上皮组织角化症的治疗有一定的辅助性作用，并在免疫调节剂的释放中发挥着重要作用。

教师陈述："各位商家对于食品添加剂的了解很深入，恭喜大家探究知识的技能得到了提升。（再次创设情境）在座谈会期间，我们收到举报，在座的各位商家涉嫌售卖添加了甜蜜素/色素的超甜西瓜。请配合我们调查，自证清白。"（注：实验为两个，实验一为给西瓜注入色素；实验二为给西瓜注入甜味素，学生择其一进行实验。）

1. 教师提供线索（布置任务），学生思考以下问题：

（1）液体是如何被打进西瓜的？

（2）西瓜被注射后会留下针孔吗？

（3）注射后的西瓜是什么样子？

2. 实验验证：

（1）实验一：给西瓜注入色素。学生用注射器抽取勾兑后的蓝色色素，将其注入西瓜中，观察其变化，得出结论后填写学生活动手册。

具体操作步骤如下。

实验材料：西瓜、水、蓝色色素、注射器。

实验过程：

步骤	内容
1	抽取适量食用色素和水，勾兑出半杯溶剂
2	用注射器将10mL的色素注入西瓜
3	注入大约5mL时，含色素的溶剂已经开始从针孔外泄，注射器也越来越难以注入
4	拔出针头，水开始由内向外冒，针孔明显可见
5	半个小时后，沿着针孔的位置切开西瓜
6	发现注射了色素部位的瓜瓤颜色更深了，瓜皮有明显的液体渗出，有一些发黄
7	一个小时后，注射色素的西瓜只有一小块变色，且开始腐烂，其他部位都正常

实验结论：给西瓜注入色素只能扩散一小块，不会传输到整个西瓜。色素还会在短时间内使西瓜变质，无法食用。

（2）实验二：给西瓜注入甜味素。学生用注射器抽取勾兑后的蜂蜜水，将其注入西瓜中，观察其变化，得出结论后填写学生活动手册。

具体操作步骤如下。

实验材料：西瓜、水、蜂蜜、注射器。

实验过程：

步骤	内容
1	使用市面常见的某品牌枣花蜂蜜，兑水做成蜂蜜水
2	用注射器注射 10mL 后，蜂蜜水就开始往外冒，无法再注射
3	半个小时后，针孔部位明显发黑，还有一些蜂蜜水流出
4	一个小时以后，将西瓜切开，针孔发黑的面积扩大，蜂蜜水注射的部位清晰可见，西瓜瓤的颜色变深，而且开始大面积腐烂

实验结论：蜂蜜水对于西瓜的甜味并无太大影响，也会导致西瓜瓤变质。

学生活动：学生编写经营秘籍第二篇——网络传言千千万，事实真相最关键。

（三）任务三：注重食品储存（30分钟）

教师陈述："（教师再次创设情景）因各位商家表现良好，破除网络谣言，系统派送额外订单：为学校食堂提供早餐馒头。但由于各位商家库存积压太久未及时检查，导致馒头发霉了，为了避免此类情况再次发生，你们需要探究馒头发霉的原因。"

学生活动：学生进行探究实验（注：该实验是学生提前在家中进行的），根据实验，学生观察并填写实验记录单。

1.实验一：探究霉菌的生长条件。假设在潮湿的条件下馒头容易发霉。

实验设计：把湿馒头装在塑料袋里，放在暖气上；把干馒头装在塑料袋里，放在暖气上。观察馒头的发霉情况。

实验记录：几天以后，暖气上的湿馒头先发霉。

实验结论：在潮湿的条件下馒头容易发霉。

假设的条件		实验的方法	实验结果
改变的条件	不变的条件		

序号	条件组合	实验方法	结论
1	温暖潮湿	把装有湿馒头的塑料袋放在暖气片上	
2	温暖干燥	把装有干馒头的塑料袋放在暖气片上	
3	寒冷潮湿	把装有湿馒头的塑料袋放在冰箱冷藏室里	
4	寒冷干燥	把装有干馒头的塑料袋放在冰箱冷藏室里	

学生活动：学生需要将填写好的实验记录单带到课堂中，并在小组进行分享，得出小组总体观察结论。

教师活动：进行最终实验总结，并引导学生填写学生活动手册。

学生活动：填写学生活动手册。

2.实验二：观察霉菌。教师自带发霉的馒头到实验室，引导学生进行观察。

教师陈述："在馒头上常见的霉菌有哪些呢？它们是怎么形成的？同学们可以从根据问题进行思考。"

（1）发霉的馒头上绿色和黑色的小圆点是什么原因导致的？

（2）发霉的馒头上只存在一种霉菌吗？

（3）霉菌只有一种颜色吗？

（4）霉菌对人是有益的还是有害的？举例说明。

学生活动：通过电子设备查询相关信息，并填写学生活动手册。

教师提问："大家已经了解到馒头发霉的原因，谁知道我们为什么要销毁发霉的馒头？"

教师活动：普及发霉馒头的危害。

第一，发霉的食物含有大量的霉菌，会导致消化道菌群混乱、食物中毒，甚至引起急腹症，危及生命。

第二，食用发霉的食物会导致霉菌孢子侵入血液或呼吸道，从而导致重大的健康问题。

第三，发霉的食物多含有黄曲霉毒素，这是一种世界公认的头号致癌物质，长期摄入黄曲霉毒素，会导致多器官癌变。

学生活动：编写经营秘籍第三篇——食物保存要注意，储存环境很重要。

（四）任务四：了解维权途径（30分钟）

教师陈述："（再次创设情境）因为各位商家表现良好、诚信经营，所以商店订单暴涨。为了庆祝，各商家联合外出聚餐。因为某餐厅的食品保存不当被细菌污染了，导致各位商家食物中毒，已经被紧急送往医院。为讨回公道，现开启三条维权途径，请各位商家做出选择。"

（1）法律途径：通过资料查询记录你具体实施的步骤。

①拨打"12315"，与经营者协商解决；

②若经营者不同意协商，可到购物所在地的消费者协会投诉；

③协调无效，可投诉购物所在地的市场管理部门；

④屡次协调无效，可以向法院起诉经营者。经营者提供的商品或服务有欺诈行为的，应按照消费者的要求增加赔偿损失，增加赔偿的金额为消费者购买商品的价款或者接受服务费用的3倍；增加赔偿的金额不足500元的，为500元。（将自己找到的答案写在学生活动手册上。）

教师总结：在你们拨打了举报电话后，相关部门对该饭店进行了卫生检查，发现确实存在食物卫生的问题。该饭店被要求停业整改，并对受害者进行了合理赔偿。

（2）线下对峙：饭店门口拉横幅，找饭店老板的麻烦。

教师总结：如果你们相约一起去饭店门口闹事。你们拉着长长的横幅，上面写着"非法经营"的字样，并拿着广播器呼吁人们不要去这家饭店。老板看到后毫不犹豫地拨打了110报警电话，告你们寻衅滋事。于是，你们被警车拉回了派出所。（请重新选择你的维权途径。）

（3）线上维权：请编辑一段话，在各公众平台陈述此事，并要求饭店做出回应。

教师总结：你们将此事的前因后果清楚地记录下来，并编辑成文字发布在抖音、微博、快手等网络平台上。经过舆论发酵，更多的人了解到了此事，并为你们发声，相关媒体也对此进行了报道。不久，饭店老板出面录了视频对所有受害者公开道歉，并愿意承担一切医疗费用。

学生活动：学生编写经营秘籍第四篇——维权途径千万条，法律规范第一条。

（五）任务五：宣传食品安全知识（30分钟）

教师陈述："（教师再次创设情景）各位商家在经历了食物中毒，并学会了如何维权后，决定一起对于不法商家的违法行为予以揭露，自愿绘制海捕文书——'通缉令'，提醒来店的客人注意食品安全，远离这些不安全的食品。"

教师布置任务。（注：需提前提供视频及新闻资源。）

任务一：通过视频、新闻资源获取街边小吃隐藏的秘密，并对其进行危险系数评估和罪状描述，绘制海捕文书手册公布于商店内。

学生活动：学生以小组为单位发起海捕文书活动。

任务二：书写食品安全倡议书，以帮助各位顾客关注身边的不安全食品，并在商店内张贴。

学生活动：个人进行食品安全倡议书的撰写。（该部分写在学生活动手册第十一页。）

三、总结提升（25分钟）

教师陈述："（再次创设情景）各位店家，你们的举动促使社区内食品安全问题骤减，提升了社区居民的食品安全意识，恭喜各位的商店晋升为城市'U+超市'！！！大家的经营秘籍也将被作为典范供社区内的其他商店学习。最后让我们坐在一起，将各位商家的心得分享给大家吧！"

（1）日常生活中我们购买食品时要尽量买具有以下标识（图14.2）的食品。

有机食品　　无公害食品　　绿色食品　　"QS"认证

图14.2 部分食品标识示意图

（2）关注购买地点，不要在路边小摊点购买食品。

（3）就餐时，要选择安全、卫生的餐馆。

（4）日常生活中也要关注食品配方和功能。

（5）树立正确的食品安全信念和态度。

四、总结评价（25分钟）

学生活动：完成学生学习评价表。

教师总结：通过游戏，大家建立起了自己的小商店，通过关卡任务，我们稳步推进食品安全的学习，更加深刻地意识到食品安全的重要性。国以民为本，民以食为天，食以安为先。维护食品安全，关系着每个人的切身利益。营造健康的经营环境和消费环境，需要全社会的参与和努力，只有举全社会之力，形成"人人需要安全食品，人人维护食品安全"

的良好氛围，食品安全问题才能从根本上得到解决。希望大家在以后的学习生活中，能够做到关注食品安全，远离不安全的食品，做一个对社会有用的人。

学生学习成果描述

1. 实验记录单。
2. 经营秘籍。
3. 海捕文书画册。
4. 倡议书。
5. 学生活动手册。
6. 学生课堂学习评价表。

思维导图

实施过程

课程介绍视频　　教具介绍视频　　学生活动手册　　学生课堂学习评价表

第二节　特工行动

设计概述

　　课程聚焦"保护空气"进行跨学科主题学习设计，用"特工行动"这样充满故事情节的主线串联整个跨学科学习内容，激发学生的学习兴趣，使学生能够通过学习意识到清新空气的重要性。"特工行动"主要涉及的学科有音乐、道德和法治、数学、语文、科学等。课程包含不同的任务环节，学生除了能够掌握一些关于"空气"的知识以外，还能够树立保护空气、保护环境的意识，培养口语交际、观察能力。

任务一：调查空气污染的原因。学生先通过教师提供的A城的空气质量表和空气含量指数发现A城有空气污染的问题，再通过空空博士提供的情报分析出A城空气污染的原因。

任务二：召开诉讼会。学生分别扮演A城的居民、出租车司机、工厂负责人、法官等角色，站在这些角色的角度，为其进行辩护。最后制订出一个适合A城环境保护、经济发展的计划。

任务三：发现空气的秘密。A城的环境通过实施学生制订的计划之后已经有了明显的改善，这时，A城的居民发现空气有很多用途。教师引导学生通过教具探究空气的性质和特点。此时的学生已经经历了三个任务活动，能够发现空气对于生活的重要性，树立保护空气、保护环境的意识。

【课程名称】特工行动

【学时规划】3课时/135分钟

【适用学生】四年级

【涉及学科及领域】

学科	学段	课程标准描述
音乐	第二学段（3～5年级）	1.了解不同类别的小型乐器的表现形式和表现特征，感知、辨别音乐的节拍，感知、体验、了解其他常见音乐表现要素的特点 2.了解管类乐器（笛子）等的发声原理，掌握吸管长短与声音音高的关系，拓展认识更多的气鸣乐器
道德与法治	第一学段（1～2年级）	1.学会保护环境的行为与习惯，负责任、有爱心地生活，为保护环境做力所能及的事 2.了解相关知识，树立自觉维护空气质量的环保意识，知道并掌握在大气污染的环境里自我保护的简单措施
数学	第二学段（3～4年级）	1.经历简单的数据收集和整理过程，体会数据的整理和表示对于培养数据分析观念的重要作用 2.通过自主探索、合作交流的方式进行学习，并能对数据进行对比分析，解决简单的实际问题

学情分析

学习者分析：

1.认知水平：四年级是儿童成长的关键期。四年级在小学教育中正好处在从低年级向高年级的过渡期，这时候学生开始转变思想方法，从过去笼统的印象转变为具体的分析，偏重对自己喜欢的事物进行分析。孩子开始从被动的学习主体向主动的学习主体转变，小时候看不懂、听不懂的一些知识，现在很快可以搞明白，知识增长速度明显加快。

2.思维特点：四年级学生一般为10～11岁，处在皮亚杰认知发展的具体运算阶段，此时的学生思维具有完整性和逻辑性，处于由形象思维向抽象思维过渡的时期，能进行一定的抽象思维，但仍以形象思维为主。虽已能从事需要一定意志支配的工作，但意志力还很薄弱，自觉性、主动性、持久性都较差，遇到困难和挫折往往产生动摇。四年级学生可以进行比较复杂的分析，分析问题时开始确立"自己"的位置。例如，这样不合适，那样又有妨碍。在反复比较、衡量的过程中开始认识自己的行为与他人行为的关系，并把"自己"作为一个独立的人，等同于他人但这个"自己"常常站在主观愿望的对立面。在处理事物时，能够说服自己，调整自己的立场和看法。

3. 注意力特点：四年级学生注意力增强，注意力的稳定性由 15 ～ 20 分钟提高到 20 ～ 30 分钟。孩子的言语发展水平由口头言语向书面语言过渡，小学四年级以后，书面语言水平逐步超过口头言语水平。根据这一变化，语文教学方面可以强化阅读分析和写作的训练，数学可以开始接触分数、面积、进率等比较复杂的问题，以发展学生的概括、对比和分类等抽象思维能力。

课程目标

学科目标

1. 科学：

（1）能够知道空气无处不在地占据空间，知道空气也有重量，知道空气能够作为动力源等。

（2）能够根据空气的性质说出其在生活中的应用。

2. 数学：

（1）学会观察数据、整理数据。

（2）能够把整理过的数据通过描点、连线方法绘制成折线统计图。

3. 道德与法治：

（1）树立保护空气的意识。

（2）能够提出有关解决空气污染的方案。

4. 音乐：

（1）认识不同种类的管类乐器。

（2）知道排笛音调的高低和排管的长度有关：排管越短，音调越高。

跨学科目标

1. 实践创新：学生能够处理生活中的数据并进行归纳总结，选择制定合理的解决方案。

2. 责任担当：认同自己是社会的一分子，树立保护环境的意识和担当，积极履行公民义务，热爱绿色生活方式。

3. 学会学习：有积极的学习态度和学习兴趣，养成良好的学习习惯，善于搜集身边的数据，开展有意识的学习。

课程难重点

重点

1.学会描点、连线方法绘制折线统计图。（数学）

2.能够了解空气的成分，知道空气是混合物。描述空气在生活中的应用。（科学）

难点

1.在制作条形统计图和折线统计图的过程中能够感受到二者之间的区别。（数学）

2.在制作吸管排笛探究声音的音高过程中，能够掌握吸管长短与声音音高的关系。学生能够感受音乐与社会生活的关系，发现生活中的音乐。（音乐）

可用材料、设备或资源

1.教师教学资源：有关A城污染的图片、空空博士提供的情报、和空气相关的线索、木棍、绳子、若干个吸管排笛、空气动力火箭。

2.学生学习资源：活动手册、吸管排笛、空气动力火箭。

教学过程

一、情境导入（5分钟）

"拯救城市情报局"是通过环游世界帮助有困难的城市解决问题的组织。这天，他们来到了A城，空空博士收到了求助，发现空气污染。

教师提问：同学们想象一下没落之城——A城，现在的景象如何？

二、调查空气污染的原因（35分钟）

大家化身特工艾尔，帮助A城走出水深火热的环境，解决城市的空气污染问题。空空博士留下有关A城的情报，情报里有空气成分表、空气质量指数（二氧化硫、$PM_{2.5}$等）。

教师出示近一周A城空气成分的数据并提问：从这些数据中大家能够获取哪些数学信息？

学生独立思考回答问题：数据每天统计一次，有氧气、臭氧、氮气、二氧化碳等。

教师提问：同学们，大家用我们学过的表格来帮助艾尔将空气中污染物的含量表现出来。

分小组进行不同的空气污染物的表格绘制，在空空博士提供的情报中提取有用的信息并在纸上绘制，然后汇报，其他同学能够对汇报提出质疑或者建议并进行交流，教师总结评价。

教师使用投影仪展示学生绘制的表格并提问：老师想用它来表示某个空气成分的变化趋势合适吗？

学生回答：用它来表示不太合适，从图中看不到它的变化趋势。

教师对学生的回答做出评价（如观察得很仔细，通过学生的观察能够知道表格只能表示数量，用它不能表示变化趋势。先让学生用学习过的知识，如条形统计图表现出来）。

预测学生绘制的表格，教师进行点评和总结。通过学生的观察能够知道条形统计图只能表示数量的多少，用它表示数据的变化趋势并不明显。

学生制作完成后教师展示各个成分在空气中的标准范围，判断空气中污染物的成分是否超标（二氧化硫指数小于20为正常，$PM_{2.5}$小于75为正常，空气污染物指标小于50为正常）等。

教师引导学生讨论交流之后进行汇报（汇报内容：成分变化的趋势、与在空气中的标准范围进行对比，判断这一成分是否对A城造成污染以及横纵坐标的代表），同学相互提出质疑或者建议并进行交流。

教师进行总结评价：空气中每种成分的存在都是有标准范围的，一旦超出这个范围，就会对空气造成影响。从大家的统计汇报中，可以知道A城的一些空气成分是超出标准范围的，那么大家知道是什么原因导致A城的空气中污染物的成分超标呢？

学生回答：汽车尾气、乱砍滥伐……

教师补充总结：不仅这些原因，还有其他原因，如工厂的废气排放。接下来请大家观看A城市民与工厂对于这些污染物来源的态度。

教师强调：同学们可以从视频中看到，居民对于工厂排放废气有强烈的不满，共同商讨要起诉工厂的负责人。

三、诉讼会及制订计划（45分钟）

居民与工厂负责人各自有着自己的立场，并为自己辩护。教师将学生分为两大阵营：居民和工厂负责人展开辩论，双方各自给出自己的观点。

教师总结并提问：你们说的都有道理，基于刚才的辩论，工厂负责人表示工厂的生产能够促进A城经济的发展；居民表示工厂排放的废气会对空气造成污染。为了保障日后大家能生活在健康安全的环境中，大家根据A城空气污染的现状，制定合理的措施。

学生回答：①减少有害气体的排放。②减少私家车的使用，多乘坐地铁和公交车。③给私家车上安装尾气处理装置。④增加植树等绿化活动。

教师总结：我们不能仅仅维护自身的利益，而是需要思考如何才能双赢。因此，工厂应该控制向大气排放含有污染物质的废气，必须经过净化处理，不能超过规定的排放标准；加大监管力度、落实监管制度；工厂还需要完善工业废气的治理技术和设备。这样不仅能够促进A城经济的发展，也能够维护我们共同生活的家园。

方案实施之后，教师提供改善后的空气成分，学生能够绘制具有出变化趋势的折线统计图，分别绘制空气污染严重时，以及改善之后空气成分的折线统计图。

教师引导学生4人为一小组进行讨论，并说出绘制折线统计图的步骤。

教师提问：根据条形统计图的设计思路，说一说应该怎样绘制折线统计图。

学生自由讨论回答：根据数据信息先描点（代表数量），然后用线段将点连接起来（线段的坡度变化能够看到数量的增减情况）。

教师总结：点代表数量，所连接的线段坡度表示数量变化的增减情况，并且书写板书（点——数量；坡度变化——数量增减情况）。

学生以小组为单位就空气中某一种成分的数据制作折线统计图。

教师提问：两次绘制的折线统计图有哪些不同？

学生回答：二氧化硫的指标呈下降趋势，接近了空气指数的标准范围。

教师总结：通过观察折线统计图的变化，在我们的共同努力下使A城的空气得到了一定的改善，想要长期维持清新空气需要我们做出长期计划，制作计划表。

教师提问：大家认为计划表由哪些部分构成？

学生回答：标题、计划内容、达成计划的时间……

教师总结：大家的回答包含在计划表内。接下来，老师给大家提供一个模板，让我们观察这个模板是从哪些方面展开的，并完成计划表的绘制。

四、空气的秘密（45分钟）

教师提问：通过同学们的计划表，帮助A城渡过了难关，你们是非常优秀的特工。接下来，我们来看看A城的现状（展示图片）。从图中你们看到了什么？

学生回答：人们的生活环境得到了改善，天空是蔚蓝色的……

教师总结并提问：从图中我们看到了A城由污染之城逐渐变为繁荣之城。既然城市空气已经变得清新，那么我们拥有了这么好的空气，可以利用空气干些什么呢？空空博士听说了A城现在的情况，提供了一些线索，希望能让A城利用空气变得更加富裕。现在，老师将线索一一发放给每个小组。

学生活动：阅读线索一（空气具有流动性并占据空间，很多乐器利用了空气的这一性质），搜集资料找出哪些乐器应用了空气的这一性质。

学生回答：笛子、口琴、唢呐……

教师出示教具：给每组发放吸管排笛，演示吹管的时候嘴唇不用直接接触吸管，在距离管口1厘米处吹气。

教师提问：通过吹响的排笛，你们发现了声音的音高和每根吸管的长短有什么关系？

学生回答：越短的吸管发出的音调越高。

教师提问：为什么越短的吸管发出的音调越高呢？

学生回答：空气在吸管中停留的时间越短。

教师总结：吸管越短，空气振动频率越高，音调就越高。吸管能够发出声音是因为我们吹出的气流在吸管的顶端被切断。声音的高低取决于内部有气流振荡的吸管的长度。

教师提问：大家已经探索了吸管排笛的奥秘，类似的还有笛子、萨克斯等乐器，都是利用不同的方式带动管乐器内空气柱产生振动，利用调控机件改变空气柱的长度、强度，以及持续时间。空空博士带来有趣的秘密可不止有这个，大家打开手中的线索。

学生活动：查看线索二（空气具有压缩性，利用空气的压缩性推动吸管的旋转，从而造成吸管的不停运动，可以制作成空气发动机）。

教师讲解并演示空气马达的制作过程。

（1）将一根吸管对折，在对折处的两边用手工剪刀分别裁剪出一个小三角形，然后展开吸管。

（2）先将吸管两端用胶棒粘住，然后在吸管两端分别剪出一个小三角形，使空气对流。

（3）将另一根吸管的一端粘住，在封口的上端剪出一个半开放的小口，插入第一根吸管的小洞处，从第2根吸管的开端处吹入空气。

（4）第1根吸管在空气的作用下开始旋转运动，成为空气马达。

学生准备材料：两根吸管，一个手工剪刀，根据教师的示范和讲解进行制作。

教师点评总结：

（1）第2根吸管越粗，吹进去的空气越多，则空气马达的转速越快。

（2）第1根吸管与第2根吸管之间的空隙越小，则马达的精确度越高，马达的转速也会越平均。

教师提问：你们还知道哪些物品利用了空气压缩的原理吗？

学生回答：皮球、轮胎……

教师补充其他应用空气压缩原理生产的物品，如医用注射器、铆钉枪等。

教师提供火箭发射器，分发给各小组的学生，并提出：生活中空气的运用如此广泛，大家可以尽情体验空气带来的乐趣，感受空气的奥秘。教师引导学生发射火箭，让学生思考为什么火箭能够升空，并在此过程中观察火箭的运行轨迹。

学生活动：四个人为一小组，按压火箭发射器的充气装置，和别的小组进行比赛，比一比哪个小组的火箭飞得最高。

教师提问：现在小组讨论刚才的问题，为什么火箭能够升空以及火箭的运行轨迹。

学生回答：按压火箭发射器的充气装置，为火箭发射提供能量。火箭首先上升，然后下降。

教师总结：同学们观察得很仔细，火箭发射器的充气装置压缩空气，为火箭发射提供动力，但是现实生活中的火箭很大很重，宇航员乘坐的火箭是利用了力的反作用力，通过不断减少自身的重量，火箭以热气流高速向后喷出，利用反作用力升天。火箭升天的动力并不是简单的充气装置，而是自身携带燃烧剂与氧化剂。我们的火箭先上升后下降说明，小火箭有重量。这样，我们发现了空气的另一个奥秘，空气和我们的小火箭一样有重量。

教师分发教具：气球、木棍、绳子等。

教师陈述：同学们，我们首先将两个充满空气的气球分别系在木棍两端，木棍中间有可旋转的钉子固定着木棍的位置，此时木棍与地面水平，然后将木棍一端的气球放掉气。同学们分小组讨论操作实验，观察会有什么样的现象发生。

学生回答：木棍会朝着一端倾斜。

教师总结：气球中装有空气，木棍朝着这一端倾斜，这能够说明空气也有重量。空气是我们每分每秒都离不开的物质，是生命的原始物质。任何物体都有重量，空气也是，大家不要因为某些物体的重量太小就忽略。

我们总共发现了空气的三个秘密：空气有流动性占据空间、空气能够被压缩、空气具有重量。空气无处不在，空气的应用也十分广泛。例如，充气玩具、解压玩具、风的形成、植物的光合作用……

教师补充：A城政府颁布保护环境的政策，居民们积极响应。A城合理利用生活中的资源，经济、文化、科技迅速发展，成为以清新空气闻名的城市。

五、总结升华（5分钟）

今天，同学们化身特工艾尔，帮助A城解决了难题，大家都是热心助人的人，希望今后遇到困难时，也能够像今天一样勇敢、向上。大家在课上收获满满，在课下完成学习任务单，对本节课涉及的知识进行回顾，并对你的组员做出评价。

学生学习成果描述

1.学生活动手册。
2.学生评价表。

思维导图

实施过程

教具介绍　　　整体方案介绍　　　学生活动手册　　　学生互评单

第十五章　跨学科教与学的评价

2022 年版的《义务教育课程方案》要求全面落实新时代教育评价改革，改进结果评价，强化过程性评价，探索增值型评价，健全综合评价，着力推进评价观念、方式方法改革，提升考试评价质量。跨学科学习作为培养学生综合能力和核心素养的重要抓手，被广大教育者赋予众望，积极探索跨学科教与学的评价方式对开展跨学科学习有着重要的推进作用。

第一节　评价理念和原则

学习提要

（1）了解跨学科教与学的评价理念。

（2）理解跨学科教与学的评价原则。

教学评价是教学的重要环节，是对教学效果的基本判断，为教学活动更有效地开展提供基本的依据[①]。2001 年教育部颁布并实施的《基础教育课程改革纲要（试行）》中明确要求，"改变课程改革实施过于强调接受学习、死记硬背、机械训练的现状，倡导学生主动参与、乐于探索、勤于动手，培养学生搜集和处理信息的能力、获取新知识的能力、分析和解决问题的能力以及交流与合作的能力"。这给了广大教育者探索新型教学和评价方式强有力的指引。

什么样的跨学科教学才算是有效教学？学生是否通过跨学科学习达成了学习目标？探索跨学科教与学的评价方式是促进教学改革的重要路径。本节将阐明跨学科教与学的评价理念与原则，为教师开展跨学科教与学的评价，促进学生全面发展提供参考。

一、跨学科教与学的评价理念

（一）坚持素养导向，促进学生全面发展

2022 年的新课标要求课程改革要更新教育评价观念，强化素养导向，注重对正确价值观、必备品格和关键能力的考察，开展综合素质评价；为进一步落实、测评学生核心素养发展水平，新课标构建了从"课程目标"到"学习要求"，再到"学业质量标准"一以贯之的"目标—质量"

---

① 牛瑞雪. 教学评价研究 40 年回顾、反思与展望 [J]. 课程·教材·教法，2018，38（11）：60-66.

体系①。新时代背景下的课堂教学的本质在于学生的自我评价，课堂学习评价应以学生的发展为根本评判标准，倡导评价促进学生对学习的理解，注重提高学生自我评价、自我反思的能力，引导学生综合运用评价结果改进学习。所以，跨学科学习评价更应落实到教学过程中，从学生终身成长和社会发展需要出发，促进学生德、智、体、美、劳全面发展。注重学生的学习状态和情感体验，强调尊重学生人格和个性，鼓励发现、探索和质疑，培养学生的创新精神和实践能力。教师应认真研究课堂教学策略、激发学生学习热情、鼓励学生探究、体现学生地位、高效实现培训目标。

（二）加强课程关联，注重过程性评价

杜威认为教育即生活，即学校与社会生活紧密结合，学校与儿童生活紧密结合，教育过程不是手段而是目标，教育要使学生成为教学活动的积极参与者，而不是漠不关心的旁观者②。跨学科学习要加强课程内容与学生经验、社会生活的联系，发挥实践的独特育人功能，基于真实的项目或主题统筹设计综合课程或跨学科主题学习，培养学生在真实情境中综合运用知识解决问题的能力，践行"做中学""用中学""创中学"。然而，如何测评学生的学习过程和结果，落实核心素养，尚需要不断探索。跨学科学习注重学生在课堂学习的过程，并把过程性评价作为衡量学生实际习得、评价学生学习情况的重要指标。注重过程性评价不代表忽略结果性评价，跨学科学习仍然要以目标和成果为导向，综合运用多种评价方式，促进学生全面发展。教师在设计评价方式时可将结果性评价分解为不同的阶段和水平，在考查学生最终学习成果的同时关注学生的学习过程表现。例如，加强对学生学习过程的观察、记录与分析，利用信息技术或教育大数据开展基于证据的过程性评价。了解学生学习过程对追溯学习成果的表现、改进教学有着重要作用，教师在进行跨学科教学时要做到不以高低分、好与坏为标准对学生做出最终评价。

（三）倡导评价主体、方式、内容多元化

评价方式的转变是实施跨学科学习"有效教学"的必然要求。新课标要求课程改革要创新评价方式方法，关注学生真实发生的进步，积极探索增值评价③。跨学科学习注重将学生作为学习的主体，学生到底学得如何更少不了学生参与。首先，要明确跨学科学习评价的主体不只是教师，学生和家长都有权参与到这场学习的变革中。例如，教师在制定学习成果的要求和水平标准时可以邀请学生参与，加强教师和学生的交流，也可以组织、开展学生之间的互评，增强评价双方的自我总结、反思、改进意识和能力，进行协商式评价。在设计跨学科学习评价时，要注重实地调研、动手操作、实验探究、作品展示、口头报告、情景测验等多种方式的综合运用，关注学生学习的典型行为表现，推进表现性评价。在设计评价内容时在兼顾知识与技能、过程与方法、情感态度与价值观三维目标的同时，落实核心素养，注重学生习得大概念和解决核心问题，因时、因事、因人选择评价方式和手段。

① 崔允漷，郭华，吕立杰，等.义务教育课程改革的目标、标准与实践向度（笔谈）：《义务教育课程方案和课程标准（2022年版）》解读[J].现代教育管理，2022（9）：1-14.
② 唐斌，朱永新.杜威"教育即生活"本真意义及当代启示[J].中国教育学刊，2011（10）：84-87.
③ 中华人民共和国教育部.义务教育课程标准：2022年版[M].北京：北京师范大学出版社，2022.

二、跨学科教与学的评价原则

课堂教学评价的原则是人们开展课堂教学评价应遵循的基本要求。在过去的课堂教学评价中虽然注重了育人性、全体性、科学性、多元性、情景性、公正性的原则，这使得课堂教学和学业成就的规范性有所增强[①]。但在新时代背景下，传统的教学评价已不能满足新课改的需求，跨学科教与学的评价应体现以学生为主体，以教师为主导，促进学生全面发展的教学理念，全面落实新时代教育评价改革要求，以新课程标准强调的教学评价观为指导原则，除了新课改要求的原则外，跨学科教与学还应满足以下原则。

（一）发展性

2001 年印发的《基础教育课程改革纲要（试行）》中明确指出："改变课程评价过分强调甄别与选拔的功能，发挥评价促进学生发展、教师提高和改进教学实践的功能"[②]。新课程改革的核心理念是"一切为了学生的发展"，新课程课堂教学评价的根本目的是学生和教师的发展，然而在实际的教学评价中，仍出现唯分数论或对错来评判学生学习状态的现象。2022 年颁布的义务教育课程标准中再次强调，为落实培养目标，要坚持全面发展、育人为本，确保五育并举，促进学生健康、全面发展。这就要求教师要认可学生是不断发展的，开展的教学评价也应是动态的、积极的、面向未来的。在探索跨学科学习与教学评价时，首先应坚持发展性原则，跨学科教学评价的目的是让教师不断调控、优化学生的跨学科学习过程，从而为学生的全面发展服务，同时教师经过不断反思、改进，也可以促进其专业化发展。而跨学科学习的目的是帮助学生发现学习问题，找到学习与生活的连接，激发学生学习兴趣和动机，改善学生学习方式，最终促进学生全面发展。坚持发展性原则应注重"诊断性评价"和"形成性评价"，反对用刻板的评价标准或分数去衡量跨学科教学，要使教师和学生在评价中得到激励和发展。

（二）一致性

2022 年版新课程标准求要提升考试评价质量，强化考试评价与课程标准、教学的一致性，促进"教—学—评"有机衔接。所谓教学评一致性是指教师的教、学生的学和课程与教学评价都紧密围绕课程目标与课程标准展开[③]。跨学科教与学同样要注重教学评一体化的设计与实施。教师在进行跨学科教学设计时，教学目标和教学活动都要以学生为主体，基于促进学生全面发展的目标进行课程内容的统整，教学评价要以核心素养为导向，对教与学的过程和效果进行监控，为改进跨学科学习方式和过程提供有力依据。在进行跨学科教学实践时，不仅教师要知道为什么教、教什么、怎么教、教得怎么样，作为学习的主体，学生也要清楚地知道为什么学、学什么、怎么学、学得怎么样，从而保障学生在跨学科学习的过程中得到综合锻炼。在开展跨学科教学前，教师要确保教学内容和预期学习成果评价与跨学科学习过程和内容基本一致，确保教、学、评的一致性，坚持以评促学、以评促教，从而落实核心素养，促进学生个性化发展。

① 王清风. 论新课程实施过程中课堂教学评价的原则 [J]. 青海师范大学学报（哲学社会科学版），2003，97（2）：111–114.
② 中华人民共和国教育部. 基础教育课程改革纲要（试行）[J]. 人民教育，2001（9）：6–8.
③ 刘志军，徐彬. 新课标下课程与教学评价方式变革的挑战与应对 [J]. 课程·教材·教法，2022，42（8）：4–10+24.

（三）开放性

2022 年版新课标要求增强日常考试评价的育人意识，全面推进基于核心素养的考试评价，优化试题结构，增强试题的探索性、开放性、综合性。因为高利害性考试与新评价理念的落实密切相关，再加上教师的教学评价素养有限，目前大多数的教学评价考虑较多的是规范性和客观性，而考虑教学评价的开放性则明显不足。跨学科教与学强调将学科知识和课程内容与学生生活和社会发展相联系，学生通过跨学科学习不只习得知识技能，更加强调通过学习过程和学习体验，获得学习能力和综合素养的提升。封闭的评价模式把被评价者看作被动的客体，将评价结果强加给被评价者，容易打击被评价者的学习积极性。跨学科学习是基于真实情景的，用僵化的标杆框定学习者的学习行为，会使跨学科学习失去本来的意义，教师和学生都难以持续成长。跨学科教学是具有挑战性的，是个丰富且复杂的综合体。因此，教师在开展跨学科教与学的评价时要坚持开放性的原则，尝试建立多元的、多维的评价体系，开展差异化教学，给被评价者留有一定的学习空间，提供可选择的学习情景和支持自学的学习资源，关注学生学情的差异性，允许作品多样化，不限制学习过程和学习时空。尝试建立民主、开放的跨学科教与学评价环境，共同协商评价方案与评价计划，同时邀请领导、家长、学生和社会各界相关人士等共同参与评价。

（四）生成性

杜威在其代表作《民主主义与教育》中提道："教育就是经验的改造或改组，重要的是生长的过程、改善和进步的过程，而不是静止的成果和结局。"[1]新课标要求注重教学过程开展评价，捕捉学生有价值的表现。跨学科学习充满了挑战性和生成性，所有的学习过程和结果并不一定都是按照教师预期开展的，每个学生的学习水平也并不一定都在一条水平线上，生成性的评价可以促进跨学科教与学不断优化。生成性评价旨在平等的沟通与交流的动态教学过程中，充分发挥教师的创造性和能动性，启发学生在动态的评价中自主、自觉地反思、构建，重新认识并完善自我，促进学生个性发展，它具有动态性、创生性、即时性、差异性、发展性等特征[2]。叶澜教授认为，教学过程要重视学生主动学习和自主建构，通过师生创造性的交往与互动，使得学生获得生命意义的提升。在动态发展的学习过程中，教师要及时对学生进行"诊断"，了解学生的整体发展情况和个体差异，在开展生成性评价时更加重视学生的看法，尝试进行精神的会通和人格的交流。除了开展平等的对话与交流外，教师要以动态生成的眼光看待跨学科学习，自觉预设学生在跨学科学习过程中的学习状态、学习兴趣、学习方式、合作情况、参与情况等，只有从多角度、全方位对学生给予关注才是真正有效的，才能让学生获得个性发展。

> **问题讨论**
>
> （1）跨学科教与学的评价应该遵循什么理念和原则，请谈一谈你的见解。
>
> （2）你认为跨学科教与学的评价有哪些异同点。

① 褚洪启.杜威教育思想引论[M].长沙：湖南教育出版社，1997.
② 郑春夫.生成性评价及其实践理念[J].教学与管理，2014（23）：1-3.

第二节　跨学科学习评价

学习提要

（1）了解跨学科学习目标、过程、效果评价的方式。

（2）理解表现性评价的内涵、特征、设计流程。

　　跨学科学习旨在打破学科的界限，将不同学科或不同领域的知识、方法、技能有机融合，通过真实的任务或情景，培养学生跨学科意识和素养，并运用跨学科的知识技能创造性解决实际问题。跨学科学习的终极目标是促进学生全面发展，培养具有跨学科素养和能力的21世纪人才。跨学科学习评价是跨学科学习的重要组成部分，是对学生学习过程、学习结果进行的评估和判断。本节将重点阐述如何评价学生在跨学科学习过程中的变化，以及用什么方式或工具评价可以支持学生在跨学科学习中的可持续发展。

一、跨学科学习目标评价

　　跨学科学习的终极目标是发展学生综合能力，培养学生核心素养，促进学生全面发展[1]。这就要求教育相关人员需要自上而下地更新教育评价观念，注重对正确的价值观、必备的品格和关键能力的考察，积极探索开展综合素质评价。学生的核心素养是学习过程结束后的沉淀、凝练与升华，是知识、技能、方法以及学科思想的个体化，是内隐的、间接的，难以直接评价，需要各方贡献力量联合构建素养导向的质量评价体系[2]。2022年版的新课程标准不仅提出了这样的要求，还给出了指引，有的学科提供了"以测评学生核心素养为目标的样题"，为广大教育工作者全面把握素养导向的学习质量和教学评价提供了切实的帮助。

　　中国学生发展核心素养主要是指学生应具备的能够适应终身发展和社会发展需要的必备品格和关键能力。中国学生发展核心素养以科学性、时代性和民族性为基本准绳，以培养"全面发展的人"为核心，分为文化基础、自主发展、社会参与三个方面，具体的基本要点和主要表现见表15.1[3]。

表 15.1　中国学生发展核心素养基本要点和主要表现

核心素养	基本要点		主要表现描述
文化基础	人文底蕴	人文积淀	重点是具有古今中外人文领域基本知识和成果的积累，能理解和掌握人文思想中所蕴含的认识方法和实践方法等
		人文情怀	重点是具有以人为本的意识，尊重、维护人的尊严和价值能关切人的生存、发展和幸福等

① 包宜人，刘徽，陈宇韬.跨学科项目化学习评价：考量学生的综合能力［J］.上海教育，2022（11）：27–30.

② 崔允漷，郭华，吕立杰，等.义务教育课程改革的目标、标准与实践向度（笔谈）：《义务教育课程方案和课程标准（2022年版）》解读［J］.现代教育管理，2022（9）：1–14.

③ 核心素养研究课题组.中国学生发展核心素养［J］.中国教育学刊，2016（10）：1–3.

续表

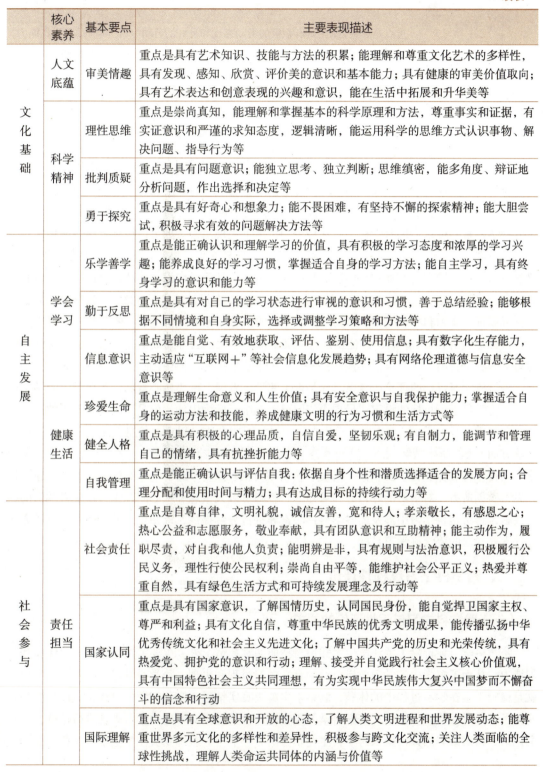

核心素养		基本要点	主要表现描述
文化基础	人文底蕴	审美情趣	重点是具有艺术知识、技能与方法的积累；能理解和尊重文化艺术的多样性，具有发现、感知、欣赏、评价美的意识和基本能力；具有健康的审美价值取向；具有艺术表达和创意表现的兴趣和意识，能在生活中拓展和升华美等
	科学精神	理性思维	重点是崇尚真知，能理解和掌握基本的科学原理和方法，尊重事实和证据，有实证意识和严谨的求知态度，逻辑清晰，能运用科学的思维方式认识事物、解决问题、指导行为等
		批判质疑	重点是具有问题意识；能独立思考、独立判断；思维缜密，能多角度、辩证地分析问题，作出选择和决定等
		勇于探究	重点是具有好奇心和想象力；能不畏困难，有坚持不懈的探索精神；能大胆尝试，积极寻求有效的问题解决方法等
自主发展	学会学习	乐学善学	重点是能正确认识和理解学习的价值，具有积极的学习态度和浓厚的学习兴趣；能养成良好的学习习惯，掌握适合自身的学习方法；能自主学习，具有终身学习的意识和能力等
		勤于反思	重点是具有对自己的学习状态进行审视的意识和习惯，善于总结经验；能够根据不同情境和自身实际，选择或调整学习策略和方法等
		信息意识	重点是能自觉、有效地获取、评估、鉴别、使用信息；具有数字化生存能力，主动适应"互联网＋"等社会信息化发展趋势；具有网络伦理道德与信息安全意识等
	健康生活	珍爱生命	重点是理解生命意义和人生价值；具有安全意识与自我保护能力；掌握适合自身的运动方法和技能，养成健康文明的行为习惯和生活方式等
		健全人格	重点是具有积极的心理品质，自信自爱，坚韧乐观；有自制力，能调节和管理自己的情绪，具有抗挫折能力等
		自我管理	重点是能正确认识与评估自我；依据自身个性和潜质选择适合的发展方向；合理分配和使用时间与精力；具有达成目标的持续行动力等
社会参与	责任担当	社会责任	重点是自尊自律，文明礼貌，诚信友善，宽和待人；孝亲敬长，有感恩之心；热心公益和志愿服务，敬业奉献，具有团队意识和互助精神；能主动作为，履职尽责，对自我和他人负责；能明辨是非，具有规则与法治意识，积极履行公民义务，理性行使公民权利；崇尚自由平等，能维护社会公平正义；热爱并尊重自然，具有绿色生活方式和可持续发展理念及行动等
		国家认同	重点是具有国家意识，了解国情历史，认同国民身份，能自觉捍卫国家主权、尊严和利益；具有文化自信，尊重中华民族的优秀文明成果，能传播弘扬中华优秀传统文化和社会主义先进文化；了解中国共产党的历史和光荣传统，具有热爱党、拥护党的意识和行动；理解、接受并自觉践行社会主义核心价值观，具有中国特色社会主义共同理想，有为实现中华民族伟大复兴中国梦而不懈奋斗的信念和行动
		国际理解	重点是具有全球意识和开放的心态，了解人类文明进程和世界发展动态；能尊重世界多元文化的多样性和差异性，积极参与跨文化交流；关注人类面临的全球性挑战，理解人类命运共同体的内涵与价值等

核心素养	基本要点	主要表现描述
社会参与 实践创新	劳动意识	重点是尊重劳动，具有积极的劳动态度和良好的劳动习惯；具有动手操作能力，掌握一定的劳动技能；在主动参加的家务劳动、生产劳动、公益活动和社会实践中，具有改进和创新劳动方式、提高劳动效率的意识；具有通过诚实合法劳动创造成功生活的意识和行动等
	问题解决	重点是善于发现和提出问题，有解决问题的兴趣和热情；能依据特定情境和具体条件，选择制定合理的解决方案；具有在复杂环境中行动的能力等
	技术应用	重点是理解技术与人类文明的有机联系，具有学习掌握技术的兴趣和意愿；具有工程思维，能将创意和方案转化为有形物品或对已有物品进行改进与优化等

跨学科学习在强调成果导向的同时，也重视学生的学习过程。在跨学科学习中，教育从传统的、孤立的、零散的、理论的知识传授转向创新的、融合的、整体的、实践的素养培育。学生的跨学科素养可以借助跨学科学习在特定的情境下表现出来，如可以被有效评估的特定行为和特定表现[①]。在进行跨学科教学设计时可以采取逆向教学设计思路，先确定预期的结果，即明确学习目标，再确定如何评估目标达成和标准是什么，从而反向设计能达成目标的学习体验和教学[②]。一般会从三个方面评估学生的学习效果：首先，在设计特定任务之前，教师要确认哪些证据可以证明学习目标的达成；其次，假设学习任务已经完成，学生学习的哪些表现可以用来确认目标达成的程度；最后，该证据是否能准确推断学生的目标达成情况。这无疑对跨学科学习目标的制定提出了高要求，精准的跨学科学习目标可以助力学生全面发展，相反则容易失衡。

跨学科学习目标的评价应考虑目标是否关注学生发展，聚焦核心素养，适合对应的学生群体。在跨学科学习目标的设定或呈现中依旧可以三维目标为引领，但是要区别于传统的三维目标。在知识与技能方面：着重考查学生在跨学科学习中合作、思考、信息应用能力。在过程与方法方面：关注学生情绪状态、注意状态、参与状态、思维状态、生存状态、合作状态，考虑学生的自主性和体验性。在情感、态度、价值观方面：着重考虑学生合作意识、探索兴趣、批判思维、创造力、对学习的好奇心和求知欲。教师可以大概念和核心问题作为跨学科学习的核心线索，将跨学科学习中涉及的各学科核心素养进行分解提炼，以知识统整、问题解决的方式设计素养导向的跨学科学习目标。

二、跨学科学习过程性评价

（一）跨学科学习过程性评价的要求

跨学科学习评价除了关注学生对知识与技能的掌握情况外，更要关注学生的学习体验和学习能力，从而了解学生的学习效果背后的真实学习过程和表现。跨学科学习过程性评价的目的就是检验学生在学习过程中的体验，洞察学生解决真实情景中实际问题的过程，从而让教师及时给予学生反馈或调整教学。跨学科学习过程性评价要加强对学生的学习表现进行持续、完整的记录，将对素养的评价融入跨学科主题学习所有环节中。教师要关注学生学习过程中的学习

① 田蕾，胡炳仙. 如何评价学生在跨学科学习中发生的变化？［J］. 上海教育，2020（32）：44-47.
② 叶海龙. 逆向教学设计简论［J］. 当代教育科学，2011（4）：23-26.

方式，通过过程性评价将学生的学习方式引导到深层次的学习中；可以邀请多个评价主体参与，通过学生自评、互评、他评的方式，形成平等的、良性的、不同层次的互动群体，这样可以使学生逐渐掌握正确、有效的学习方式，调整适合自己的学习策略，从而提高学习质量和效果。跨学科的学习过程具有生成性特点，不是所有的学习过程和场景都能被准确预测，教师应将评价视野转向学生的整个学习过程，凡是有价值的学习过程和结果都是值得肯定的，这样学生的学习积极性、学习经验的丰富性会大大提高。

（二）跨学科学习过程性评价的方法与工具

跨学科学习更加关注学生的学习过程、肯定学生的进步，同时跨学科学习也是具有挑战性的，因此更需要在过程中进行评价和反馈，可以通过学生自评、同伴互评、教师点评等方式，做出促进学生发展的过程性评价。跨学科学习是学生自主学习、自我反思的过程，在跨学科学习进程中，可以利用KWL（Know-what-learned）表、PMIQ表（表15.2）、反思表（表15.3）、学习契约（表15.4）、学习日志等自评工具来了解学生已有的知识和具体学习情况，促使学生提出问题，推进跨学科学习的进展。

表 15.2　PMIQ 表

Plus（我已经学懂的知识）	Minus（我还没学懂的知识）	Interest（我还想继续关注的知识）	Question（我仍然存在疑问的知识）

表 15.3　反思表

问题	是	否	如果为"否"如何改进？

表 15.4　表格式学习契约设计模版

课程：＿＿＿＿　学习者：＿＿＿＿　指导教师：＿＿＿＿　成绩：＿＿＿＿　签订时间：＿＿＿＿

想学习什么（学习目标）	计划如何学习（学习资源、策略）	如何证明你学会了（达到学习目标依据）	判断依据的标准	实现目标的日期

学习契约也称学习合同，是学习者与帮促者（专家、家长、教师、学友）之间的书面协议或者保证书[1]。在跨学科学习过程中，同伴之间的协作与探究必不可少，这种学习协议赋予了学

---

[1] 钟志贤，林安琪，王觅. 学习契约：远程学习效果评价的书面协议 [J]. 中国远程教育，2007（12）：36-39.

习者自主学习的决定权，为学习者开展自主学习或协作学习提供了基本框架。学习者可以根据要学什么、怎么学，以及如何检验/评价是否达到学习目标来修改契约。根据不同的划分标准，学习契约存在不同的类型，如从时间上可分为短期契约、中期契约和长期契约；从学习模式上可分为以教师为主的指导模式、以家长为主的指导模式和以自学为主的学习模式；从学习主体上可分为小组学习契约、同伴学习契约和自我学习契约。

除了以上学习工具外，还可以通过任务单（表 15.5）、问卷、知识测试、行为观察表（表 15.6）、平台记录等对学生学习过程的参与、投入、合作、交流、知识和技能掌握等进行诊断和评价。

表 15.5　喜迎元宵佳节任务单

活动名称：喜迎元宵佳节

学生姓名：

学习任务：

1. 了解不同地区的元宵节习俗，选择 3 个代表性活动做简要介绍，总字数不少于 300 字。
2. 在家长的协助下尝试自制元宵，并用图文加视频的形式记录制作过程和成果。
3. 根据孔明灯的原理，制作能放飞的花灯，记录飞行高度，按照要求完成试验单。

观察表作为观察法的主要实施工具，对了解学生的跨学科学习状态有重要的作用[1]。一般观察表应包含，观察维度、观察指标、观察点、观察点的呈现方式等，可根据具体情况做调整，表 15.6 为学生合作性学习观察表。

表 15.6　合作性学习观察表

维度	要点	评价（1～5分）	记录
小组合作	1. 开始先明确分工与角色秩序		
	2. 过程中相互提醒履行角色要求		
	3. 在分工基础上有合作		
	4. 小组讨论气氛热烈		
	5. 有一定的角色轮换		
组员参与	1. 认真倾听别人的发言情况		
	2. 关注其他成员的感受		
	3. 积极主动地分享观点		
	4. 各成员均积极参与		
	5. 思考判断提出意见		
	6. 接纳别人正确的意见		
进程推进	1. 顺利完成基本任务要求与创新		
	2. 主动进行创新思考或拓展		
	3. 对研究内容有批判反思		

① 沈毅,林荣凑,吴江林,等.课堂观察框架与工具[J].当代教育科学,2007(24):17-21+64.

三、跨学科学习效果评价

以学生为中心的跨学科学习除了关注学生在学习过程中的表现外，也应综合运用好量化和质性相结合的评价方式对学生学习效果和绩效表现进行评价。跨学科学习是以素养为导向的学习活动，这要求即使是纸笔测验，也要是以素养为导向的试题，首先要有情境，要给学生参与的空间与机会。

赵德成认为表现性评价（performance assessment）通常要求学生在某种特定的真实或模拟情境中，运用先前获得的知识完成某项任务或解决某个问题，以考查学生知识与技能的掌握程度，或问题解决、交流合作和批判性思考等多种复杂能力的发展状况，从而得出其学业质量达成情况，推论其核心素养水平[①]。周文叶认为表现性评价强调在尽量合乎真实的情境中，运用评分规则评估学生在特定情景中利用所学知识和技能解决实际问题，或完成复杂任务的过程与结果表现[②]。在跨学科学习中，表现性评价是评估的首选方式，区别于平常的闭卷测试或简单的练习题，是素养导向的跨学科学习评价改革着力点。表现性评价强调创设真实情境，即便是模拟情境，也要是真实任务，要能激发学生在真实情境中相似的反应，以考查学生在现实生活中分析问题和解决问题的能力[③]。一般表现性任务的评价编制主要有以下三步。

（一）确定所要评价的能力

编制跨学科学习表现性评价最基本的一步是，首先明确所评价的能力或倾向是什么[④]。确定出这种能力倾向，有助于确定应当观察与评价的行为类型以及观察的范围，以此控制表现性评价的内容。美国著名的教育家和心理学家布卢姆的教育目标分类，其实也是对学习结果的分类，在其分类体系中，教育目标分为认知、情感、动作技能三大领域[⑤]。美国教育心理学家加涅从学生学习的角度考查学生的学习结果，将学生的学习成果分为五类：智慧技能、技能学习、认知策略、动作技能、言语信息和态度。他认为这五种学习结果都是跨学科的，发展学生的综合能力要淡化学科界限，在学科内与学科间寻求学习结果上的相通之处，强调学科之间的能力综合点[⑥]。教师可以根据学生学习情况和学习预期结果，将想要评价的素养具体化到单元或跨学科主题学习活动中落实，针对学生的合作学习能力、自主学习能力、创造性思维、创造力、问题解决能力等开展基于核心素养的表现性评价。

（二）确定表现性任务

表现性任务是学生能力倾向的外在表现，是表现性评价的对象。这种任务可以是让学生生成书面或口头的答案，或者参加群体活动，或者创造出具体的产品[⑦]。研究表明（表15.7），表现性评价一般可以分为三类，不同的表现性评价方式对应着不同的素养目标，需要根据实际情

① 赵德成，卢慕稚.新课程与学生评价改革［M］.北京：高等教育出版社，2004.
② 周文叶.中小学表现性评价的理论与技术［M］.上海：华东师范大学出版社，2014.
③ 周文叶，毛玮洁.表现性评价：促进素养养成［J］.全球教育展望，2022，51（5）：94-105.
④ 赵德成.表现性评价：历史、实践及未来［J］.课程·教材·教法，2013，33（2）：97-103.
⑤ 周文叶.学生表现性评价研究［D］.上海：华东师范大学，2009.
⑥ 蒋莉，毛晋平.从加涅的学习结果分类看学生综合能力的培养［J］.洛阳师范学院学报，2001（3）：86-87.
⑦ 王小明.表现性评价：一种高级学习的评价方法［J］.全球教育展望，2003，195（11）：47-51.

况选择不同的评价方式[①]。

表 15.7　表现性评价常见分类

构答反应	作品	行为表现
图表 / 图解	短文	口头汇报
概念图	研究论文	舞蹈 / 运动
网络	日志 / 日记	演示
流程图	实验报告	朗读
图形 / 表格	故事 / 短剧	表演
方框图	诗歌	辩论
……	艺术展览	音乐独奏
	项目	小组讨论
	笔记	视 / 听磁带
	……	……

1.常见的表现性任务

（1）演示。演示是一种按要求作出的能力表现，学生借此展示自己能够使用知识与技能完成一件复杂任务。例如，学生可以演示如何操作实验仪器，演示如何上网查找信息、处理数据等，演示主要集中于学生运用技能的程度如何。

（2）实验与调查。实验和调查也是一种按要求作出的能力表现，学生从中计划、实施及解释经验研究的结果。主要考查学生是否能验证具体的研究假设（如软纸吸收水能力更强吗），或研究集中于回答具体的问题（小学生都不喜欢吃绿色蔬菜吗）。通过这种评价方式可以考查学生是否运用了适当的探究技能和方法，可以要求学生在开始实验或调查前做出估计与预测，再收集分析数据，展示分析结果。

（3）科研项目。科研项目是指让学生或学生群体完成一项科研项目，从而对其综合运用知识的能力作出评价。主要分为个体项目或群体项目：个体项目是一种持续时间相对较长的学生活动，最终产出如模型或具有一定功能的物体、实质性的报告；群体项目主要是考查学生能否以合作性的或者其他适当的方式一起学习、工作，共同创造一个高质量的产品。

（4）口头描述与戏剧表演。口头描述可允许学生说出自己的知识，并以会谈、演讲的方式使用口语技能，评价的重点集中在论证与辩驳的逻辑与说服能力上。戏剧表演将言语化、口头与演讲技能及运动能力表现结合在一起，学生可以基于自己对人物的理解，通过角色扮演的形式将这些人物的特征表现出来。

（5）作品选集。作品选集是学生作品的有限集合，用于展示学生的最佳作品，或者展示学生在给定时间段内的教育成长过程。作品选集中除了收集学生的优秀作品外，还应包括判断优秀作品的标准、学生对作品的修改或对作品的自我分析与反思[②]。

---

① 崔允漷. 试论新课标对学习评价目标与路径的建构 [J]. 中国教育学刊，2022（07）：65–70+78.
② 王小明. 表现性评价：一种高级学习的评价方法 [J]. 全球教育展望，2003，195（11）：47–51.

2. 素养导向的表现性任务设计要点

核心素养是指个体在面对复杂的、不确定的现实生活情境时，能够综合运用特定的学习方式孕育出的（跨）学科观念、思维模式和探究技能，结构化的（跨）学科知识和技能，包括世界观、人生观和价值观在内的动力系统，分析情境、提出问题、解决问题、交流结果过程中表现出的综合性品质[1]。指向核心素养的学习评价要为学生提供展示指向素养的学习证据的机会，这要求评价设计者要研制出聚焦核心概念的表现性任务，让学生有机会展示对概念间关系的理解，并将其运用于真实生活情境的技能，而不仅仅呈现对具体的、琐碎的事实或信息的记忆，缺乏在真实情境中应用知识的机会[2]。提供真实或模拟真实的问题情景是表现性任务的关键，要关注什么学习活动能使学生形成能解决真实世界问题的核心素养[3]。一般表现性任务的特征首先是具有现实意义的，学生通过完成该任务会有成就感，认可学习到的知识是有用的，完成的任务是真实存在的；其次具有复杂的情景脉络，存在一定的干扰因素，学习的过程是会不断变化的。除此之外，还应具有开放的学习环境，学习者可以根据自己的需求主动获取学习资源，并积极给予反馈。

评价者设计的表现性评价任务要源于生活，反映真实生活世界对学生学习的要求。只有确保任务的真实性，才能有机会观察到学生在真实生活情境中应用知识和解决问题的能力，从而确保评价的效度。美国教育评价专家威金斯（Grant Wiggins）指出，一项评价任务、问题或方案是否具有真实性，需要符合以下标准：①是现实的；②需要判断和创新；③要求学生进行探索；④重复或模拟成人接受"检验"的工作场所、公民生活和个人生活等情境；⑤评价学生能有效地使用知识、技能完成复杂任务的能力；⑥允许有适当的机会让学生排练、实践和查阅资料，以得到有效的反馈并不断改进[4]。让学生经历各种复杂开放性的现实情境，解决有意义的真实任务，是评价学生核心素养发展水平的重要依托[5]。

在确定素养导向的跨学科学习表现性任务时，要注意几个问题：第一，要选择有意义的任务；第二，要明确表现性任务的过程与结果；第三，要确定用于评价的表现性任务的数量；第四，要让学生明确所要完成的任务。周文叶表示在设计促进素养养成的表现性评价时，除了要与设定的素养目标保持一致外，还要聚焦课程或单元中的大概念或核心技能，尽可能对学生有吸引力，让学生既感觉到有挑战，又乐意参与其中，从而实现有意义的学习[6]。通常，表现性任务呈现给学生一个问题，设定一个具有挑战性和可能性的真实世界目标。具体的表现性任务设计过程可以参考威金斯和麦克泰格提出的GRASPS模型（表15.8），GRASPS模型中的元素描述了真实评估的特征，按照这种方法为学生提供了清晰的绩效目标，学生可以在真实的情景中找到现实生活的意义[7]。

---

① 杨向东. 核心素养测评的十大要点 [J]. 人民教育, 2017（3）: 41–46.
② 周文叶, 陈铭洲. 指向核心素养的表现性评价 [J]. 课程·教材·教法, 2017, 37（9）: 36–43.
③ 刘徽. 真实性问题情境的设计研究 [J]. 全球教育展望, 2021, 50（11）: 26–44.
④ 威金斯. 教育性评价 [M]. 国家基础教育课程改革"促进教师发展与学生成长的评价研究"项目组, 译. 北京: 中国轻工业出版社, 2005.
⑤ 杨向东. 核心素养测评的十大要点 [J]. 人民教育, 2017（3）: 41–46.
⑥ 周文叶, 毛玮洁. 表现性评价: 促进素养养成 [J]. 全球教育展望, 2022, 51（5）: 94–105.
⑦ 威金斯, 麦克泰格. 追求理解的教学设计: 第2版 [M]. 闫寒冰, 宋雪莲, 赖平, 译. 上海: 华东师范大学出版社, 2017.

表 15.8　威金斯和麦克泰格的GRASPS表现性任务设计模型

G—目标（goal）	具体的目标或任务是什么，可能的困难是什么？需要克服的障碍是什么
R—角（role）	学生在任务中担任的角色是什么，有什么职责
A—对象（audience）	学生的委托方、客户或服务对象是谁
S—情境（situation）	学生面对的具体情境是什么？需要挑战处理什么
P—表现/产品（performance/product）	学生最后需要交付的是什么产品或者成果
S—标准（standards）	最后检验这个产品或成果是否有效的指标是什么？需要通过做什么来评判

（三）确定评分方法与准则

表现性评价方法可以分为整体评价和分析性评价两类[1]。整体评价顾名思义，是建立在对学生的表现或最终制作出的产品或成果的整体印象上，整体评价也要在计分规则的基础上进行，如评价学生制作的花灯时，可以制作不同等级的结果量表。分析性评价是对产品或过程的各个部分或特点进行评分，有时也会将各项评分相加得到一个总分。例如，在评价学生制作会旋转的花灯技能时，可以对其设计、制作、测验、优化等环节进行独立评价。进行分析性评价时可以采用核查清单或评分量表的形式。核查清单主要用于检查学习过程中的具体行为、特征或活动是否出现，可以评价过程也可以评价结果。而评分量表不只是对是否出现某种行为做评判，还是针对每种表现进行优劣程度的判断。评分量表可以由 1～3 或 1～5 的数字构成，以此反应表现的水平，也可以是表示某种行为出现的频率，如总是、有时、从未等。一般的评价量表应该包含指标、等级、等级描述、权重等[2]。指标的内容要与学习目标和学生的学习水平相对应，等级一般至少划分 3 个等级，要清晰阐释不同等级的具体要求，建议评价设计者基于证据设定评价标准，根据教学目标的侧重点确定评价指标的权重，主要突出重点和难点。例如，在评价学生的课堂合作学习时，可以从合作态度、倾听、准备工作、学习贡献等方面考虑，见表15.9。

表 15.9　合作学习评价量表

	评价等级				
	优	良	中	差	总评
1.与其他同学合作与交流	4	3	2	1	
2.认真听取其他同学的意见	4	3	2	1	
3.表达自己的观点和意见	4	3	2	1	
4.与其他同学共同制订计划	4	3	2	1	
5.与其他同学共同完成任务	4	3	2	1	
6.完成自己的任务	4	3	2	1	

① 王小明.表现性评价：一种高级学习的评价方法 [J].全球教育展望, 2003, 195（11）：47–51.
② 周英鹏.例析基于GRASPS的表现性任务设计和评价 [J].中学生物教学, 2022（7）：23–26.

	评价等级				
	优	良	中	差	总评
7.帮助其他同学	4	3	2	1	
8.协调小组成员	4	3	2	1	
9.促进小组学习活动	4	3	2	1	
10.与其他同学分享学习成果	4	3	2	1	

评分细则是表现性评价方案不可或缺的重要组成部分，在执行表现性任务之前，应提前告知学生评估指标和表现标准。表现性任务是根据评价目标开发的，旨在评价学生达成目标的程度，将评价目标稍加转化，再结合特定任务分析学生较差和出色表现是怎样的，就可以形成表现性评价的标准及评分细则[①]。这些标准和细则不仅可以使学生、教师、家长等相关者明确优劣的差别，而且对于最终评价分数的信度、效度和公平都十分重要，可以适当地引导学生调整学习过程和策略，促进学生对学习过程和成果的反思。教师在设计跨学科学习评价时，针对如合作能力、创造能力、问题解决能力等综合素养进行测评时，可以采用专业的成熟的评价量表，也可以根据项目需求自己开发设计对应的评价量表，可参考学业质量水平划分，对学生完成表现性任务情况进行等级认定，但要注意量表的科学性、严谨性、可行性、清晰度、可信度。在评价学生作品时应使用递进的评价量，见表15.10。

表 15.10 "宣传微视频"评价量表

项目	优秀	良好	一般	差	分值
视频主题	视频主题与宣传方案紧密相关，能够做到"小而精"	视频主题与宣传方案相关，能够聚焦于某一个具体的点	视频主题与宣传方案相关性不高，较为抽象、宽泛	视频主题与宣传没有相关性	30
视频内容	视频内容能够较好地支撑宣传目的，形式新颖，脚本逻辑性强，内容严谨	视频内容能够在一定程度上支撑宣传目的，脚本清晰，内容正确	视频内容未能有效支撑宣传目的，形式传统，脚本内容不严谨	视频内容完全不能支撑宣传主题，脚本逻辑混乱，内容存在知识性错误	30
视频效果	视频画质清晰，图像稳定，声音有感染力，整体制作较为精良	视频画质较为清晰，图像稳定，声音清楚	视频画质不够清晰，图像不够稳定，声音不清楚	视频画质模糊，声音嘈杂，音量不稳定	40

档案袋作为一种记录和评价与工作学习相关表现的工具，也经常在跨学科学习中被使用，通过它可以汇集学生在跨学科学习中的实践表现和相关学习数据，也可以洞察学生的各种学习表现和进步路径，评价学生在知识、能力、情感、态度等多方面的发展[②]。档案袋是实施表现性评价的载体，在建立档案袋之前首先要确定教育目标，从而设计档案的内容和标准，明确该档案袋要展现学习者哪方面的学习和进步情况，然后师生通过各种途径共同收集、分类、规整档案资料，开展学生自评、互评、教师评、家长评的多元评价，最终针对学生的学习过程和学习

---

① 周文叶.学生表现性评价研究[D].上海：华东师范大学，2009.
② 霍力岩，黄爽.表现性评价内涵及其相关概念辨析[J].西北师范大学学报（社会科学版），2015，52（3）：76-81.

成果进行总结反思[1]。教师在开展跨学科学习评价时，可以利用不同的档案袋对学生开展更全面的了解。常见的档案袋类型包含：成长档案袋、项目档案袋、成就档案袋、能力档案袋、成果档案袋等，具体内容要求可以参考表 15.11[2]。

表 15.11　档案袋内容要求样例

材料名称	具体内容
学习资料	学习契约、优秀作业、调研资料、获得的荣誉或奖励等
学习反思	学习过程中对自己的学习方法和学习习惯进行反思的日记
测试记录	单元测试或阶段性模拟测验等
珍贵发现	对教育教学或学习内容的建议或学习方法的顿悟等
问题讨论	学习过程中重要的有意义的讨论记录
关键进步	学习习惯、方法、态度、成绩、表现等方面的进步
师生交流	师生对话、谈心、交流、讨论等重要场面的记录
自我评价	阶段性寻找并评价自己的优点和有待提高的地方
我的作品	学习中有价值有意义的产品制作、创意设计、小发明等

四、跨学科学习评价实施策略

跨学科学习评价要贯穿学习的始终，综合运用多种评价工具开展适当的评价。在开展跨学科学习活动之前要先学习评价任务和要求，必要时可以邀请学生参与到评价工具设计中，这样方便学生更加清晰地明确学习目标和预期成果，在理解评价工具的基础上更有目的的学习，从而不断调整学习策略。整个跨学科学习评价可以邀请多元主体参与，学生自评、生生互评、多学科教师合作等。回顾学习过程时，注重对学习评价的反思和总结。

在实际的评价量表应用时，可以参考"示范、讨论、练习、提醒"的流程。示范是指教师可以用对应的评价量表试评一个作品，说明这个作品符合哪些指标，不符合哪些指标，为什么给予这样的评分。请同学们对评价量表进行讨论，如果学生存在疑义或建议，师生可以探讨、修改、共建评分规则，目的是让学生明白对学习成果或绩效表现的要求。练习是请同学按照量表试着评价一个作品，如遇到有分歧的地方一起讨论达成共识，不理解的地方找教师随时指导。提醒是指在学生开始正式的学习之前，教师提醒同学们在学习结束后，就要用这个评价标准进行自评、互评。这样的流程可以加强学生对学习目标的理解，学生可以带着明确的问题和目标进行有意义的学习。

跨学科学习评价是对学生基础知识、任务完成、创意设计、调查探究等内容进行测评与评估的过程，也是教师、学生、家长、专家、学者及社会各方共同参与的过程，要重点突出学生的成长，促进学生社会性发展。设计并开展表现性评价相比实施传统的纸笔测试较有难度，但它对于学生的学习和发展有很大的潜力，对教师不断优化教学也有不可估量的作用。教师应不断探索核心素养导向的跨学科学习评价方式，尝试设计好的表现性评价，将其嵌入课程和教学

① 施章清.论档案袋评定与学生评价[J].课程·教材·教法，2004，24（1）：77-81.
② 江彬，邱立中.科学认识档案袋评价[J].上海教育科研，2003（11）：37-39.

中，确保学生能深度参与到评价的全过程[①]。让学生知道并理解良好表现的内涵，还应考虑不同水平学生的需要，必要的时候提供一些脚手架；给予学生掌握学习的自主权，学会自我监控和自我管理，收集并充分利用学生素养表现信息来促进教与学。

问题讨论

（1）谈一谈开展跨学科学习过程性评价应注意哪些事项。
（2）你认为跨学科学习评价的主体和方式包含哪些？

第三节 跨学科教学评价

学习提要

（1）了解跨学科教学评价的内涵与特点。
（2）理解跨学科教学设计与实施评价要点。

2022年版义务教育课程方案中要求全体教育工作者要全面落实新时代教育评价改革要求，更新教育评价观念、创新评价方式方法、提升考试评价质量，这为进一步推进跨学科学习活动的设计与实施、开展全面育人的教学实践工作奠定了基础。前面对跨学科学习评价做了较为系统的阐述，本节将重点从教师的角度阐述如何进行跨学科教学评价。

一、跨学科教学评价的内涵与特点

未来的社会需要同时具有创造力、适应能力、批判性推理能力、协作能力的人才，跨学科教学不仅可以帮学生从不同角度理解和记忆一些抽象概念，还可以强化决策能力，促进学生批判性思维、创造性思维能力发展，提高学生超越学科本身的综合运用能力，使学生更善于与人合作[②]。跨学科教学作为打破学科壁垒，培养学生综合能力的教改利器，使得教师的教和学生的学更有成效。那么，到底如何考评跨学科教学是否有效呢？除了通过学生的学习效果反应教学情况外，是否有更加利于教师教学成长的评价方式呢？

传统的教学评价无法反应教师的教学能力及学生的学习情况全貌，大多属于"价值判断式"或"定论性"的。跨学科教学评价应秉承"评价即发展"的现代教育评价理念，不应只是测评教

---

① 周文叶，毛玮洁.表现性评价：促进素养养成[J].全球教育展望，2022，51（5）：94-105.
② 汤新华.跨学科教学：与美国校长、教师的对话[J].中小学管理，2009（11）：48-49.

学成效和学生学习成果的价值判断，还应是教师不断迭代和完善课程与教学和学生可持续发展的重要保障[1]。与跨学科学习评价不同，跨学科教学评价不仅要对学生的学习过程和效果进行评价，同时还要对教师教的过程和教师、学生与跨学科教与学的环境所构成的教学统一体进行综合评价。从评价目标来看，跨学科教学评价要回归教育的本质即"关注人的发展"，全面培养学生的综合能力和核心素养，促进教师专业发展；从评价内容来看，除了要关注学生的学习过程表现和学习效果外，还要关注教师的跨学科教学设计与实施情况；从评价对象来看，既可以评价学生也可以评价教师；从评价主体来看，包括对教师、学生、教学管理者、家长、同事等其他社会人士的评价；从评价的方式来说，可以是指向核心素养的情景化纸笔测验、课堂或教学观察量表、描述记录、互动分析、档案袋等多种表现性评价方式方法。

二、跨学科教学设计与实施评价

跨学科教学倡导以真实场域中的现象、主题、项目为引领，以探究性问题或研究性问题的解决为任务驱动，让学生成为跨学科学习的主体，教师的角色则由原来课堂教学的主导者转变为学生学习的促进者和引导者[2]。跨学科教学成效的实现需要教师在跨学科教学设计与实践中逐渐转换教学方式，帮助学生塑造新的学习方式。

（一）跨学科教学设计的评价策略

目前，我国中小学跨学科教学正处在摸索阶段，教师的跨学科教学理念和能力也有待提升。不同导向的跨学科教学设计虽然没有明确的、固定的、统一的标准化模板，但其最终的目的都是坚持以核心素养发展为主线，重点关注学生综合运用跨学科思想方法、结构化知识、探究技能及价值观念，创造性解决复杂的、不确定性现实问题的能力[3]。教师在设计跨学科教学方案时，要坚守"以学生为中心，促进学生全面发展"的目的，切记不要为了跨学科而跨学科。在"以学生为中心的教学"评价中，评价是基于学生表现和过程的，用于评价学生综合运用知识的能力[4]。教师在进行跨学科教学设计时，可以参考表15.12跨学科教学设计评价指标体系，不断优化跨学科教学设计方案。

表 15.12　跨学科教学设计评价指标体系

评价项目	评价标准
课程标准与 学情分析（10%）	跨学科学习的主题/项目/现象与学生实际生活、社会关联密切
	准确、清晰地呈现与跨学科学习活动关联密切的主要学科课程标准的相关内容
	根据对应学科课程标准、教材特点和该学段学生学情，确定学习重难点

① 单俊豪. 整合学生视角的STEM教师教学胜任力表现性评价研究 [D]. 上海：华东师范大学，2021.
② 李志辉，邵晓霞. 我国中小学跨学科教学实施之动因、困境及对策探析 [J]. 现代中小学教育，2020，36（5）：34-39.
③ 杨向东. 核心素养测评的十大要点 [J]. 人民教育，2017（3）：41-46.
④ 闫寒冰. 以学生为中心教学的评价方法 [J]. 全球教育展望，2001（11）：8-12.

评价项目	评价标准
学习目标（10%）	以课程标准为依据，以核心素养发展为导向，目标明确，思路清晰，可测评
	有明确贯穿跨学科学习的大概念和核心问题，重视学科间的联系与知识建构
	有明确的综合与学科核心素养指向，适合学生已有经验、知识和技能水平
情景与任务（15%）	创设真实情景的表现性任务，富有开放性、生成性、启发性，激发学生兴趣
	学生能综合运用所学各学科知识或技能、素养与能力解决实际问题或任务
	任务设计符合学生的年龄特征和生活经验，合理、可操作、富有挑战性
评价设计（15%）	学生预期学习成果或学习过程评价与目标相呼应，有明确的要求和评价细则
	形成性评价与终结性评价设计科学、合理，坚持"教、学、评"一致性原则
	评价方式与主体多元，关注每位学生的发展，坚持以评促教、以评促学
学习活动设计（30%）	学习活动环节完整，计划组织得当，流程衔接自然，时间分配合理
	核心素养的培养有明确的落脚点，教学模式与方法合理、恰当、有效
学习支持（10%）	提供与跨学科学习紧密相关的学习资源、学习支架等，关注不同学生群体
	合理嵌入学习资源或支架、支持学生自学、合作、探究，允许作品多样化
差异化教学（10%）	借助教育技术手段或策略为不同特征学生提供有趣的个性化学习体验

该评价指标体系从课标分析、学习目标、学习任务、评价设计、学习活动设计、学习支持等方面评价跨学科教学设计方案，是以教师的教学设计为主的评价结构，将学生的学习情况简单渗透其中。但在实际跨学科教学活动中，学生的跨学科学习是面向真实情景和任务的，是具有生成性的，部分学习场景或学生的学习问题是教师无法全部提前预设的。在设计具体的跨学科教学活动时，许多教师容易将有趣的学习活动与学生的恰当表现混为一谈。当学习任务很有趣时并不意味着教师从学生的表现中获得的证据是恰当的，学生的表现是复杂的、发展的。教师在进行学习任务和活动设计后需要进行自我反思：学生是否在执行任务时虽然表现很好，但是没有真正理解跨学科学习的知识？或者学生虽然表现不好，但是真正理解了相关内容？学生是否能够通过其他途径表现出来？教师在进行具体的学习任务和活动设计时，通常很难直接看到任务存在的缺陷，为此，标准的设立以及自我反思就显得尤为重要[①]。教师需秉承跨学科教学的原则，不断在实践教学过程中打磨和修正课程与教学方案。

（二）跨学科教学实施的评价策略

跨学科教学设计与实施的评价是一个连续互通的系统过程，无论采用哪种方式开展评价，都需要遵循"评价即发展"的理念，这需要广大教育研究者和一线教师改变以学科知识点为纲，以知识点掌握情况为质量标准的学习质量观，树立促进学生核心素养发展的评价观念。新课改和新课标中均要求建立促进教师不断发展的评价体系，强调教师对自己教学行为的分析与反思，建立以教师自评为主，校长、教师、学生、家长共同参与的评价制度，使教师从多种渠道

---

① 陈文俊. 跨学科学习中的表现性评价 [J]. 上海教育，2021（Z1）: 80–81.

获得信息，不断提高教学水平。欧盟认为教师应秉持素养导向评价的态度，具备一系列形成性和总结性评价技巧，促进同伴和自我评价，有效使用评价信息来评价学生的学习成果①。这就要求教师要像教学评估专家一样思考，而不是单纯站在教学设计者的角度评估学生的学习成果。

教师在开展跨学科教学时，首先要学会自己对跨学科教学实施的情况进行评价与反思，常见的教师评价媒介和手段主要包括教学录音录像、课堂观察评价法、综合评价量表、教学笔记、反思日记、档案袋评价法、微课教学评价法等。除此之外，教师可以根据设立的标准或者听课人的反馈进行教学反思，提高评估的有效性。听评课对了解教师与学生的教与学状态有重要的作用。表 15.13 展示了从教师教学行为、学生学习状态、跨学科教学特色出发构建的跨学科教学观察量表，评价者可以携带观察量表进入课堂听课，收集相关信息，做好记录与评价。跨学科教学活动结束后与被评价者进行了深入的交流探讨，给予跨学科教学实施者有效的改进建议和真实反馈。

表 15.13　从教师、学生、教学特色出发构建的跨学科教学观察量表

评价维度	评价指标	评价标准	评价等级			
			A	B	C	D
教师的教学行为	教学技能	熟练运用教学媒体和技术手段辅助教学，教学资源使用恰当				
	教学策略	教学方法新颖、思路独特，善于提供支架，引发学生思考				
	教学调控	进度安排合理，环节完整，实现差异化教学和个性化学习				
	教学风格	有独特的教学风格和教学艺术，师生互动良好，教学方式灵活				
学生的跨学科学习状态②	自主学习	有强烈的探索、研究跨学科学习内容和解决问题的兴趣				
		有良好的注意状态，可以及时调控学习策略进行自评				
	合作学习	能积极与小组成员沟通交流，学会聆听，表达自己的想法				
		能主动参与小组活动，明确职责分工，贡献自己的力量				
	问题解决③	能发现并提出问题，寻找问题解决方法，制定具体解决方案				
		能综合运用各学科知识与技能解决现实的复杂问题				

① 郭宝仙.核心素养评价：国际经验与启示 [J].教育发展研究，2017，37（4）：48–55.
② 夏雪梅，杨向东.核心素养中的"学会学习"意味着什么 [J].课程·教材·教法，2017，37（4）：106–112.
③ 檀慧玲，李文燕，万兴睿.国际教育评价项目合作问题解决能力测评：指标框架、评价标准及技术分析 [J].电化教育研究，2018，305（9）：123–128.

续表

评价维度	评价指标	评价标准	评价等级			
			A	B	C	D
学生的跨学科学习状态	批判性思维①	敢于寻找真相，包容不同的意见，以证据审慎评判问题				
		有目标、有组织，求知欲强烈、理性分析能力强				
	创造性思维②	有好奇心、想象力丰富，能融会贯通不同学科和领域的知识				
		不急功近利，能创造性地解决问题或提出新颖的创意				
跨学科教学特色	教学情景	学生经历真实的学习体验，有较强的学习动机和学习积极性				
	教学评价	有核心素养的表现性评价体系，表现性任务聚焦核心概念				
	教学成效	超越了预期学习成果，促进学生综合核心素养全面发展				
评语与建议						

　　观察量表虽然具有明确的指向性，但在实际执行的时候观察到的现象和问题范畴有限，客观性有待增强。评价者在参与听课过程中，还要收集更全面的信息来了解课堂实施的效果。除了教师外，学生也是课堂教学评价的信息来源，他们在跨学科学习过程中的感受和收获是评价者掌握跨学科教学情况的重要参考。评价者可以通过微型问卷或访谈的形式，了解学生在整个跨学科学习过程中的体验和收获，给予教师和学生的可持续发展有效的反馈。

　　跨学科教学作为富有挑战性的教学创新和新课程改革途径，评价方式是需要不断探索和验证的。他人评价是促进教师跨学科教学评价发展的外部机制，可以较为客观地反映教师的跨学科教学设计与实施情况。自我评价是持续提升跨学科教学质量的依据和动力。在进行跨学科教学评价过程中，首先要减少终结性的他人评价，坚持以"自评为主、他评为辅"的原则，实行"自评—他评—自评"的完整运行过程，相互结合，综合运用。不管是跨学科学习评价还是跨学科教学评价，都要秉承"评价即发展"的理念，尝试开展基于证据的表现性评价，检测全面而整体的素养，引发学习者在真实情境中的表现，发挥被评价者的主体作用，促进可持续发展⑥。

　　当前，跨学科教学在实施过程中仍存在着跨学科师资团队尚未成熟，资源开发不足，传统"教"与"学"的方式转型缓慢，未形成完善的跨学科教学评价体系的问题，这些都需要教育主管部门、高等院校和一线中小学等更多部门的教育工作者统筹配合、协同发力，为跨学科教学营造良好的政策环境，开拓切实可行的发展路径，共同推进跨学科教学⑦。

———————————
① 刘儒德. 论批判性思维的意义和内涵 [J]. 高等师范教育研究，2000，12（1）：56–61.
② 钱颖一. 批判性思维与创造性思维教育：理念与实践 [J]. 清华大学教育研究，2018，39（4）：1–16.
⑥ 周文叶. 职前教师教育课程评价：范式、理念与方法 [J]. 教师教育研究，2014，26（2）：72–77.
⑦ 李志辉，邵晓霞. 我国中小学跨学科教学实施之动因、困境及对策探析 [J]. 现代中小学教育，2020，36（5）：34–39.

> **问题讨论**

（1）比较跨学科教学评价和跨学科学习评价的内涵与特点。

（2）分析比较量表评价和档案袋评价的优势与不足。

本章小结

　　本章主要围绕跨学科教与学的评价理念和原则，跨学科学习的评价范式与跨学科教学评价的内涵与特点、设计与实施评价进行了阐述。跨学科教与学的评价应坚持素养导向，促进学生全面发展，加强课程关联，注重过程性评价，倡导评价主体、方式、内容多元化的理念；全面落实发展性、一致性、开放性、生成性的原则。跨学科学习评价要以素养导向的目标为引领，开展基于表现性任务的形成性和终结性评价，评价要贯穿学习的始终，促进学生全面发展。跨学科教学评价要坚持"评价即发展"的现代教育评价理念，充分利用课堂观察、综合评价量表、档案袋评价、反思日记等表现性评价方式促进跨学科教学设计与实施的不断优化。探索跨学科教学，改进跨学科教与学的评价方式是学校教学改革、落实学生发展核心素养的重要途径。

> **推荐阅读**

1. 周文叶. 中小学表现性评价的理论与技术 [M]. 上海：华东师范大学出版社，2014.

2. 李晓军. 跨越边界的学习：小学课程融合新探 [M]. 北京：知识产权出版社，2019.

3. 叶盛富. 大情境课程：主题设计与创意评价 [M]. 上海：华东师范大学出版社，2020.

4. 洪俊，刘徽. 跨学科统整：国家课程的校本化实施 [M]. 上海：华东师范大学出版社，2020.

5. 周文叶. 指向立德树人的教师表现性评价 [M]. 上海：华东师范大学出版社，2021.